Tempi Moderni

Anna Chelotti Burney

California State University, Long Beach

Holt, Rinehart and Winston, Inc.

Fort Worth   Chicago   San Francisco
Philadelphia   Montreal   Toronto   London
Sydney   Tokyo

Grateful acknowledgment is made to the following authors and agencies for their permission to reprint the texts indicated. **Giuseppe Berto:** "Esami di maturità," from *Se questo è amore,* by permission of Rusconi Editore. **Dino Buzzati:** "La maga" and "La torre," from *Le Notti Difficili,* by permission of Arnoldo Mondadori Editore. **Italo Calvino:** "Dov'è più azzurro il fiume" and "l figli di Babbo Natale," from *Marcovaldo,* by permission of Casa Editrice Einaudi. **Achille Campanile:** "Pantomima" and "Le bugie bisogna saperle dire," from *Manuale di Conversazione,* by permission of Rizzoli Editore. **Carlo Castellaneta:** "Una come tante," from *Tante Storie,* by permission of Rizzoli Editore. **Dario Fo:** "Non tutti i ladri vengono per nuocere," by permission of the author. **Natalia Ginzburg:** "Fragola e panna," by permission of the author. **Giovanni Guareschi:** "San Michele aveva quattro ali," from *Mondo piccolo,* by permission of Rizzoli Editore. **Alberto Moravia:** "La verità, from *Nuovi Racconti Romani;* "L'idea della dea" and "Temporale e fulmine," from *Boh.* Reprinted by permission of Casa Editrice Valentino Bompiani. **Giorgio Saviane:** "La sposa beat," from *Di profilo si nasce,* by permission of Casa Editrice Bietti. **Leonardo Sciascia:** "Un caso di coscienza," from *Il mare colore del vino,* by permission of Casa Editrice Einaudi.

Library of Congress Cataloging in Publication Data

Burney, Anna Chelotti.
Tempi moderni.

English and Italian.
1. Italian language—Readers. 2. Italian literature
—20th century. I. Title.
PC1117.B87   458.6'421   81-7017   AACR2
ISBN 0-03-059557-6

Printed in the United States of America
0   1   2   3   059   12   11   10   9

Holt, Rinehart and Winston, Inc.
The Dryden Press
Saunders College Publishing

Preface

The preparation of *Tempi Moderni* has been prompted by the scarcity of selections that may appeal to students in the existing anthologies. The need for interesting reading material is particularly felt at this time since the study of Italian has increased nationally at all levels.

In intermediate and advanced courses, a reader is the best tool to increase vocabulary, give students a feeling for the language, encourage conversation, help students write compositions, and even review certain points of grammar. It is also an easy way to introduce literary works.

Years of teaching experience have convinced me that provided they are given sufficient help with vocabulary, students easily overcome difficulties presented by a story if the subject stimulates their interest and makes them want to continue to read. Although this textbook has been prepared for intermediate, advanced, and conversation courses, I have used some of these stories and one play with my first-year students, who thoroughly enjoyed reading unabridged material and experienced a true sense of accomplishment.

My main purpose in selecting the material has been to present relevant topics and to acquaint students with the most up-to-date contemporary works. The selections were written in the last thirty years, either by already-established authors or by writers who have become famous during that time. Many were written in the last fifteen years. As a result, they also offer the advantage of using a language that is the Italian of today and totally devoid of obsolete expressions.

The selections deal with a variety of subjects, treated humorously or seriously: from the foibles of human nature, love, and relationships, to such contemporary problems as pollution, life in a consumer society, the complexities of being a woman today, and the inevitable gap between generations. These topics lend themselves to expanded class discussion. The story or play can become a starting point for general conversation on the theme or themes presented.

The translation of key and unfamiliar words and idiomatic expressions will help students to read with a minimum of interruptions to look up words. To reinforce the use of Italian, a common Italian synonym is often provided instead of an English translation.

The exercises drill students in conversation, oral and written composition, the use of idioms, and new vocabulary. Grammar exercises are provided in order to review specific points such as the conjugation of verbs, the use of verb tenses, the use of prepositions, and so on. In addition to the inherent importance of learning the tenses and their correct use, familiarity with them greatly facilitates the reading of the stories. The instructor may provide supplementary exercises in oral and written composition after students have read a certain number of selections, in order to reopen class discussion on the material read and to compare the treatment of certain themes and characters by the different authors.

With few exceptions, the stories are arranged according to increasing difficulty of language and syntax. They are also grouped by author. Whenever possible, I have selected more than one story by an author to facilitate comprehension both of the language and of the author's work. A brief biography of the author precedes the selections.

Acknowledgments

The following reviewers read the manuscript and offered many useful comments: Salvatore Cappelletti, Boston College; Anthony DeBellis, University of Missouri, Columbia; Carol Di Maio, Southeastern Louisiana University; Catherine Feucht, University of California, Berkeley; Herman Haller, City University of New York, Queens College; William Leparulo, Florida State University; Marilyn Schneider, University of Minnesota, Minneapolis; and Rosaria Vitti-Alexander, University of Michigan.

I wish to give special thanks to my husband John for his help and advice in selecting and translating the words and idiomatic expressions provided in the margin.

Los Angeles   A.C.B
March 1981

Contents

Contents

Dino Buzzati
(1906–1972)

  Dino Buzzati è nato a Belluno (Veneto). Dopo essersi laureato in legge all'università di Milano, inizia la carriera di giornalista al «Corriere della Sera». Debutta come narratore con il libro *Bàrnabo delle montagne* (1933), una serie di antiche saghe montanare in cui Buzzati trova un senso a tanti interrogativi della vita. Raggiunge il completo successo e fama internazionale con il romanzo *Il deserto dei Tartari* (1940). Il mondo del Buzzati è un mondo realistico-stregonesco dominato dall'assurdo, dal quotidiano al fantascientifico.

  Fra le sue opere ricordiamo inoltre: *Il segreto del bosco vecchio* (1935); *I sette messaggeri* (1942); *Paura della scala* (1949); *Il crollo della Balinverna* (1957); *Sessanta racconti* (1958); *Il grande ritratto* (1960); *Un amore* (1963); *Il colombre* (1966); *Poema a fumetti* (1969); *Le notti difficili* (1971). Fra le opere teatrali, citiamo: *Piccola passeggiata* (1942); *La rivolta contro i poveri* (1946); *Un caso clinico* (1953); *La fine del borghese* (1968).

  I racconti «La torre» e «La maga» sono tratti dalla collezione *Le notti difficili (Tre storie del Veneto)* e costituiscono un esempio del rapporto soprannaturale-fantasia-cronaca su cui si basa gran parte dell'opera di Buzzati.

LA TORRE

Ben *di rado* ormai raccontava, io *capito* nella mia città dove non abbiamo più casa. Quando ci vado, sono ospite di una lontana cugina *zitella*, che abita, sola, in un antico malinconico palazzo dalle parti di Mura Pallamaio.

Questo palazzo ha un'*ala* interna che *dà* sul giardino, dove *a memoria d'uomo* nessuno ha mai abitato, neppure nelle lontane stagioni felici. Chissà perchè viene chiamata la Torre.

Ora è leggenda familiare che in quelle stanze deserte *si aggiri* nottetempo un fantasma: una certa mitica contessa Diomira morta in epoca remota dopo una vita di *peccati*.

Bene, l'ultima volta, tre anni fa, forse ero anche un po' *bevuto*, fatto è che mi sentivo in forma e ho chiesto a Emilia di farmi dormire in una delle camere *stregate*.

Lei a ridere: «Cosa ti *salta* in mente?». «Da ragazzo» dico io, «non mi sarei certo fidato, ma con l'età certe paure *scompaiono*. È un capriccio, se vuoi, ma accontentami, ti prego. Solo mi dispiace del disturbo.»

«Se è per questo,» lei risponde «nessun disturbo. Ce ne sono quattro, nella Torre, di camere da letto e fin dai tempi dei miei bisnonni, sono sempre tenute in ordine coi letti fatti e tutto quanto; unico inconveniente sarà un po' di polvere.»

Lei no e io sì, lei no e io sì, alla fine Emilia si decide: «Fa come vuoi, che Dio ti benedica». E lei stessa mi accompagna *laggiù*, al lume di candele, perchè nella Torre non è mai stata messa la luce.

Era una grande stanza con mobili impero e qualche antico ritratto che non ricordo; sopra il letto il fatidico *baldacchino*.

La cugina se ne va e dopo qualche minuto, nel grande silenzio della casa, sento un passo nel corridoio. Bussano alla porta. Io dico: «avanti».

È una vecchietta sorridente vestita di bianco come le *infermiere*; e sopra un vassoio mi porta una *caraffa* di acqua e un bicchiere.

«Sono venuta a vedere se il signore ha bisogno di qualche cosa.» «No, niente, molto gentile» rispondo. La ringrazio dell'acqua.

E lei: «Come mai l'hanno messa a dormire *quaggiù* con tante stanze più comode che ci sono nel palazzo?».

«Una mia curiosità. Perchè in questa Torre dicono che ci abiti un fantasma e mi piacerebbe di incontrarlo.»

La vecchietta *scuote* la testa: «Non ci pensi neppure, signore. Una volta forse, chissà, ma oggi non sono più tempi da fantasmi. Si immagini poi adesso che qui sotto, all'angolo, hanno costruito un garage. No, no, può stare *tranquillo*, signore, lei si farà un sonno solo».

E così è stato *difatti*. Mi sono addormentato quasi subito, mi son svegliato che il sole era già alto.

Mentre mi vesto, però, girando gli occhi, *mi accorgo* che non ci sono più nè il vassoio nè la bottiglia nè il bicchiere.

Mi vesto, scendo, trovo mia cugina: «Scusa, sai, si può sapere chi, mentre dormivo, è entrato in stanza a prendere la bottiglia e il bicchiere dell'acqua?»

«Che bottiglia?» fa lei. «Che bicchiere?»

«Ma sì, quelli che ieri sera mi ha portato una gentile vecchietta, per tuo ordine immagino, poco dopo che tu eri andata via.»

Lei mi *fissa*: «Guarda che devi essertelo sognato. Le mie persone di servizio le conosci. Qui in casa di vecchiette non ne esistono».

shakes

calm

infatti

I realize

Tray

stares

ESERCIZI

I. Rispondete alle seguenti domande:

1. Di chi è ospite il protagonista quando va in città?
2. Che cosa è «la Torre»?
3. Qual'è la leggenda?
4. Che cosa chiede il protagonista a Emilia?
5. Come sono tenute le camere nella Torre?
6. Che cosa sente il protagonista dopo qualche minuto che è in camera?
7. Che cosa porta la vecchietta e che vuole sapere?
8. Che domanda la vecchietta?
9. Che risponde il protagonista?
10. Perchè, secondo la vecchietta, lui può stare tranquillo?
11. Di che cosa si accorge il protagonista la mattina dopo?
12. Che risponde la cugina alla domanda del protagonista?

II. Temi per discussione o composizione:

1. Discutete la possibilità che esistano i fantasmi.
2. Commentate il desiderio del protagonista di dormire in una stanza «stregata».
3. Raccontate una storia simile.
4. Fate un breve riassunto del racconto.

III. Scrivete una frase per ciascuna delle seguenti espressioni idiomatiche:

dalle parti di	sentirsi in forma
a memoria d'uomo	saltare in mente
nottetempo	

IV. Date il sinonimo o l'opposto delle seguenti parole o espressioni, o spiegatene il significato:

di rado, epoca, tranquillo, fissare (to stare), zitella, malinconico, scomparire, comodo, laggiù, lume, adesso, difatti

V. Completate le frasi con la forma corretta di una delle seguenti parole o espressioni:

costruire, accorgersi, sognare, dare su, angolo, polvere, sorridente, caraffa, bussare, aggirarsi, fidarsi, deserto

1. L'albergo che cerca è qui all' _____ della strada.
2. Molte persone _____ ad occhi aperti.
3. Quell'architetto _____ il palazzo in cui abitano.
4. La donna _____ alla porta ed io ho risposto: «avanti».
5. Mi piace Luisa perchè è sempre _____.
6. C'è molta _____ sui mobili; devi spolverare.
7. Dicono che in quella casa _____ un fantasma.
8. Quando prepari la tavola, non dimenticare di mettere _____ dell'acqua.
9. Vorrei una camera che _____ sul mare.
10. Lui non _____ mai di nessuno.
11. A Ferragosto in Italia le strade delle città sono _____.
12. Noi _____ che lui arriva sempre in ritardo.

ESERCIZI GRAMMATICALI

I. Completate le frasi con la preposizione corretta (articolata o no secondo il caso):

1. Ti ringrazio _____ regalo.
2. Mi hanno messo _____ dormire nella stanza degli ospiti.
3. Penso spesso _____ amici lontani.
4. Lui è entrato _____ camera senza far rumore.
5. Ha chiesto _____ donna _____ portarle un bicchiere d'acqua.
6. Noi ci fidiamo _____ lui; è una persona onesta.
7. Le stanze sono in ordine _____ molti anni.
8. Mi sono accorto _____ sbaglio.
9. Mi dispiace _____ disturbo.
10. Nel castello ci sono molte camere _____ letto.

II. Completate le frasi con la forma corretta del presente indicativo:

1. Lui (bere) _bere_ troppo.
2. Le nuvole (scomparire) _____ all'orizzonte.
3. Se tu (volere) _____, accompagnami.
4. Si (dire) _____ che in questa Torre ci abiti un fantasma.
5. Lui (girare) _____ gli occhi e non vede più la bottiglia.
6. Mi (capitare) _____ spesso di svegliarmi tardi.
7. Tu (addormentarsi) _____ subito.
8. Lui (venire) _____ spesso qui ma (andarsene) _____ presto.
9. Loro (tenere) _____ sempre le stanze in ordine.

Dino Buzzati

LA MAGA

Mia nonna raccontava, era una donna straordinaria; a soli ventisette anni dirigeva un *laboratorio* di *tessitrici* di damaschi alle porte di Vicenza. *workshop / weavers*

Un giorno una delle ragazze arriva da lei tutta *in lacrime*. «Cosa è successo, Rita, per agitarti così?» E quella le confessa di aspettare un bambino. *in tears*

«Ah sì? E chi è stato?» domanda mia nonna. «È stato Duilio, il nipote del farmacista.»

«Lascia fare a me» dice mia nonna. Chiama tutte le ottanta ragazze, gli spiega il fatto e le prega di aiutare la Rita.

Te le immagini ottanta ragazze, *scatenate* tutte insieme alle spese di un *povero disgraziato*? Dopo neanche un mese si fanno *le nozze*. Dopo sette mesi nasce un bel bambino. *enraged* / *poor devil* / il matrimonio

Un matrimonio che sembra riuscito, nei primi tempi tutto bene. Poi lui diventa taciturno e *cupo*, fa scenate, beve, sta fuori fin tardi nella notte. Però lei zitta, come se non si accorgesse di niente. *sullen*

Senonchè una sera, tornato dal lavoro, lui domanda: «Cosa hai preparato per cena?» E lei: «Ho buttato appena adesso gli spaghetti». «Niente spaghetti,» fa lui «stasera di spaghetti non ho voglia. Fammi invece del riso *in bianco*.» Lei dice: «Riso in casa non ce n'è più». E lui: «Allora vai fuori a comperarlo.» *ma* / senza salsa

Lei esce, starà fuori neanche mezz'ora, quando ritorna il marito è scomparso.

Per tutta la notte lei in piedi ad aspettarlo. Ma neppure il giorno dopo Duilio *si fa vedere*. Lei chiede in giro, nessuno ne sa niente. *shows up*

Un giorno, due giorni, l'uomo non *si fa vivo*. Che sia successa una *disgrazia*? Dai carabinieri Rita *fa denuncia*. *si fa vedere* / *accident / reports him*

Passano ancora giorni su giorni e la moglie si consuma nei *pianti*. Finalmente i carabinieri la chiamano: «Abbiamo *appurato* che tuo marito è partito il giorno cinque per il Brasile, leggi qui il *fonogramma* da Genova.» *crying* / saputo / telegramma

Fuggito, dunque, partito per sempre. La Rita non *fled*

riesce a rassegnarsi, senza un soldo, senza un lavoro. Per fortuna c'era mia nonna.

Altri sei mesi e mia nonna va a trovarla. «Niente notizie?» «No, ancora niente.» Allora mia nonna: «Sai cosa facciamo? Qui bisogna *interpellare* la maga Baù. Su, vestiti, che andiamo.»   consultare

Vanno da questa vecchia maga *vicentina* e le raccontano tutta la storia. La maga Baù si concentra, poi dice alla Rita: «Va' di là, ti prego, e *da' un'occhiata* allo specchio».   di Vicenza / take a look

Nella stanza vicina c'è un grande specchio, e dentro nello specchio la Rita cosa vede? Vede suo marito Duilio sotto una *pergola* che pacifico e contento sta *giocando alle bocce*.   arbor / bowling

La Rita grida: «Duilio mio dove sei? Io son qui disperata e tu giochi alle bocce?» «Sta' tranquilla,» dice la maga Baù «vedrai che entro due mesi tuo marito ritorna».

E dopo due mesi precisi eccolo infatti che *rincasa*. E subito chiede alla moglie, prima ancora di abbracciarla: «Dimmi, Rita, che cosa mi hai fatto?»   ritorna a casa

«Io? Niente ti ho fatto. Perchè?»

«Perchè io me ne stavo *beato* laggiù *dalle parti di* Pernambuco, avevo trovato un buon lavoro e un giorno sotto una bella pergola stavo giocando alle bocce con degli altri italiani, quando all'improvviso ho sentito una cosa qui nel petto, come un rimorso, un tormento, un fuoco. E da quel momento non ho avuto più pace, non ho pensato altro che a tornare. Si può sapere, Rita, che cosa mi hai fatto? Si può sapere che cosa mi hai *combinato*?»   contento / vicino a / fatto

«Io?» rispose lei tranquilla. «Cosa potevo farti io, con l'oceano di mezzo, povera moglie abbandonata?»

E lui: «Cosa mi hai fatto, Rita?»

E lei: «Niente, ti *giuro*, niente».   I swear

ESERCIZI

I. Rispondete alle seguenti domande:

1. Perchè era una donna straordinaria la nonna?
2. Che cosa le confessa un giorno una delle ragazze?
3. Che succede poi?
4. Come diventa il marito dopo un po' di tempo?

5. Che cosa domanda lui una sera appena tornato dal lavoro?
6. Che fa Rita dopo che il marito è scomparso?
7. Che le dicono i carabinieri un giorno?
8. Quale consiglio le dà la nonna dopo sei mesi?
9. Che vede Rita nello specchio e che grida?
10. Perchè Rita deve stare tranquilla secondo la maga?
11. Che racconta il marito quando rincasa?
12. Che gli risponde la moglie?

II. Temi per discussione o composizione:

1. Discutete il comportamento di Rita.
2. L'esistenza dei maghi e gli esperimenti di magia.
3. Raccontate un caso di telepatia.
4. Fate un breve riassunto della storia.

III. Scrivete una frase per ciascuna delle seguenti espressioni idiomatiche:

fare scenate	non farsi vedere
fare denuncia (a)	farsi vivo
dare un'occhiata (a)	alle spese di
giocare alle bocce	dalle parti di

IV. Date il sinonimo o l'opposto delle seguenti parole o espressioni o spiegatene il significato:

taciturno, nozze, nei primi tempi, rincasare, senonchè, telegramma, contento, pergola, interpellare, tranquillo, in bianco, vicentino

V. Completate le frasi con la forma corretta di una delle seguenti parole o espressioni:

riso, dirigere, in lacrime, tessitrice, fuggire, giurare, rimorso, abbracciare, diventare, carabiniere, concentrarsi, laboratorio

1. Lui non andava d'accordo con la moglie ed _____.
2. Carla lavora in un _____ vicino a Vicenza.
3. Un _____ le ha detto che lui era in Brasile.
4. Non mi piacciono gli spaghetti; preferisco il _____.
5. Devi _____ prima di cominciare l'esame.
6. Quando è tornato a casa Luigi _____ la moglie.
7. Non devi _____ il falso.
8. Lui _____ taciturno.
9. Conosci una _____ di damaschi?
10. La ragazza era _____ quando è andata dalla nonna.
11. Loro _____ una fabbrica di tessuti.
12. Quando lui compie una cattiva azione, sente _____.

ESERCIZI GRAMMATICALI

I. Completate le frasi con la forma corretta dell'imperfetto e spiegatene l'uso nella frase:

1. Lei (buttare) _____ gli spaghetti quando il marito è rincasato.
2. Non ha mangiato perchè non (avere) _____ fame.
3. Lui le (fare) _____ sempre delle scenate.
4. Noi abbiamo visto il ladro che (fuggire) _____.
5. La nonna ci (raccontare) _____ sempre delle storie.
6. Il matrimonio (sembrare) _____ riuscito.
7. Voi tornavate sempre a casa tardi ma lei non (accorgersi) _____ mai di niente.
8. Le ho detto che non (dovere) _____ agitarsi.
9. Ha visto suo marito che (giocare) _____ alle bocce.
10. Mentre lui (bere) _____ il caffè, è entrata sua moglie.

II. Completate le frasi con la forma corretta del tempo (presente o passato prossimo):

1. Lui non (farsi) _____ vivo da due anni.
2. Loro non (farsi) _____ vedere per tre mesi.
3. Quel giorno lei (vedere) _____ suo marito sotto la pergola.
4. Loro (partire) _____ il mese scorso per la Francia.
5. Sono due anni che Marco non (venire) _____ a casa nostra.
6. Da quanto tempo non ti (scrivere) _____ i ragazzi?
7. Carla (rimanere) _____ in piedi per due ore ad aspettarlo.
8. Finalmente lei (rassegnarsi) _____.

Achille Campanile
(1900–1977)

Achille Campanile è nato a Roma.
Narratore e commediografo è considerato uno dei maggiori umoristi italiani. Accanto alle situazioni tipiche dell'assurdo, Campanile mette in ridicolo il comportamento della borghesia del tempo.

Fra le numerose opere ricordiamo: il romanzo *Ma che cos' è quest'amore* (1924); *Se la luna mi porta fortuna* (1927); *Agosto, moglie mia non ti conosco* (1930); *Il povero Piero* (1959); *L'inventore del cavallo e altre quindici commedie* (1971); *Manuale di conversazione* (1973); *Gli asparagi e l'immortalità dell'anima* (1974); *Vite degli uomini illustri* (1975); *L'eroe* (1976).

I racconti «Pantomima» e «Le bugie bisogna saperle dire» sono tratti dal volume *Manuale di conversazione* con il quale Campanile ha vinto il Premio Viareggio 1973. In questi due racconti l'autore prende in giro tipiche famiglie borghesi, cosiddette «perbene», i cui vari membri recitano costantemente una commedia, ignari di essere loro stessi vittime delle menzogne dei familiari. Questo tema, brevemente accennato in «Pantomima», è sviluppato ulteriormente in «Le bugie bisogna saperle dire» dove l'imprevisto coglie di sorpresa sia il marito che la moglie e impedisce loro di continuare la finzione.

PANTOMIMA

La bella Angelica Ribaudi, coi biondi capelli in disordine e le fresche *gote* di diciottenne arrossate, *affannando per aver fatto le scale a quattro a quattro* si fermò un attimo sul *pianerottolo* per calmarsi; *indi* mise *pian pianino* la chiave nella *serratura*, girò delicatamente, *spinse* la porta senza far rumore e *scivolò* in casa come una ladra.

cheeks / panting from racing up the stairs

landing / poi / slowly

lock

pushed / slipped

Voleva arrivare prima di sua madre, ch'ella aveva *intravisto* in fondo alla strada scendere dal tram. Non già che la turbasse l'idea di rincasare tardi per la cena, ma *una volta tanto* ch'era arrivata meno tardi del solito poteva essere comodo *evitare* i rimproveri e le frasi amare della madre e *magari* farle credere d'essere arrivata molto prima. Non le capitava mai di rincasare quando la mamma non era ancora in casa.

glimpsed

for once

to avoid

forse

In punta di piedi percorse il corridoio. Davanti alla camera del padre si fermò un attimo *trattenendo il fiato;* spinse la porta *socchiusa,* guardò dentro e respirò: la camera era *buia.* Il babbo non era ancora *rientrato. Quanto ai* fratelli, non c'era pericolo che rincasassero prima dell'alba. E la *donna di servizio,* sempre chiusa in cucina, non si accorgeva mai di chi entrava e usciva e di quello che *avveniva* nella grande casa.

on tiptoe

holding her breath

half-closed

dark / ritornato

as for the

maid

happened

Angelica si chiuse nella propria stanza. Senza accendere la luce *si sfilò* in fretta l'abito, *infilò* precipitosamente una *vestaglia* e *allo scuro* corse a *stendersi* sul letto, perchè voleva che i familiari, rincasando, la trovassero così e pensassero che era in casa da molto tempo. E intanto *tese l'orecchio* per sentire da un momento all'altro girar la chiave nella porta di casa e il passo di sua madre che entrava e la sua voce che domandava alla *domestica:* «È rientrata la signorina?» e la domestica che avrebbe risposto: «Non ancora» e la mamma che si sarebbe lamentata per i continui ritardi di lei e che poi l'avrebbe trovata in casa dormiente. Una volta tanto una piccola *rivincita.* Ma non s'udiva nulla.

took off / put on

robe / al buio / to lie down

cupped her ear

donna di servizio

victory

La ancor giovanile e *piacente* signora Iride Ribaudi, coi capelli un po' in disordine e affannando *per aver fatto le scale di corsa,* mise pian pianino la chiave nella serratura, girò delicatamente, spinse la porta senza far rumore e scivolò in casa come una ladra. Voleva arrivare prima di suo marito che aveva intravisto in fondo alla

attractive

per aver fatto le scale a quattro a quattro

strada. In punta di piedi traversò il corridoio. Nel passare davanti alla camera di sua figlia respirò: la camera era buia e silenziosa, Angelica era ancora rientrata. Non già che dovesse *render conto*. Ma in certi casi è *noiosa* la *testimonianza* dei figli; e, poi, d'una figlia come Angelica!

to explain

annoying / testimony

La signora Iride si chiuse nella propria stanza, senza accender la luce *si spogliò* in fretta, infilò precipitosamente la vestaglia e allo scuro corse a stendersi sul letto poichè voleva che i familiari, rincasando, credessero che ella era in casa da tempo.

undressed

Giovanni Ribaudi, affannato per aver fatto le scale di corsa, mise pian pianino la chiave nella serratura, girò delicatamente, spinse la porta senza far rumore e scivolò in casa come un ladro. Voleva che i familiari non si accorgessero ch'egli rincasava così tardi. La casa era grande e con qualche *accorgimento* si poteva *farla in barba* a tutti. In punta di piedi traversò il corridoio, si fermò un attimo e udendo un perfetto silenzio, respirò: le donne dormivano.

precaution / to fool

Dopo un po' udì la voce di sua moglie che chiedeva alla domestica:

«Il signore è rientrato?»

«Nossignore» disse la domestica.

«Chi è in casa?»

«Nessuno».

Giovanni *s'affacciò* dalla propria stanza. «Ma sì, cara» disse «sono qua da un'ora. Siccome ti ho trovata che dormivi non ho voluto svegliarti.»

leaned out

«Già», disse la signora Iride «sono rincasata due ore fa e poichè non c'era nessuno in casa, mi sono messa un po' a riposare.»

Aggiunse con un sospiro: «Angelica non è ancora tornata.»

added

«*Bugiarda*», pensò Angelica, con la voglia di piangere per la rabbia.

liar

Ma in quel momento il padre aprì la porta della camera di Angelica.

«È qui» esclamò.

«Oh,» *fece* la signora Iride «non lo sapevo».

disse

Angelica *finse* di svegliarsi.

pretended

«Non sono uscita affatto,» disse «ho dormito tutto il pomeriggio.»

Cenarono in silenzio.

ESERCIZI

I. Rispondete alle seguenti domande:

1. Quanti anni ha Angelica e che tipo è?
2. Come sale le scale Angelica?
3. Dove si ferma Angelica e perchè?
4. Che cosa fa poi?
5. Chi ha visto in fondo alla strada?
6. Perchè voleva arrivare prima di sua madre?
7. Come percorre il corridoio?
8. Che cosa fa quando arriva davanti alla camera del padre?
9. Perchè la donna di servizio non si accorgeva mai di chi entrava e di chi usciva?
10. Che fa Angelica dopo essere entrata nella sua stanza?
11. Che cosa aspettava di sentire da un momento all'altro?
12. Che cosa avrebbe domandato la mamma alla domestica?
13. Di che cosa si sarebbe lamentata la mamma?
14. Come era la signora Iride?
15. Che cosa voleva far credere al marito ed ai figli?
16. Che cosa pensa Giovanni Ribaudi quando non ode alcun rumore in casa?
17. Che cosa sente Giovanni Ribaudi poco dopo?
18. Che cosa dice Giovanni Ribaudi alla moglie?
19. Che cosa risponde la moglie?
20. Che cosa finge di fare Angelica quando il padre apre la porta della camera? E che cosa gli dice?

II. Temi per discussione o composizione:

1. Perchè il racconto è intitolato «Pantomima»?
2. Discutete i rapporti che esistono fra i vari membri della famiglia.
3. Paragonate questa famiglia con la vostra.
4. Come interpretate il fatto che i fratelli di Angelica possono rientrare all'alba?
5. Riassumete e commentate la storia.

III. Scrivete una frase per ciascuna delle seguenti espressioni idiomatiche:

fare le scale di corsa	render conto
pian pianino	tendere l'orecchio
in punta di piedi	farla in barba (a)
trattenere il fiato	una volta tanto

IV. Date il sinonimo o l'opposto delle seguenti parole o espressioni o spiegatene il significato:

indi, rientrare, domestica, accendere, al buio, silenzio, mettersi (a), spogliarsi, in disordine, fingere, piangere, stendersi

V. *Completate le frasi con la forma corretta di una delle seguenti parole o espressioni:*

vestaglia, noioso, chiave, pianerottolo, piacente, donna di servizio, infilarsi, socchiuso, sfilarsi, accendere, serratura, rimprovero, bugiardo, alba, ladro

1. È entrato in casa ed _____ la luce.
2. Era comodo evitare i _____ della madre.
3. Girò la chiave nella _____.
4. Angelica pensava che la madre fosse una _____.
5. I ragazzi non rincasavano mai prima dell'_____.
6. L'uomo scivolò in casa come un _____.
7. Non dimenticare di prendere la _____ di casa.
8. Quando uno si spoglia, uno _____ gli abiti.
9. Ha comprato una _____ per sua madre.
10. La porta era _____.
11. La _____ stava sempre in cucina.
12. La signora Iride era una donna _____.
13. La testimonianza dei figli può essere _____.
14. Prima di uscire l'uomo _____ l'impermeabile perchè pioveva.
15. Le due donne si fermarono sul _____ a parlare.

ESERCIZI GRAMMATICALI

I. *Cambiate al passato remoto:*

1. Anna percorre il corridoio in punta di piedi.
2. Lei scivola in casa come una ladra.
3. Tu ti spogli in fretta.
4. Il padre traversa il corridoio e respira.
5. Loro rincasano alle nove.
6. Noi ceniamo in silenzio.
7. Tu ti svegli presto.
8. Voi aprite la porta.
9. Giovanni respira di sollievo.
10. Angelica si chiude nella propria stanza.
11. La madre spinge la porta ed entra.
12. Io trattengo il fiato per la paura.
13. Lui mette le chiavi sulla tavola.
14. Loro si addormentano subito.

II. *Completate le frasi con la forma corretta del verbo:*

1. Angelica voleva che la famiglia (pensare) _____ che era in casa da tempo.
2. La donna di servizio era sempre in cucina e non (accorgersi) _____ di chi (entrare) _____.

3. (Udire) ＿＿＿＿＿＿ un perfetto silenzio, il padre entrò in camera sua.
4. La ragazza ha notato che il padre non (rincasare) ＿＿＿＿＿＿.
5. La casa era grande e (potersi) ＿＿＿＿＿＿ farla in barba a tutti.
6. La donna era scesa dall'autobus e (intravedere) ＿＿＿＿＿＿ il marito che (tornare) ＿＿＿＿＿＿ a casa.
7. Non c'era pericolo che i fratelli (tornare) ＿＿＿＿＿＿ a casa presto.
8. Il marito ha detto: «Io (essere) ＿＿＿＿＿＿ qui da un'ora.»
9. Dopo (fare) ＿＿＿＿＿＿ le scale di corsa, la donna ha aperto la porta.
10. Angelica sentì la mamma che (parlare) ＿＿＿＿＿＿ con la domestica.

Achille Campanile

LE BUGIE BISOGNA SAPERLE DIRE

Rincasando dopo essere stato a *tradire* sua moglie Isabella, Corrado non era tranquillo. *Aveva fatto tardi* e Isabella poteva sospettare qualche cosa. *Occorreva* trovare una scusa. Ma una buona scusa. Solida. Sicura. Una bugia inconfutabile. Doveva dire di essere stato a far qualcosa di cui non poteva *fare a meno;* e in luogo da cui non era potuto venir via prima.

Ma *che si scervellava?* L'aveva *a portata di mano,* la scusa. Non era *fissata* per oggi la conferenza del suo direttore, il comm.[1] Ciclamino? Corrado avrebbe detto d'essere stato alla conferenza di Ciclamino e d'aver dovuto aspettare la fine per congratularsi.

Avvertì una leggera punta di rimorso, mentre architettava la bugia, al pensiero di Isabella, di quella donna fedele e innamorata che era piena di *fiducia* in lui. Perchè *ingannarla?* Bah, sarebbe stata l'ultima volta.

Messa a tacere la coscienza, Corrado *affrettò il passo* verso casa, quando due dubbi lo fermarono *di botto.* Primo: e se la conferenza non ci fosse stata? Secondo: e se alla conferenza fosse andata Isabella?

La prima eventualità era meno probabile ma non impossibile: un'improvvisa indisposizione, un *rinvio.* Quanto alla seconda, non ci aveva pensato ma era una cosa più che probabile. Occorreva accertarsi circa i due casi e Corrado poteva farlo facilmente per *entrambi con un colpo solo,* informandosi soltanto sulla seconda circostanza. *Si sarebbe rivolto* a qualcuno che c'era stato, a qualche comune amico. Stava per entrare in un posto telefonico pubblico *nei pressi di* casa sua quando si sentì chiamare:

«Corrado! Corrado!»

Si voltò. Era Carolli, un collega d'ufficio.

«Ciao,» gli disse Corrado «vieni dalla conferenza di Ciclamino?»

---

1. *comm.:* short for *commendatore,* a high title granted by the Italian Republic.

to cheat on
era in ritardo
bisognava

do without

why was he wracking his brain? / within reach / scheduled

sentì

trust
tradirla

once silenced / quickened his step / suddenly

postponement

tutti e due / at a single blow

avrebbe domandato

vicino a

turned around

«Sì» fece l'altro; e aggiunse guardandosi attorno: «una
barba». noia

«Sai se per caso c'era mia moglie?»

«Non c'era.»

«Ne sei sicuro?»

«Sicurissimo.»

Carolli voleva *addentrarsi in particolari*, ma Corrado   *to go into details*
non gliene lasciò il tempo e, salutatolo in fretta, *si slanciò*   *rushed*
su per le scale della propria casa.

Trovò Isabella che doveva essere rientrata da poco, a
giudicare dal fatto che aveva ancora *addosso* gli abiti di   *on*
fuori. Corrado stava per *spiattellare* la progettata bugia,   *raccontare*
ma la donna lo *prevenne*.   *spoke first*

«Ho fatto tardi,» disse «perché sono stata alla conferenza del commendator Ciclamino.»

Corrado si morse le labbra. Stava per *farla grossa*.   *to make a big blunder*
Fortuna che Isabella, con la sua *consueta precipitosità*,   *usual haste*
aveva parlato per prima. Se lui avesse detto subito la
bugia, la moglie avrebbe scoperto tutto.

Quel Carolli, però che imbecille! Mettersi ad *asserire*   *affermare*
con tanta fermezza una cosa di cui evidentemente non
era certo. Bisognava trovare subito una bugia *di ripiego*.   *makeshift*

«Anch'io ho fatto tardi,» mormorò Corrado *guardando*   *looking stealthily*
di sottecchi la moglie «sono stato a far visita a Della
Pergola, che sta poco bene.»

Era la prima bugia che gli fosse venuto di dire. Della
Pergola era un amico di casa. Corrado notò che Isabella
aveva *corrugato* leggermente le *sopracciglia*. Che   *frowned*
avesse *indovinato* che *mentiva*? Corrado preferì *cambiar*   *guessed / he was lying /*
discorso e per tutta la sera parlarono d'altro.   *to change the subject*

L'indomani Corrado trovò il collega d'ufficio. «Mi stavi   *il giorno dopo*
mettendo *in un bel pasticcio*, ieri sera» gli disse.   *in a big mess*

«Perché?»

«Ma come? Mi assicuri che mia moglie non era alla
conferenza di Ciclamino e . . .»

«E non c'era.»

«Ma forse non l'hai vista tra la folla. Non dovevi as-
sicurarmi una cosa di cui non potevi esser certo.»

«*Anzitutto*, alla conferenza *eravamo quattro gatti*,   *prima di tutto /*
quindi, se tua moglie ci fosse stata, l'avrei vista. In se-   *eravamo pochi*
condo luogo, del fatto che non ci fosse ero ben certo per
la semplice ragione che, pochi minuti prima di incontrare te, avevo incontrato lei che mi aveva domandato:
«Sa per caso se alla conferenza c'era mio marito?» e le
avevo detto che non c'eri. Quindi è chiaro che non c'era

nemmeno lei, altrimenti non avrebbe domandato a
me . . .»

Corrado non capiva. Allora era Isabella che aveva
detto una bugia a lui. Ma per quale ragione?

«Ma sei sicuro» insistè «che mia moglie abbia voluto
sapere se c'ero? Forse hai capito male.»

«*Ma fammi il piacere!* Quando me l'ha detto era con   *Come on!*
lei quel vostro amico di casa, come si chiama . . .»

Corrado cominciava a capire qualcosa.

«Della Pergola?» suggerì con lo sguardo nel vuoto.

E al «sì» del collega, rimase pensieroso a ricostruire
una serie di piccole circostanze che *negli ultimi tempi* gli   *recently*
erano *sfuggite*. E in silenzio corrugò le sopracciglia. Pro-   *escaped*
prio come in silenzio le aveva corrugate sua moglie,
quando lui le aveva detto d'essere stato a far visita a
Della Pergola.

ESERCIZI

I. Rispondete alle seguenti domande:

1. Perchè Corrado non era tranquillo quando è tornato a casa?
2. Che cosa doveva dire?
3. Quale scusa aveva a portata di mano?
4. Perchè ha sentito una leggera punta di rimorso?
5. Quali dubbi gli sono venuti in mente mentre andava a casa?
6. Come avrebbe potuto informarsi?
7. Che cosa ha domandato Corrado al collega che ha incontrato? E che cosa ha
   risposto Carolli?
8. Che cosa gli ha detto la moglie appena è rientrato?
9. Che cosa ha pensato Corrado quando la moglie lo ha informato che era andata alla
   conferenza?
10. Come ha spiegato il suo ritardo alla moglie?
11. Come ha reagito Isabella alla bugia del marito?
12. Che cosa ha detto Corrado al collega il giorno dopo?
13. Perchè Carolli era certo che la moglie di Corrado non era alla conferenza?
14. Come ha risposto Carolli quando Corrado gli ha domandato se era sicuro di aver
    capito bene?
15. Che cosa ha ricostruito Corrado alla risposta del collega?

II. Temi per discussione o composizione:

1. Vi sembra appropriato il titolo del racconto? Esponete le ragioni per cui vi sembra
   appropriato o no.
2. Discutete il matrimonio dei due protagonisti.
3. Secondo voi quali sono gli elementi necessari per la buona riuscita di un matrimonio?

4. Discutete l'umorismo della storia.
5. Riassumete il racconto.

III. Scrivete una frase per ciascuna delle seguenti espressioni idiomatiche:

far tardi	fare a meno (di)
a portata di mano	mettere a tacere
affrettare il passo	addentrarsi in particolari
stare per	corrugare le sopracciglia
nei pressi di	cambiar discorso
farla grossa	negli ultimi tempi
guardare di sottecchi	

IV. Date il sinonimo o l'opposto delle seguenti parole o espressioni o spiegatene il significato:

avvertire, occorrere, consueto, asserire, ingannare, anzitutto, di botto, rivolgersi a, spiattellare, mentire, sicuro, esserci quattro gatti

V. Completate le frasi con la forma corretta di una delle seguenti parole o espressioni:

addosso, sfuggire, scusa, tradire, fiducia, indovinare, pasticcio, far visita, barba, labbro, indisposizione, fissato, rinvio, voltarsi

1. Corrado rincasa dopo essere stato a _____ sua moglie.
2. Isabella è fedele e piena di _____ nel marito.
3. Secondo Carolli la conferenza era molto noiosa; una _____!
4. Lui ha detto che era stato a _____ all'amico.
5. Lo spettacolo non ha avuto luogo a causa di un _____.
6. Quando sentì le sue parole si morse le _____.
7. Quel giorno non è andato all'ufficio per un'improvvisa _____.
8. La conferenza è _____ per domani.
9. Quella bugia mi ha messo in un bel _____.
10. Quando il collega l'ha chiamato, lui _____.
11. Lei aveva ancora il cappotto _____.
12. Il marito doveva trovare una buona _____.
13. A loro non _____ mai niente.
14. La donna _____ che il marito mentiva.

ESERCIZI GRAMMATICALI

I. Cambiate al futuro:

1. Noi facciamo tardi.
2. Io comincio a capire.
3. Se tua moglie ci va, la vedo.

4. Mi rivolgo alla polizia.
5. La donna corruga le sopracciglia.
6. Me lo assicura.
7. Vuole sapere se ci viene.
8. Loro si addentrano in particolari.
9. Tu non sospetti niente.
10. La vede alla conferenza.

II. *Completate le frasi con la forma corretta del verbo:*

1. Corrado affrettò il passo dopo (fermarsi) _____ a telefonare.
2. Isabella aveva fatto tardi perchè (essere) _____ alla conferenza.
3. Giorgio (stare per) _____ entrare nella cabina telefonica quando l'amico l'ha chiamato.
4. Se loro mi avessero detto una bugia, io (scoprire) _____ tutto.
5. Notò che lei (portare) _____ ancora gli abiti di fuori.
6. (Salutarlo) _____, si slanciò su per le scale.
7. (Rincasare) _____ Maria pensava a quello che avrebbe detto.
8. Se tu ci (andare) _____, io ti avrei visto.

Carlo Castellaneta
(1930–   )

Carlo Castellaneta è nato a Milano. Ha cominciato la sua attività di narratore pubblicando racconti su diversi quotidiani milanesi. Al suo migliore romanzo, *Villa di delizia* (1965), ambientato come gli altri romanzi nella Milano di Fine Ottocento, viene conferito il Premio librai milanesi. Nel 1972 ha vinto il premio nazionale «Il racconto italiano» con la storia «Le radiazioni».

Fra le opere principali ricordiamo: *Viaggio col padre* (1958); *Una lunga rabbia* (1961); *Villa di delizia* (1965); *Gli incantesimi* (1968); *La dolce compagna* (1970); *Tante storie* (1973).

Il racconto «Una come tante» è tratto dalla collezione *Tante storie*. La protagonista esamina la sua vita ed i motivi della sua insoddisfazione in un lungo monologo interiore. Tuttavia il tono a volte superficiale con cui la donna tratta questioni serie, toglie ogni drammaticità alla sua condizione.

UNA COME TANTE

Alle sette, quando suona la sveglia, fuori è ancora notte. Socchiudo la finestra del bagno, *annuso* quell'odor di cavolfiore che c'è nell'aria e vuol dire che il cielo è *coperto*, devo sbrigarmi perchè poi ho un'ora di tram per attraversare Milano e *timbrare* il cartellino dall'altra parte della città.

«Ciao» gli dico in fretta, affacciandomi in camera da letto. A quest'ora Francesco dorme ancora, o piuttosto *fa finta* di dormire per un altro quarto d'ora. Francesco è *perito edile*, va in ufficio alle nove, con la centoventiquattro. Mai che ti dica: ti accompagno. Lo faceva due anni fa, quando eravamo appena sposati.

Ormai non ci penso più. Mi cerco un posto a sedere, sul tram, e comincio a leggere fino alla fermata. Però mi piacerebbe che *ogni tanto* si alzasse con me, accendere la radio, far colazione insieme, imburrare *fette* di pane tostato come nei film americani. All'inizio, si era detto che avrei lavorato soltanto un anno o due, e invece con quello che costa la vita non se n'è più parlato. *Del resto*, succede lo stesso alle mie colleghe, e poi Francesco dice sempre: «Non vai mica in *fabbrica*, Simonetta, sei una ragazza d'*azienda!*»

Fortuna che in ufficio c'è Tommi. Questo Tommi è il fotografo del reparto pubblicità, ha due anni meno di me, ed è quello che si dice un bel ragazzo. Devo ammettere che molte volte, se faccio tardi per *truccarmi* o per decidere come vestirmi, *è colpa sua*. Non che ci sia niente, tra noi. Io non sarei mai capace di tradire Francesco. Solo che Tommi *mi fa compagnia* tutti i giorni, alla mensa, si beve un caffè insieme, mi racconta della sua ragazza.

«Una come te, mi ci vorrebbe» ha detto una volta.

Bravo: e Francesco? Non *si rende conto* che sono una donna sposata. Una sera mi ha *persino* accompagnato a casa in macchina, un effetto strano, come se fossi ancora fidanzata. Si parlava di cose d'ufficio, poi in una pausa di silenzio mi ha preso la mano. Sono stata stupida a non *ritrarla*, ma non volevo offenderlo, e pensavo: lo dirò a Francesco stasera stessa.

È una parola. Dopo cena lui accende il televisore o legge il giornale. Adesso poi gli ha preso la mania della chitarra, che tra l'altro lui è la negazione della musica.

«Senti,» gli ho detto «ti racconto una cosa».

Lui stava *chino* sulla sua chitarra, *ha fatto un cenno con la testa*, come dire che potevo cominciare, e intanto frin frin frin, continuava a *strimpellare*. *Mi è venuto* da piangere e sono andata a letto.

Coricata pensavo a Tommi, che starebbe delle ore a *chiacchierare* con me. *Oltretutto* Francesco è piccolo come me e *tarchiato*, non l'ho sposato certo per la bellezza, e nemmeno per i soldi; visto come mi ritrovo, e neanche per la cultura dato che non apre mai un libro.

Gli avevo detto: «Perchè non facciamo anche noi una libreria?».

Ce n'era una bellissima su una rivista: niente. Dice che le colleghe *mi montano la testa*. Aveva cominciato ad acquistare le *dispense* dei grandi pittori: *macchè*, ha smesso e non si sa perchè. Lo stesso per il cinema: se voglio vedere un film come dico io devo andarci con mia mamma. Francesco solo i western, che si sa già come vanno a finire e mi danno *fastidio* tutti quei *cazzotti*.

La domenica gli dico: «Prendiamo la macchina, facciamo un giro sui laghi».·

Risponde che lui guida tutta la settimana. L'unica cosa che lo smuove è il ristorante. Se un amico dice: ho trovato un posticino favoloso, Francesco lo *prende* subito *in parola*. Finisce che poi si sta a tavola delle ore, se ne va il pomeriggio mentre loro parlano di calcio o di colleghi o di altre cose che non mi interessano, come il consumo di benzina delle loro macchine.

Per fortuna viene il lunedì, le colleghe mi aspettano per raccontare cos'hanno fatto, ricomincia a *squillare* il telefono, il *capo* mi chiama per dettarmi una lettera, mi sento io di nuovo, e quando entra Tommi *fingo* di non vederlo per mostrargli di tre quarti un paio d'orecchini nuovi.

«Buongiorno» dice a tutte, ma so che è per me il suo saluto. Non è nemmeno un segreto, anche se la Sormani cerca tutti i pretesti per fargli vedere le gambe e se potesse si toglierebbe anche la minigonna. Anzi a volte lo *prendono in giro*, gli dicono: voi due, eh . . . lui diventa rosso, *scarica* la *macchina* consegna i rullini e *fila via*. Mi piace perchè è timido così, un po' *scontroso*, e nello stesso tempo mi fa paura, se penso l'apatia che mi viene quando lo *spediscono* fuori Milano per servizio, un giorno o due.

Sabato, per il compleanno di Francesco, ha voluto accompagnarmi lui a comprare il regalo. E siccome

bent over / nodded

to strum / I began

once in bed
parlare / in addition
stocky

give me big ideas
series / no way

noia / punches

crede

suonare
boss
faccio finta

make fun of him
unloads / camera / va via
gruff

mandano

Tommi *ha gusto* mi son lasciata guidare, ha scelto lui la cravatta. Poi *di scatto* mi ha detto: «Rossana, ma perchè vi siete sposati?»

Io non ci avevo mai pensato, sono rimasta lì come una *scema*.

«Non so,» ho detto «forse perchè è buono.»

Infatti non farebbe male a una *mosca*, Francesco, ma la verità è che non lo so nemmeno io. Ci si trova sposate, un bel giorno, e il più è fatto; dopo si capisce che perito edile non vuol dire niente, se uno non parla, e appena a letto spegne la luce, e appena spenta la luce si gira dall'altra parte. Allora mi accorgo che è brutto, che è *goffo*, un estraneo che *russa* vicino al mio *guanciale*.

Quante volte ci diciamo «buonanotte» e poi restiamo tutti e due in silenzio, senza *prendere sonno*. È in queste pause che vedo la mia vita, mi sembra che dovrei avere qualche cosa di più dalle giornate, non so, una sorpresa, un regalo, una lettera, come c'è scritto sempre negli oroscopi. Oppure cerco di addormentarmi e mi dico: «Farete un viaggio», come c'è scritto questa settimana per i nati dell'Ariete. Mi invento delle cose, mi persuado che questo *tran-tran* è bello così, con la grossa testa di Francesco che *fa un sibilo* dalle *narici*.

Se avessimo un bambino provo a immaginarmelo, e sarebbe bello, solo che lo stipendio di Francesco non basta e bisogna aspettare. Ma *in fondo*, poi, non chiedo mica tanto; basterebbe che lui mi dicesse una mattina: «Indovina stasera dove andiamo?». Oppure: «Vengo a prenderti in ufficio e poi andiamo a cena in un posto che so io, noi due soli».

Invece niente, sono così monotoni, tutti, anche i mariti delle mie colleghe. Mai un'idea, uno *sprazzo*, un po' di fantasia. Persino a Natale, ha voluto che gli dicessi io che cosa volevo, non aveva la *più pallida* idea di cosa regalarmi, e sì che più di una volta gliel'avevo detto, della borsetta di pitone che c'è in vetrina qui sotto, di fronte alla fermata del filobus.

Se *fosse toccato a Tommi*, son sicura che me l'avrebbe comperata lui prima ancora che io la vedessi. Ma poi penso: e se diventasse anche lui come Francesco? Perchè dicono che è il matrimonio a spegnere tutto, la vita a due, insomma la *convivenza*.

Prima di sposarmi me l'aveva anche detto il mio *capufficio*: «Simonetta stia attenta, *non si butti via* col primo venuto». Perchè, secondo lui, col mio fisico potevo scegliere anche un libero professionista, come ha

Marginal glosses:
- *has taste*
- *ad un tratto*
- *fool*
- *fly*
- *awkward / snores / cuscino*
- *addormentarsi*
- *routine*
- *wheezes / nostrils*
- *after all*
- *spark*
- *faintest*
- *it had been up to*
- *cohabitation*
- *capo*
- *waste yourself*

fatto la Sormani che però appena c'è Tommi in ufficio
fa subito *la scema,* e allora? *acts silly*

Io non credo che dipenda dal *mestiere*. D'accordo, *professione*
Tommi fa il fotografo, sempre in mezzo alle modelle, in
un ambiente un po' pazzo, si sa, ma se fosse anche perito
come Francesco mi sembra che potrei lo stesso inna-
morarmi.

Ecco, l'ho detta la parola. Ed *è un bel pezzo* che cerco *è molto tempo*
di mandarla via, ma una ragazza, anche se ha marito non
sa liberarsi da questa domanda quando sta sola davanti
allo specchio e si passa il *pennello* sugli occhi: Sarò mica *brush*
innamorata?

Sul tram, l'altra mattina, leggendo l'ultima *puntata* *episode*
della vita di Jacqueline, pensavo che l'amore è proprio
la cosa più importante della vita. Lavorare, guadagnare,
andare a spasso, e poi? *andare in giro*

Ora non so che cosa farò con Tommi. Forse un giorno
me ne andrò insieme a lui. Lascerò un biglietto per
Francesco, in una busta sotto il tovagliolo. O forse no,
neanche una parola.

Comunque, devo prima finire di pagare il *castorino*. *beaver (coat)*

ESERCIZI

I. *Rispondete alle seguenti domande:*

1. Che cosa fa la protagonista quando suona la sveglia?
2. Perchè deve sbrigarsi?
3. Qual'è la professione di Francesco e come va in ufficio?
4. Che cosa piacerebbe alla donna?
5. Chi è Tommi e qual'è la relazione fra Tommi e la donna?
6. Che cosa è successo una sera in cui Tommi la riaccompagnava a casa?
7. Perchè la protagonista non ha potuto raccontare niente al marito?
8. A che cosa pensava quella sera dopo essersi coricata?
9. In che cosa differiscono i gusti dei due protagonisti in fatto di cinema e di pas-
   satempi?
10. Che cosa succede quando vanno al ristorante?
11. Perchè la protagonista è contenta quando viene il lunedì?
12. Che cosa fa Tommi quando lo prendono in giro?
13. Come ha risposto la protagonista alla domanda di Tommi: perchè si era sposata?
14. A che cosa pensa la donna quando non può prendere sonno?
15. Che cosa le basterebbe per essere felice?
16. Come si comporta Francesco quando le deve fare un regalo?
17. Che cosa le aveva detto il capufficio prima che si sposasse?
18. Che cosa si domanda spesso, anche se è una donna sposata?
19. Che cosa farà forse un giorno?

1. Che cosa ha voluto dire l'autore intitolando il racconto «Una come tante»?
2. Discutete l'importanza del lavoro nella vita della protagonista.
3. Esaminate il carattere di Francesco e quello di Tommi rilevandone le differenze.
4. Sarebbe felice la protagonista con Tommi? Se sì, spiegate perchè.
5. Pensate che il matrimonio o la convivenza possano distruggere l'amore?
6. Discutete la frase con la quale finisce il racconto.

III. Scrivete una frase per ciascuna delle seguenti espressioni idiomatiche:

far finta	prender sonno
far compagnia	andare a spasso
rendersi conto	non avere la più pallida idea
montare la testa (a una persona)	fare un cenno
è un bel pezzo	in fondo
prendere in giro	filar via

IV. Date il sinonimo o l'opposto delle seguenti parole o espressioni o spiegatene il significato:

succedere, coricato, accorgersi, capufficio, tarchiato, dar fastidio, fingere, timido, spedire, addormentarsi, mestiere, convivenza, cercare (di), prendere in parola

V. Completate le frasi con la forma corretta di una della seguenti parole o espressioni:

puntata, aver gusto, non far male a una mosca, rullino, sbrigarsi, libreria, truccarsi, imburrare, calcio, innamorarsi, tovagliolo, mensa, offendere, bellezza, fabbrica, guanciale

1. Ho letto l'ultima _____ del romanzo.
2. Voglio fare una _____ per metterci tutti i miei libri.
3. Non devi _____ sempre il pane quando mangi.
4. Gli uomini italiani parlano spesso di _____.
5. Giacomo _____ di Luisa perchè è bella ed intelligente.
6. Dobbiamo _____ perchè è tardi.
7. Quando hai apparecchiato la tavola, hai dimenticato di mettere i _____.
8. Ho scelto questo vestito con Maria perchè _____.
9. Gli studenti mangiano spesso alla _____.
10. La ragazza _____ per piacere a Tommi.
11. Marco è così buono; _____.
12. Il fotografo ha messo un nuovo _____ nella macchina.
13. Le sue parole mi _____.
14. Lui ha sposato quella ragazza per la sua _____, non per la sua intelligenza.
15. Luigi lavora in una _____ di automobili.
16. Quanti _____ vuoi per il tuo letto, uno o due?

ESERCIZI GRAMMATICALI

I. Cambiate le frasi al condizionale presente:

1. Lui ha acceso la radio.
2. Io faccio finta di dormire.
3. Loro parlano sempre di musica.
4. Tu ti rendesti conto dell'errore.
5. Maria si sposerà volentieri.
6. I tuoi amici non vengono con noi.
7. Neanche il ristorante lo smuove.
8. Quei ragazzi gli hanno dato fastidio.
9. Luisa non tradisce suo marito.
10. Voglio venire con te.
11. Noi beviamo un bicchiere di vino.
12. Lei si truccò prima di uscire.

II. Completate le frasi con la preposizione corretta (articolata o no secondo il caso):

1. Gli è venuto _____ piangere quando lui non le ha risposto.
2. Pensava _____ Marco prima di prendere sonno.
3. Starei delle ore _____ chiacchierare con loro.
4. Luigi ha smesso _____ lavorare alle tre.
5. Ha accompagnato Simonetta _____ comprare il regalo.
6. Cerco _____ addormentarmi appena vado a letto.
7. Maria prova _____ parlare con il marito.
8. Francesco fa finta _____ dormire.
9. Appena entro in casa, comincia _____ squillare il telefono.
10. Non credo che ci sia niente _____ loro.

Giovanni Guareschi
(1908–1968)

Giovanni Guareschi è nato a Parma. Narratore e giornalista, fonda insieme a G. Mosca il settimanale «Candido» nei primi anni del dopoguerra. Scrittore immensamente popolare per la facilità dei suo temi, Guareschi ha guadagnato fama internazionale con il ciclo di libri che hanno per protagonista Don Camillo. Di questi libri sono state fatte anche riduzioni cinematografiche.

Fra le opere principali ricordiamo: *La scoperta di Milano* (1941); *Il destino si chiama Clotilde* (1942); *Favole di Natale* (1945); *Italia provvisoria* (1947); *Lo Zibaldino* (1948); *Don Camillo* (1948); *Don Camillo e il suo gregge* (1953); *Corrierino delle famiglie* (1954); *Vita in famiglia* (1968); *Mondo piccolo* (1969).

Il racconto «San Michele aveva quattro ali» è tratto dalla collezione *Mondo piccolo*. La protagonista Cat, nipote di Don Camillo, ci viene presentata come un tipo di ragazza moderna e spregiudicata che tuttavia, proprio perchè ha rispetto per le istituzioni tradizionali, critica l'ipocrisia della generazione passata.

SAN MICHELE AVEVA QUATTRO ALI

Una indagine sul *comportamento* dei giovani d'oggi è impossibile: il loro cinismo, la loro *disinvoltura* spesso sacrilega fanno dei giovani una generazione *spietata* e imprevedibile. Non esistono ostacoli che possano arrestare i giovani: forse neppure la morte. *behavior / relaxed attitude / pitiless*

Il *tinello* era sempre lo stesso, ma Don Camillo *si sentiva a disagio*. L'abitudine è una tale *faccenda* che può farti vedere anche quello che non c'è più: ma il subcosciente *avverte* il cambiamento. Un certo rapporto di volumi, di pieni e di vuoti, di luci e di ombre è stato turbato e il subcosciente se ne accorge. *den / felt uneasy / cosa / nota*

Per la quarta volta Don Camillo si guardò attorno e, finalmente, scoprì che il piccolo vecchissimo quadro di San Giovannino era scomparso.

La Desolina disse che non ne sapeva niente e, dopo vane ricerche, Don Camillo concluse che il quadro era stato *rubato* e disse: *stolen*

«Vado subito a denunciare il *furto* ai carabinieri!» *theft*

«Non lo farei» osservò Cat che stava entrando in tinello e indossava il *giubbotto di pelle luccicante* per la lunga corsa in *moto* nella nebbia. *leather jacket / shiny / motocicletta*

«E perchè?»

«Perchè il quadro è qui» rispose Cat togliendo il San Giovannino dalla borsa che aveva con sè e *riappendendolo* al solito *chiodo*. «L'ho portato da un *tizio* di città: è disposto a *sganciare* cinquecento *sacchi*. Mezzo milione.» *hanging it again / nail / guy / dare / grand*

«Non mi interessa» rispose brusco Don Camillo. «Me l'ha regalato venti anni fa il mio vecchio *vescovo* e *ci tengo come ai miei occhi*. Perchè dovrei venderlo?» *bishop / I hold it dear*

«Per evitare le *chiacchiere*» spiegò calma e *spudoratissima* Cat. «Pensate: il molto reverendo parroco *si fa affidare* la nipotina per rieducarla, e la *frugoletta* gli *scodella* un figlio naturale! Dato che non posso tornare da mia madre in questo stato *se no le viene un colpo secco*, pensavo di andarmene lontano, trovarmi un lavoro e scodellare il *marmocchio* per conto mio. Ma per far questo occorrono quattrini. A meno che voi non vogliate che io vada in città a fare la *squillo*.» *gossips / shameless / has entrusted to him / lively little child / gives birth to / otherwise she will have a stroke / bambino / call girl*

«Io vorrei soltanto che Dio *ti fulminasse!*» urlò *inorridito* Don Camillo. «Una *mascalzonata* così grossa non me l'aspettavo da te.» *strike you down / horrified / dirty trick*

«Fare un figlio non è una mascalzonata.»

«Tu, assassina, non hai pensato a quello che stavi facendo a tua madre?» gridò Don Camillo.

«No: in quel momento pensavo a quello che Veleno stava facendo a me.»

«Veleno! Ma se *non lo potevi vedere!*»   *you could not stand him*

«Difatti non lo vedevo: erano le due di notte.»

Quella spudoratezza chiedeva vendetta a Dio e Don Camillo *strinse i pugni:*   *clenched his fists*

«Non la scappi: *stavolta* ti rompo le ossa».   *questa volta*

«*Osereste picchiare* una donna in questo stato?» lo   *would you dare strike*
rimproverò Cat. «Oh, ma voi non siete mai stato madre
e non potete capire . . .»

Don Camillo era uomo dalle decisioni rapide: davanti
alla *sfrontatezza* della ragazza uscì di corsa e, arrivato   *shamelessness*
nell'*orto,* spalancò i *telai a vetri* della finestra del tinello   *vegetable garden / glass*
che era difesa da una grossa *inferriata:*   *panels / grille*

«Stattene lontana in modo che, allungando un braccio,
io non possa *afferrarti* e *strozzarti,* poi rispondi: è stato   *grab you / choke you*
dunque quel *mascalzone* a metterti *nei guai?*»   *scoundrel / in trouble*

Cat si era seduta davanti al fuoco del caminetto e,
accesa una sigaretta, fumava tranquilla:

«Io non sono nei guai, reverendo zio. Nei guai ci siete
voi. *Inoltre* non ci sono mascalzoni di mezzo: è ovvio   *in addition*
che, se io non avessi voluto, Veleno . . .»

«Veleno!» *Ruggì* Don Camillo *aggrappandosi*   *roared / gripping*
all'inferriata. «Quel delinquente dovrà sopportarsi il
peso delle sue responsabilità. Occorre subito un matrimonio riparatore!»

La ragazza *sghignazzò:*   *laughed scornfully*

«E che, molto reverendo zio, siamo forse fra i sot-
tosviluppati che, per salvare l'onore della famiglia, fanno
sposare i ragazzini di quattordici anni? I quali, poi, con-
tinuano a mettere al mondo figli come *conigli* e dopo   *rabbits*
vanno ad *accamparsi* in piazza o sotto i portici del co-   *camp out*
mune perchè, secondo loro la società li deve *sfamare* e   *feed*
alloggiare? È questa la morale cattolica? Come può essere considerato sacramento un matrimonio fra due stu-
pidi ragazzi? È questo il rispetto per la famiglia? È molto
più immorale sposare due irresponsabili che mettere in
circolazione duecento ragazze madri! Proprio per il rispetto che ho della famiglia e del matrimonio non spo-
serò mai un cretino *spostato* come Veleno! Matrimonio   *misfit*
riparatore! Per chiudere un *forellino* si apre una *falla!*   *little hole / big leak*
Pensa che serietà: per guidare una *pidocchiosa* Cinque-   *lousy*

cènto bisogna sostenere un tremendo esame e ottenere
la *patente*. Per sposarsi e *mettere su una famiglia* cosa
mille volte più importante, grave e pericolosa per la
società, basta dire semplicemente «Sì» davanti a un *pre-
tonzolo!*».

Aggrappato all'inferriata, Don Camillo soffriva atrocemente *grondando sudore* e rabbia.

«Ti farò chiudere in un *pensionato*» disse *ansimando*.

«Da ieri *sono maggiorenne*, reverendo; e nessuno può
opporsi alla mia volontà.»

Non potendo *addentare* l'inferriata e troncare qualche
sbarra con un morso, Don Camillo urlò:

«*Pigliati* il quadro, vendilo e vai all'inferno!».

Cat *buttò* la *cicca* sui *tizzoni*, si alzò, prese il qua-
dretto, lo rimise nella borsa e si avviò verso la porta.

«Okay, reverendo» disse. «Se sarà un maschio lo chiamerò Camillo.»

La moglie di Peppone s'era fissata: voleva la *pelliccia*.
Non una pelliccia da *diva*, si capisce, ma una cosetta da
non più di un milione. Peppone era ben deciso a non
mollare.

«Figurati! Già mi accusano di imborghesimento e io
ti compro la pelliccia!»

«Qui non siamo in Cina e non ci sono le guardie rosse»
replicò la donna.

«Qui siamo in un paese e ci sono mille *cancheri* i quali
diranno che ho mangiato i soldi del popolo e *mi sono
arricchito alle sue spalle*.»

«Stupidaggini: la bottega è tua e l'hai impiantata con
danaro tuo e anche mio!»

«Maria! Non capisci che se io vado in piazza a gridare
che il popolo soffre e poi ti compro la pelliccia, sono
squalificato?»

«E tu smettila di gridare che il popolo soffre. Tanto
non soffre un accidente e *marcia* in macchina. Inoltre
se qualcuno soffre davvero soffre ugualmente anche se
io, invece della pelliccia, ho il *paletò*.»

In quel momento bussarono e Peppone ebbe un po'
di respiro.

La moglie di Peppone andò ad aprire e tornò *assieme*
a Cat.

«Signor *sindaco*,» disse Cat «vorrei un'informazione.»

«Deve andare in *municipio* e rivolgersi al *segretario
comunale*» rispose Peppone.

---

*driver's license / to have
a family*

lowly priest

dripping with sweat

institute / panting

I am of age

bite into

bar

prendi

*threw / butt / burning
coals*

fur coat

star

cedere

loudmouths

I got rich at their expense

va in giro

cappotto

insieme

mayor

town hall / city clerk

«Non posso» spiegò Cat. «Il padre del bambino non è figlio del segretario, ma del sindaco.»

Peppone la guardò a bocca aperta:

«Signorina, è *matta?*»

«No. A sentire l'ostetrico, aspetto un bambino.»

«Lo vada ad aspettare dove crede ma fuori di qui!» *urlò* feroce la moglie di Peppone.

«Benissimo» rispose calma Cat. «Siccome mio zio mi *ha cacciato via* e siccome il padre del bambino, Veleno intendo dire, è militare, andrò ad aspettare il bambino seduta *sullo scalone* del municipio.»

«*Non ci risulta* che mio figlio Michele avesse una relazione con lei!» disse perentorio Peppone.

«A me risulta» ridacchiò Cat. «E fra alcuni mesi risulterà ancora di più.»

La moglie di Peppone era *furente:*

«Sono cose che deve *trattare* con mio figlio» gridò. «Noi non c'entriamo. *Filare!*»

«Un momento Maria» intervenne Peppone. «Questa è *squilibrata* e non ci mette niente a *combinare* uno scandalo!»

«La stessa cosa che ha detto il reverendo zio il quale, pur di *togliermi dai piedi*, ha sganciato mezzo milione.»

«Ah *sgualdrina!*» esplose la moglie di Peppone. «Tu dunque, vuoi approfittare della delicata posizione di mio marito per *farci un ricatto!* Tu pensi di farti sposare per forza!»

«Matrimonio?» sghignazzò Cat. «Le pare che una ragazza bella e *in gamba* come me si possa perdere con un *teppistello* cretino come suo figlio?»

Peppone *agguantò al volo* la moglie che *s'era scagliata* contro Cat per *sbranarla* e disse:

«Signorina, se non si tratta di matrimonio, vuol spiegarmi che cosa vorrebbe?»

«Vorrei andarmene da qui. Trovare un paio di stanze, farmi il figlio e *allevarmelo* per conto mio. Io non ho la minima intenzione di creare una famiglia *sballata* sposando uno spostato come suo figlio. Io ho la mia dignità e i miei principi morali.»

«Sentila!» *ululò* la moglie di Peppone. «Osa parlare di dignità e di morale dopo quello che ha fatto!»

Cat si era seduta e aveva acceso una sigaretta.

«Certo, signora» rispose sorridendo. «Io ho fatto con suo figlio esattamente ciò che lei ha fatto con suo marito. A meno che il suo primo figlio non sia un fenomeno nato a quattro mesi. Con la differenza che io non mi umilio

pazza

gridò

ha mandato via

sulla scala

we know nothing about

furiosa
deal with
Beat it!

unbalanced / fare

to get rid of me

slut

to blackmail us

on the ball
hoodlum
quickly grabbed / had hurled herself / tear her to pieces

raise him
pazza

howled

singhiozzando e gridando che se non mi sposo, mi butto sotto il treno!»

«Io non ho mai minacciato di buttarmi sotto il treno!» protestò la donna.

«È vero» riconobbe Peppone. «Lei minacciava di buttarsi nel Po. Ragazza, vuol dire che cosa *pretenderebbe* da noi?»

«Non pretendo niente: chiedo un onesto lavoro.»

«Lavoro? Io non ho nessun lavoro da darle!»

«Signor sindaco: i quattrini del reverendo zio mi sono serviti a comprare una magnifica *giardinetta d'occasione* e ad affittare ed *arredare* due stanzette alla Rocchetta. Andrò in giro a vendere la sua *merce* e lei mi darà una *provvigione* su ogni pezzo venduto.»

«E perchè non si rivolge direttamente alle *Case?*» borbottò Peppone.

«Ho provato, ma dappertutto vorrebbero da me un certo tipo di *prestazioni* personali che non mi va di dare. Si capisce che io ufficialmente non venderò per lei ma per *far concorrenza* a lei.»

La perfidia della ragazza era *sconfinata*: aveva udito, stando nell'*andito*, la discussione tra Peppone e la moglie e ne *approfittò vigliaccamente*.

«*Non si stupisca*, signor sindaco. Io conosco la gente. La gente, più che della propria fortuna, gode della sfortuna degli altri. Il contadino è soddisfatto quando il suo *raccolto* è buono, ma è ancora più soddisfatto quando il raccolto del vicino va male. In chiesa è lo stesso: molta gente *si comporta* santamente non per il piacere di andare in Paradiso ma per il piacere di sapere che gli altri andranno all'inferno. *Idem* in politica: i suoi proletari *nullatenenti lottano* non per migliorare la loro condizione ma per peggiorare la condizione dei *possidenti*. Perchè, signor sindaco, dato che non si può contare sulla bontà e sull'intelligenza del nostro *prossimo* non *sfruttiamo* la sua cattiveria e la sua stupidità? Perchè, invece di mandare in giro sua moglie vestita come una *massaia rurale*, non le compra una pelliccia e un *brillante* grosso così? *Un sacco* di gente vi odierà e, pur di *farvi un dispetto*, comprerà da me. E faremo tutti degli ottimi affari.»

«Io direi di provare» consigliò la moglie di Peppone. «Questa è una maledetta che ne sa una più del diavolo.»

Affermazione quanto mai errata perchè Cat ne sapeva almeno due più del diavolo.

Cat più bella, perfida e *sfolgorante* che mai *bruciò le tappe* e *inondò* la *plaga* di lavatrici, lavastoviglie, frigoriferi, televisori, transistor e *mercanzia* del genere. — dazzling / raced ahead / flooded / zona / merce

La gente, che ignorava la colossale attività del *retrobottega*, godeva immensamente vedendo la clientela *diradarsi* sempre di più nella bottega di Peppone. E quando vedeva la signora Maria con la pelliccia e il brillantone, sogghignava *pregustando* la gioia del momento in cui la poveretta avrebbe dovuto vendere pelliccia e diamante per chiudere qualche falla dell'azienda. — backshop / diminuire / already tasting

Dopo quattro mesi, Cat aveva impiantato un *giro* formidabile e tutto procedeva magnificamente ma, d'improvviso, arrivò Veleno *in licenza* breve. — round / on leave

Tornò in modo teatrale, come piace là nel paese del melodramma: Peppone stava parlando, dalla *tribuna* della piazza, del Vietnam e delle barbarie del militarismo americano. Era *lanciatissimo* e riusciva a dire «strumentalizzazione» con delle «z» precise che parevano incise da Bodoni, ma, d'un tratto, vide qualcosa che lo lasciò a bocca aperta. Lì, in prima fila, c'era Veleno vestito da *parà*. Pareva alto almeno due metri e mezzo e Peppone stabilì che gli mancavano solo due ali sulle spalle e una *spada* in mano per essere l'arcangelo San Michele. — platform / very animated / paracadutista (paratrooper) / sword

Non gli fregava più niente del Vietnam e dell'America e tagliò corto: «La quale noi concludiamo al grido fatidico di «Viva la libertà, viva la pace!». — he didn't give a damn

La moglie di Peppone, non appena si trovò davanti Veleno non ebbe alcuna delle riserve del marito: decise che Veleno aveva effettivamente due magnifiche ali dietro le spalle e una spada nella destra. Vide anche sul *capo* del figlio l'*aureola* d'oro. E, naturalmente *si sciolse in lagrime* e disse l'unica cosa che non avrebbe dovuto dire: — testa / halo / burst into tears

«E adesso, Michele, cosa si fa con quella povera Cat? Sapessi che brava e come lavora . . . .».

Veleno rispose che non sapeva niente e la madre gli spiegò che la ragazza aspettava un bambino e che lui non poteva lasciare il suo sangue *sparpagliato* per il mondo. — spread

Veleno *inforcò* la moto e partì deciso verso la Rocchetta. — straddled

Incontrò la povera ragazza nella Stradaccia e c'era una nebbiolina leggera che dava a tutto un sapore di *favola*. — fable

Cat pilotava la sua giardinetta carica di elettrodomestici e Veleno la bloccò.

Cat diventò pallida e rimase aggrappata disperatamente al *volante*. Le mancò il fiato, povera piccola: non è una cosa normale incontrare in una solitaria strada di campagna San Michele in persona con doppie ali; doppia aureola d'oro e una grande spada fiammeggiante *in pugno*.

«Sei in licenza?» *balbettò* Cat.

«Sì. Mi hanno detto che tu aspetti un figlio da me.»

«L'ho sentito dire anche io» ammise Cat. «*Comunque* non aspetto nessun figlio.»

«Meglio così» disse San Michele facendo *roteare* la spada fiammeggiante. «Non capisco perchè tu abbia detto a tuo zio e ai miei una cosa del genere, quando fra te e me non c'è mai stato niente di niente.»

Cat si accorse che le ali di San Michele erano soltanto due e che la spada non fiammeggiava per niente. Ridimensionata la visione, la ragazza ritrovò sè stessa.

«Ho il diritto anche io d'un posto al sole, no?» rispose. «Dovevo pur trovare una *sistemazione!* Come potevo convincere altrimenti mio zio a sganciare quattrini e tuo padre a darmi un lavoro? O credi d'aver diritto di vivere soltanto tu?»

«No» borbottò Veleno. «Volevo dire: perchè proprio io? . . .»

«Ma tu!» lo *aggredì* Cat che adesso aveva una spada fiammeggiante anche lei e pareva Giovanna d'Arco. «Tu chi sei? Non sei forse un ribelle come me? Uno che protesta contro questo lurido e *fradicio* mondo? Anche se apparteniamo a due clan diversi non siamo forse uguali? Rispondi; grande Veleno, grande ribelle: ti piace il mondo *schifoso* che i vecchi cretini hanno costruito e vorrebbero *appiopparci?* Rispondi: meritano qualche riguardo questi vecchi ipocriti e *sporcaccioni?* O al reggimento oltre ai capelli, ti hanno *tosato* anche il tuo spirito rivoluzionario?»

«No!»

«E allora perchè non servirci di questi vecchi cretini e bugiardi per costruirci un mondo che ci piaccia? I *vigliacconi*, gli ipocriti hanno il terrore dello scandalo? Bene! Li ho terrorizzati minacciando lo scandalo. Come pretesto mi servivi tu: ti ho usato perchè ti credevo uno dei nostri. Non lo sei? *Non ti va?* Vuoi andare a casa e spiegare che non è vero, che tu non c'entri, che tu sei un bravo bambino mentre io sono una sgualdrina? Ebbene, va'.»

«No» rispose Veleno. «Non sono cambiato e conosco

i doveri della solidarietà. Comunque, *tanto varreb-*   *we might as well*
be . . .»

«Che cosa?»

«Se hai detto che aspetti un figlio da me, tanto var-
rebbe farlo. La protesta sarebbe più concentrata.»

«Sono contraria agli estremismi» spiegò Cat. «E poi
tu non sei il mio tipo.»

«E quale sarebbe il tuo tipo?» si ribellò Veleno. «Quel
pidocchioso di Ringo? Gli vado a *spaccare* la faccia.»   *to smash*

«No: mi ha fatto vendere un frigo a sua zia, una lavastoviglie a sua sorella, una lavatrice a suo cognato.
Inoltre non ho mai detto che Ringo è il mio tipo.»

Veleno scosse il capo:

«Io non capisco perchè non sono il tuo tipo».

«*Ti lanci* già?»   *are you jumping*

Sono uno dei primi del corso. Dicono che sono
bravo.»

«Come me?»

«Tu non sei brava, tu sei pazza. *Me la cavo* bene anche   *I manage*
col judò e sto imparando il karatè.»

«È già un bel passo avanti» riconobbe Cat.

«A proposito del bambino» insistè Veleno: «quando
vedranno che non succede niente, come te la caverai?»

«Ho già il mio giro, la mia clientela. Per il momento,
però tu dovresti *stare al gioco.*»   *play the game*

«Certo. Veleno è giovane e non tradisce i giovani.»

«*Ti fermi* molto?»   *resti*

«Domattina riparto. Se vuoi ti do il mio indirizzo.
Potrebbe servirti.»

«Sarà ben difficile. Comunque dammelo. Io ti do il
mio *cartoncino.*»   *calling card*

«Bene. Potrebbe darsi che mi servisse un frigo, in
caserma.»

Avuto il cartoncino della ditta Cat, San Michele *si*   *tore off*
strappò una candida *penna* da un'ala, vi scrisse sopra il   *feather*
suo indirizzo e la passò a Cat. Poi se ne andò senza
salutare. I giovani d'oggi sono così: duri. Anzi: *coriacei.*   *duri come il cuoio*

Vedendolo allontanarsi nella nebbiolina Cat constatò
che le ali non erano due ma quattro.

«Sapevo di non essermi sbagliata» borbottò fra sè   *shifted into first gear /*
mentre *ingranava la prima* senza *schiacciare la frizione.*   *pushing in the clutch*

ESERCIZI

I. Rispondete alle seguenti domande:

1. Perchè Don Camillo si sentiva a disagio e che cosa scoprì?
2. Che cosa concluse Don Camillo a proposito del quadro e che cosa propose di fare?
3. Perchè Cat gli disse di non farlo?
4. Perchè Don Camillo non voleva vendere il quadro?
5. Che cosa gli disse la spudoratissima nipotina Cat?
6. Come reagì Don Camillo?
7. Che cosa disse Don Camillo a Cat dopo essere uscito nell'orto?
8. Che cosa pensa Cat del matrimonio riparatore suggerito dallo zio?
9. Come finisce la scena fra Don Camillo e Cat?
10. Che cosa voleva la moglie di Peppone e perchè Peppone era deciso a non cedere?
11. Come rispose la moglie di Peppone alle obiezioni del marito?
12. Che cosa si dicono Cat e Peppone?
13. Dove sarebbe andata ad aspettare il bambino Cat e perchè?
14. Come rispose Cat quando Peppone le disse che non risultava che Michele avesse una relazione con lei?
15. Che cosa dicono di Cat Peppone e Don Camillo?
16. Di che cosa accusò Cat la moglie di Peppone?
17. Come rispose Cat sghignazzando?
18. Che cosa voleva fare Cat?
19. Che disse Cat quando la moglie di Peppone l'accusò di non essere morale?
20. Che cosa voleva Cat da Peppone?
21. Di che gode la gente secondo Cat?
22. Su che cosa si deve contare perchè gli affari prosperino?
23. Di che cosa riempì il luogo Cat?
24. Perchè la gente sogghignava quando vedeva la signora Maria in pelliccia?
25. Descrivete l'arrivo di Veleno.
26. Che cosa si dissero madre e figlio?
27. Come rimase Cat quando vide arrivare Veleno? Che cosa gli spiegò poi?
28. Come si comporta Veleno alla fine del racconto?

II. Temi per discussione o composizione:

1. Discutete il personaggio di Cat: suoi pregi e difetti.
2. Potete identificarvi con uno dei personaggi della storia? Se sì, con quale e perchè?
3. In che cosa si distingue Don Camillo dalla figura tradizionale del prete?
4. Spiegate quali aspetti del racconto sono puramente italiani e quali sono invece universali.
5. Discutete le critiche alla società e alla gente fatte da Cat nel corso del racconto.
6. Analizzando il racconto, dite se l'autore è dalla parte dei giovani o della generazione di Don Camillo e di Peppone.
7. Riscrivete la storia in forma di commedia volgendo in dialogo le parti non dialogate.

III. Scrivete una frase per ciascuna delle seguenti parole o espressioni idiomatiche:

sentirsi a disagio	in gamba
guardarsi attorno	far concorrenza
essere nei guai	sciogliersi in lagrime
essere uno spostato	mancare il fiato (a una persona)
metter su una famiglia	cavarsela
arricchirsi alle spalle (di	stare al gioco
qualcuno)	ingranare la prima
cacciar via	non poter vedere (una persona)
togliere dai piedi	d'occasione
fare un ricatto	

IV. Date il sinonimo o l'opposto della seguenti parole o espressioni o spiegatene il significato:

marmocchio, piangere, in licenza, urlare, sghignazzare, fare un ricatto, squilibrato, essere maggiorenne, diminuire, mercanzia, assieme, andito, fare uno scandalo, scalone, matto, paletò, mollare, pigliare

_____

V. Completate le frasi con la forma corretta di una delle seguenti parole:

sindaco, comportamento, massaia, giardinetta, allevare, sfamare, afferrare, mascalzone, spostato, patente, orto, furto, giubbotto, soffrire, matrimonio, pretendere, buttarsi, quattrini, arredare, contadino, brillante, lavastoviglie, nebbia, tradire, volante, duro

1. È molto difficile capire il _____ dei giovani d'oggi.
2. Per guidare la macchina si deve avere la _____.
3. Ho piantato le fragole nell'_____.
4. Secondo la moglie di Peppone, il popolo non _____.
5. Con i _____ che ha ricevuto dallo zio, ha comprato una _____.
6. La ragazza non vuole fare un _____ riparatore.
7. La _____ si è rotta; ne comprerò un'altra.
8. Nella pianura padana, in autunno c'è sempre molta _____.
9. Peppone ha comprato la pelliccia ed un _____ alla signora Maria.
10. Loro _____ la casa con tutti mobili moderni.
11. I giovani non _____ i loro compagni.
12. Peppone era il _____ del paese.
13. Marco le ha domandato che cosa _____ da lui.
14. Lei minacciava sempre di _____ dalla finestra ma non lo faceva mai.
15. I _____ godono quando il raccolto dei vicini va male.
16. L'amico di Giulia è un vero _____.
17. Cat voleva _____ il bambino a modo suo.
18. Le famiglie povere che hanno molti bambini, non sanno come _____.
19. Non devi sposare Luigi; non ha nessuna professione; è uno _____.
20. La ragazza indossava un _____ di pelle quando è scesa dalla motocicletta.
21. Don Camillo voleva denunciare il _____ ai carabinieri.

22. Lui _____ le sbarre dell'inferriata.
23. A molte donne non piace essere delle semplici _____.
24. Se vuoi evitare quella macchina, devi girare il _____completamente a destra.
25. Non è vero che tutti i giovani d'oggi siano _____.

ESERCIZI GRAMMATICALI

I. Cambiate all'imperativo:

1. Tu non stai lontana da casa mia.
2. Lei non mette su una famiglia.
3. Tu li sfami e li alloggi.
4. Loro pigliano il quadro e lo vendono.
5. Tu non lo compri.
6. Lei smette di gridare.
7. Lei si toglie dai piedi.
8. Tu allevi il bambino per conto tuo.
9. Lei non si stupisce.
10. Loro lottano per migliorare la loro condizione.
11. Tu mi dai i quattrini.
12. Voi lo vendete a sua zia.
13. Tu ti lanci con il paracadute.
14. Lei apre la porta e se ne va.

II. Cambiate al condizionale passato:[1]

1. Perchè dovrei venderlo?
2. Tu dovresti andarci.
3. Loro potrebbero scomparire.
4. Lei potrebbe uscire da un momento all'altro.
5. Loro non dovrebbero accamparsi in piazza.
6. Noi vorremmo chiamarlo Camillo.
7. Lui vorrebbe arricchirsi alle mie spalle.
8. Lei dovrebbe ricordare di aspettarlo.
9. Noi potremmo cercare un piccolo appartamento.
10. Voi dovreste partire domani.

---

1. This exercise gives practice in the use of the past conditional with the verbs *potere*, *dovere*, and *volere*. In English we use instead the present conditional followed by the past infinitive. Example: *Avresti dovuto*/comprarlo = You *should*/have bought it (or, You *ought*/to have bought it).

Giuseppe Berto
(1914–1978)

Giuseppe Berto è nato a Mogliano Ve-
neto (Treviso). Si è laureato in lettere all'Università di Parma. Il suo primo
libro *Il cielo è rosso* (1947), scritto mentre era prigioniero di guerra in
America, fu accolto con grande favore dalla critica e dal pubblico. Questo
primo romanzo descrive un mondo tipicamente neorealistico ma il tono è
invece elegiaco.

Nel suo libro di maggior successo *Il male oscuro* (1964) che ha vinto
nello stesso anno il Premio Viareggio ed il Premio Campiello, Berto usa
invece la forma del monologo interiore, una forma stilistica assolutamente
nuova per lui.

Fra le sue opere principali, segnaliamo inoltre: *Le opere di Dio* (1948);
Il brigante (1951); *La cosa buffa* (1966); *Anonimo veneziano* (1971); *La
Passione secondo noi stessi* (1972); *Oh Serafina* (1973) ed il libro di racconti *Se questo è amore* (1975) da cui è tratto «Esami di maturità». In
questo racconto Berto ci descrive il mondo dell'adolescenza: il nascere ed
il formarsi dell'amore accompagnato da incertezze e tremori nel protagonista e l'irrequietezza di Daria, che è pure un sintomo dell'instabilità
dell'adolescente ai suoi primi contatti con la vita degli adulti.

ESAMI DI MATURITÀ

Il primo giorno, durante la *prova* d'italiano scritto, Goffredo fu disturbato dalla presenza di Daria, una ragazza seduta tre *banchi* davanti a lui. Goffredo veniva da una lontana provincia, e aveva studiato *in collegio* da privatista, perciò non era *abituato* alla presenza di ragazze in classe. Questa, però era una spiegazione generica, e in definitiva, *tutt'altro che* esatta: di ragazze che *facevano gli esami* ce n'erano *parecchie*, una dozzina almeno, ma Daria era l'unica che lo disturbasse. Aveva una *coda di cavallo* bionda, arrogantemente *fuori moda*, che certo portava per far apparire più lungo il suo *collo* che in realtà era molto lungo, come dovevano averlo se i pittori non hanno esagerato, le principesse di Casa d'Este. Quanto al *volto,* esso era così dolce e riflessivo, che Goffredo poteva senza difficoltà *ravvicinarlo* ai volti delle Madonne di Filippo Lippi, senonchè la bocca era troppo grande, e *caricata* di *rossetto* in modo da farla apparire ancora più larga.

Doveva essere, in sostanza, una ragazza *non priva di* contrasti.

Naturalmente, il primo giorno, Goffredo non sapeva neppure che si chiamasse Daria. Lo seppe il giorno dopo, alla prova di *versione* dal latino, perchè stette attento all'*appello:* Daria Marini. Probabilmente non era molto brava in latino. *Si voltava* continuamente a sollecitare suggerimenti dai compagni finchè uno non le rispose a voce abbastanza alta: «*Smettila,* non mi *seccare.*»

E lei, *di rimando,* a voce ancora più alta: «Stronzo».[1]

Goffredo fu molto *sconcertato* da quella parola. In collegio era una parola brutta e volgare, e quasi nessuno la diceva, lui no di certo, e sentirla ora pronunciata da una ragazza che aveva un *viso* come quello della Madonna di Filippo Lippi, era *deludente,* perfino doloroso. Forse aveva attribuito a quella ragazza delle qualità che essa non aveva. Ma poi la sentì *tirar su col naso* due o tre volte, e la vide anche *asciugarsi* gli occhi, e allora fu pronto a *perdonarla,* anzi con maggior convinzione di prima pensò che era una ragazza meravigliosa, anche se sapeva poco di latino. Lui, invece era bravo in latino,

esame

desks
in a boarding school
accustomed

anything but
took the exams / several

ponytail / out of style
neck

faccia
compare it

loaded / lipstick

not without

traduzione
roll call
turned around

stop it / bother

in answer
baffled

faccia
disappointing

sniffle
dry
forgive her

---

1. *stronzo:* literally "turd"; a vulgar but commonly used colloquial expression.

come pure nelle altre *materie, del resto*. Ricopiò su di un foglietto di carta la versione che aveva già fatta, e il foglietto viaggiò *nascostamente* da una mano all'altra fino a raggiungere Daria.

Dopo neanche mezz'ora, essa si alzò, *consegnò* il *compito* e uscì. Goffredo invece *faticò* per modificare qua e là la versione, in modo che gli esaminatori non si accorgessero che tra la sua e quella di Daria esisteva una stretta *somiglianza*. Uscì che erano quasi le due, e quando vide che lei stava fuori ad aspettarlo, ne *provò* una grande confusione. Era alta e *magra*, e *indossava* un vestito che le *stava molto bene*, cosa che in classe non aveva potuto notare, perchè portava il *grembiule* nero come tutte le altre. Era una ragazza ricca, presumibilmente. Se fosse stato possibile Goffredo si sarebbe allontanato fingendo di non riconoscerla. Ma lei gli venne incontro e gli chiese: «Sei stato tu a passarmi la versione?»

«Sì».

«Perchè l'hai fatto?»

Goffredo si sentì *arrossire* miseramente e non fu capace di trovare una risposta. Perchè l'avesse fatto non lo sapeva nemmeno lui. Sapeva, però che non l'avrebbe fatto per nessun'altra ragazza *all'infuori di* lei.

Essa si mise a ridere, vedendolo tanto *impacciato*. «L'ho copiata *tale e quale*» disse. «Se mi fai *bocciare*, ti *odierò* fino alla morte.»

«Non ti farò bocciare. In collegio ero il primo della classe.»

«Hai studiato in collegio? Ma non è noioso stare in collegio?»

Il giorno dopo Goffredo passò a Daria la seconda versione di latino e da una pensione in via Cavour, dove *s'era sistemato* arrivando a Roma, si trasferì in una pensione di Via del Corso, dalla parte di Piazza del Popolo, perchè Daria abitava lì vicino, al Lungotevere Arnaldo da Brescia. Essa gli aveva proposto di prepararsi insieme agli orali.

Il quarto giorno le passò anche la versione dal greco, e nel pomeriggio avrebbe dovuto iniziare subito la preparazione agli orali, ma Daria *non aveva voglia di* studiare. Gli chiese di accompagnarla al cinema e dopo il cinema volle salire al Pincio. Il posto era bellissimo, una terrazza sotto cui la città *si stendeva* in un tepido *crepuscolo*, con un'infinità di *rondini* che andavano *avanti e indietro* e Daria mangiò tre gelati, *uno di seguito*

---

subjects / in any case

secretly

handed in / esame
worked hard

resemblance
felt
slim / wore
fit very well
smock

to blush

except

ill at ease
esattamente / flunk
will hate

had settled down

did not feel like

stretched out / twilight
swallows / back and forth
one after the other

all'altro. Disse che poteva mangiarne quanti ne voleva, tanto non *ingrassava*. Goffredo si sentiva *smarrito*, ma anche felice, *ossia* era proprio per l'eccesso di felicità che si trovava così fuori dall'ordinario da sentirsi smarrito. La sera cenò *inzuppando* tre panini in un bicchiere di latte, perchè i gelati che si prendevano al Pincio erano incredibilmente cari e lui non aveva molti soldi da spendere.

   Il giorno dopo, dunque, dovevano cominciare la preparazione agli orali, ma quando lui telefonò alle undici, come lei gli aveva detto, gli risposero che era andata al mare. Goffredo si sentì offeso *nel profondo*. Tra l'altro, sospettava che gli avessero detto una bugia, ma fosse stato anche vero che lei era andata al mare, le cose non cambiavano di molto. Stette chiuso in camera tutto il giorno, coi libri davanti, ma non riuscì a studiare perchè soffriva molto a causa dello strano comportamento di Daria. Lui stesso era *consapevole* di soffrire troppo per una causa come quella, però non poteva farci niente. Pensava anche di essere stato *ferito* nell'*orgoglio* e lui era molto orgoglioso. A sera camminò per almeno un paio d'ore sul Lungotevere Arnaldo da Brescia, avanti e indietro dove abitava lei. Il palazzo aveva molte finestre *illuminate*, ma egli non sapeva quali fossero quelle della sua casa.

   Passò così tre giorni, molto tristi e inutili. Al quarto giorno, nel pomeriggio, Daria lo chiamò al telefono. Durante le ore di maggiore sofferenza, pensando che non voleva mai più rivederla, egli aveva preparato una quantità di risposte, tutte belle e molto *dignitose*, per il caso che si fosse fatta viva, ma quando sentì all'*apparecchio* la voce di lei, gentile e forse anche piena di malinconia, gli venne una palpitazione di cuore da soffocare e le rispose che sarebbe andato subito.

   Daria aveva una casa bellissima e grande, con mobili e *quadri* antichi. Un cameriere in *giubba* bianca con *spalline* di cordone dorato *condusse* Goffredo in un salotto semibuio, dove una canzone *sommessa*, cantata in inglese, pareva provenire da ogni parte. Daria stava *distesa* su di un divano, col terzo volume di storia chiuso *in grembo*. Aveva un vestito bianco e il viso, le gambe, le braccia, erano *macchie* scure. Goffredo notò con *spavento* e sofferenza che le gambe erano molto *scoperte*, molto al di sopra del *ginocchio,* e che lei non si curava per niente di coprirle. «Mi trovi abbronzata?» gli disse.

   Goffredo le rispose di sì, per quanto ci si vedesse poco

put on weight / disoriented
that is

dunking

profoundly

aware

wounded / pride

lit

dignified

telefono

paintings / giacca
epaulets / led
soft
stretched out

in her lap
spots / fright
uncovered
knee

a causa del buio. Daria ad ogni modo fu molto contenta della sua risposta e lo fece sedere sul divano, vicino a lei. Gli disse che per lei era molto importante *essere promossa* alla maturità perchè se non la bocciavano suo padre l'avrebbe mandata a fare un corso biennale d'inglese a Londra, ma naturalmente il corso biennale era una scusa, lei voleva andare a Londra perchè pensava che ci si sarebbe divertita. Poi gli domandò: «Hai sofferto in questi giorni?»

to pass the exam

Goffredo ebbe di colpo l'impressione che lei lo avesse spogliato, si sentì *anima e corpo* esposto a lei senza difesa. Tuttavia, *annaspando* tra orgoglio e vergogna, riuscì a rispondere: «No. Perchè avrei dovuto soffrire?»

soul and body
groping

Lei gli prese una mano. «Mi piaci perchè sei diverso dagli altri. Gli altri si innamorano subito e diventano *insopportabili*. Promettimi che non ti innamorerai di me.»

unbearable

«Te lo prometto.»

«Bene», lei disse. Gli lasciò la mano e *premette* un *pulsante*, accendendo una lampada su di un tavolino lì accanto. «Ora aiutami a ripassare la rivoluzione francese.»

pressed
switch

Studiarono la rivoluzione francese, poi i metalli conduttori, poi tre *odi* di Orazio. Daria era sicura che l'avrebbero interrogata sulle poche cose che studiava, e nemmeno si curava di studiarle bene. *D'altra parte* neppure Goffredo riusciva a concentrarsi, un po' perchè c'era Daria con la sua coda di cavallo e la grande bocca e le gambe che non si curava di coprire, e un po', anche, a causa di quelle canzoni inglesi che si seguivano l'una all'altra, sempre cantate dalla stessa voce. Finito un disco, si sentiva da qualche parte il *rumore* soffice di un altro disco che scendeva automaticamente, e dopo qualche istante la musica *riprendeva*. Daria doveva esserci abituata.

odes

on the other hand

noise

ricominciava

Quando furono le cinque, essa disse che *si era stufata* di studiare là dentro e propose di andare a studiare al Pincio, anche perchè le era venuta voglia di uno di quei gelati. Portarono un bel pacco di libri, ma al Pincio c'erano troppe distrazioni, non studiarono *per nulla*. In compenso, Daria ebbe tempo di mangiarsi quattro gelati. Goffredo li pagò e poi la sera mangiò soltanto pane e latte, e così pure il giorno dopo a mezzogiorno.

she had had enough

affatto

Alla fine della settimana di preparazione agli orali, Goffredo era molto *debole*, sia perchè *si nutriva* insufficientemente, sia perchè dormiva male e *faceva sogni*

weak / mangiava
had dreams

che lo turbavano. Sognava insieme di Daria e di *roba da mangiare,* e nei sogni diventava sempre molto ricco e andava dal padre di lei per dirgli: «Signore, sono l'uomo più ricco della terra: mi concede la mano di sua figlia?»[2] Erano sogni in un certo senso *peccaminosi* perchè *rispecchiavano* uno smisurato orgoglio, ma nei sogni accadeva sempre che gli concedevano la mano di Daria, e di questo lei era felicissima, perchè lo amava.

La vigilia degli ultimi esami, benchè si fossero proposti di *ripassare* tutta la *consecutio temporum,* non poterono farlo perchè Daria fu presa da una crisi di *sconforto.* Disse che suo padre non la capiva e in più era un *porco,* aveva per amante una ragazza di vent'anni, alla quale aveva comprato automobile e pellicce. Quanto a sua madre, poichè avevano ottenuto l'annullamento, aveva sposato un barone siciliano che era anche *deputato,* e ora si occupava soltanto di politica, la vedeva *sì e no* due volte all'anno. Ma non era questa la ragione per cui si disperava, i genitori, si sa, sono egoisti, ma anche tutto il resto del mondo era egoista, e se uno voleva un vero affetto non sapeva *da che parte* andarlo a cercare. Goffredo avrebbe voluto dirle che la sua più grande aspirazione sarebbe stata di morire per lei, tanto per dimostrarle che non era affatto egoista, però lei non gliene *diede* il tempo: si era buttata a piangere sul divano, e piangeva come una bambina, con lamenti e *sussulti,* ogni tanto mormorando: «Sono così infelice, così infelice.» Goffredo la guardava, sentendosi *svuotare* tutto. Se *avesse potuto distruggersi* per renderla un po' meno infelice, si sarebbe distrutto lì *su due piedi.* «Posso fare qualcosa per te?» le chiese miserabilmente, consapevole che la domanda era molto inadeguata alla circostanza.

«Nessuno, nessuno può aiutarmi», singhiozzò infatti Daria. Tuttavia anche quella modesta offerta di *aiuto* dovette darle un minimo di consolazione poichè dopo un poco *sollevò* su Goffredo i suoi meravigliosi occhi *affogati* nelle lagrime, e gli disse che era tanto caro, e gli disse anche di stendersi accanto a lei sul divano e di *stringerla tra le braccia* più forte che poteva. Ed egli lo fece, pur essendo mezzo paralizzato dalla *timidezza* e più ancora dalla paura che da un momento all'altro entrasse suo padre, o anche soltanto il cameriere dalla

Marginal glosses: food / sinful / mirrored / review / the sequence of tenses / despair / pig / member of parliament / più o meno / dove / dette / shaking / become empty / if he could have destroyed himself / on the spot / help / raised / drowned / take her in his arms / shyness

2. *mi concede la mano di sua figlia:* literally, "would you grant me your daughter's hand"; a traditional but obsolete way of asking permission to marry.

giacca bianca. Daria però non aveva alcuna paura, gli diceva di stringerla ancora più forte, e ad un tratto fu presa come da *brividi*, cominciò anche lei a stringerlo, e a *baciarlo* con furore, in una maniera in cui lui non avrebbe mai immaginato che si potesse baciare. *shivers*
kiss him

Dopo un poco si calmò quasi di colpo, si chiuse in sè stessa, e gli disse che ora doveva andarsene, perchè lei preferiva restare sola.

Quella notte egli la passò quasi tutta camminando come un esaltato avanti e indietro per il Lungotevere Arnaldo da Brescia. Guardava la finestra dietro la quale Daria dormiva, e non era felice, naturalmente, anzi era pieno di inquietanti *presentimenti* e perplessità, poichè *forebodings* troppe cose non aveva capite tra quante erano accadute, però pensava che sarebbe diventato molto ricco e che l'avrebbe sposata. Una cosa sola gli sembrava abbastanza chiara, cioè che non si poteva dissociare Daria dal concetto di *ricchezza*. *wealth*

Quando *esposero i voti*, Goffredo vide che l'avevano *posted the grades* bocciato. Se l'aspettava, in certo qual modo sapeva di *meritarselo*, ma *rimase male* quando vide che Daria era *deserve it / was* stata promossa. Non l'aveva più vista da quando aveva *disappointed* *dato* gli ultimi esami, ossia dal giorno dopo che si erano *taken* baciati. Lei andava al mare, ora.

Dopo aver visto che l'avevano bocciato, Goffredo non aveva più alcun motivo di restare in città, tanto più che, nonostante *avesse fatto le più grandi economie* sui pasti, *had saved as much as* aveva ormai finito i denari: pagata la camera, gli rima- *possible* nevano appena i soldi per comprare il biglietto. C'era un treno alle cinque del pomeriggio, tuttavia, poichè gli sembrava assolutamente necessario rivedere Daria ancora una volta, decise che sarebbe partito col treno successivo, a mezzanotte, e andò ad aspettarla davanti a casa sua, sul Lungotevere Arnaldo da Brescia.

L'aspettò per tre ore, ed era già buio quando lei arrivò con una grande *macchina scoperta*, piena di ragazzi e *convertible* ragazze. La *deposero* davanti a casa. Era molto bella, *left her* con tutta la *carne* scura di sole, e la coda di cavallo più *flesh* bionda di prima. «Ah, ciao», disse *scorgendolo* fermo *vedendolo* sul portone.

A lui *bastò* sentire il tono di voce per capire che aveva *was enough* sbagliato. Ora avrebbe pagato qualsiasi cosa pur di non trovarsi lì, in quella condizione, ma ormai c'era, inevitabilmente. «Sei stata promossa», le disse.

Lei alzò la *spalle*, come se la cosa non fosse *gran* *shoulders /* molto *che* importante, e *si dondolava* da un piede all'altro, *swayed* con la borsa da mare in mano, impaziente di andarsene.

«Parto stasera», egli disse ancora. Cominciava a sentirsi ridicolo e vano, e come obbligato in un certo senso a *compiere azioni* che andavano bene per un personaggio da romanzo, non per lui. — *to act in a way*

«Pensavo che fossi già partito», lei disse. «Vuoi qualche cosa?»

Prima ancora di pensare a ciò che stava facendo, egli le afferrò un braccio e glielo *strinse* da farle male. E lei fu immediatamente carica di *rabbia* e di odio. — *squeezed* / *rage*

«Lasciami, che ti prende?».

«Perchè sei così? Non eri così, la settimana scorsa. Potrei *riempirti di schiaffi*». — *slap you hard*

Lei si mise a ridere. «Cosa credi, di essere diventato il mio *padrone*, perchè mi sono fatta baciare? Sai quanti padroni dovrei avere *a quest'ora?*» — *master* / *by now*

Egli *perdette* di colpo vigore e *volontà*, le lasciò il braccio e stette a guardarla mentre, simile ad una giovane *dea sdegnata* ed offesa, se ne andava verso l'ascensore. Era sempre bella, ma ormai lontana, in un luogo dove non sarebbe stato possibile che gli facesse più male di quanto gliene aveva già fatto. *Si mosse* solo dopo che lei fu sparita, si avviò verso la pensione per prendersi la valigia. Nonostante la debolezza, sarebbe andato a piedi fino alla stazione, perchè, se gli *fosse avanzato qualche soldo* dopo aver comprato il biglietto, si sarebbe volentieri comprato un panino. Era un po' *buffa*, questa condizione, si accorgeva egli stesso della sua *stranezza*, pur essendo come un albero colpito dall'*uragano*, con troppi *rami spezzati*. Naturalmente la stranezza *riguardava* non solo la fame, ma anche la bocciatura, e il resto. Soprattutto il resto. *Santo cielo*, si chiedeva camminando, che sia proprio questo, l'amore? — *perse (lost)* / *will* / *goddess* / *angry* / *moved* / *had some money left* / *funny* / *strangeness* / *hurricane* / *branches broken* / *concerned* / *Good heavens*

ESERCIZI

1. Rispondete alle seguenti domande:

1. Da chi fu disturbato Goffredo durante l'esame d'italiano scritto?
2. Da dove veniva Goffredo?
3. Che tipo era Daria?
4. Quando seppe Goffredo che la ragazza si chiamava Daria?
5. Perchè Daria non doveva essere molto brava in latino?

6. Perchè Goffredo fu sconcertato dalla parola detta da Daria?
7. Perchè Goffredo fu pronto a perdonarla?
8. Che cosa fece Goffredo per aiutarla?
9. Perchè Goffredo faticò molto?
10. Che cosa disse Daria a Goffredo quando lui uscì dall'esame?
11. Perchè Goffredo si trasferì in un'altra pensione?
12. Che cosa successe il quarto giorno di esami?
13. Come cenò quella sera Goffredo?
14. Che cosa gli risposero quando telefonò a casa di Daria? Che cosa sospettava Goffredo?
15. Come passò il tempo quel giorno e dove andò quella sera?
16. Che risposte aveva preparato nell'eventualità che Daria gli telefonasse e come reagì invece quando lei lo chiamò?
17. Che cosa faceva Daria nel salotto semibuio e che cosa domandò a Goffredo?
18. Perchè era molto importante per Daria essere promossa agli esami di maturità?
19. Perchè a Daria piaceva Goffredo?
20. Perchè Goffredo non riusciva a concentrarsi?
21. Come era Goffredo alla fine della settimana di preparazione e perchè?
22. Che cosa sognava Goffredo e che cosa rispecchiavano i suoi sogni?
23. Che cosa pensava dei genitori Daria e quale era la vera ragione della sua disperazione alla vigilia degli ultimi esami?
24. Come reagì Daria all'offerta di aiuto da parte di Goffredo?
25. Da che cosa era mezzo paralizzato Goffredo?
26. Come passò quella notte Goffredo?
27. Che cosa vide Goffredo quando esposero i voti e perchè rimase male?
28. Che cosa decise di fare dopo aver visto che lo avevano bocciato?
29. Come reagì Daria quando vide Goffredo che l'aspettava davanti a casa?
30. Quali sono le riflessioni di Goffredo alla fine del racconto?

II. Temi per discussione o composizione:

1. Analizzate il carattere dei protagonisti.
2. L'amore di Goffredo per Daria.
3. Gli esami di maturità in Italia. Discutete la possibilità di introdurre esami simili nel vostro paese.
4. Conoscete ragazze simili a Daria? Raccontate un episodio simile.
5. Fate un breve riassunto della storia.

III. Scrivete una frase per ciascuna delle seguenti espressioni idiomatiche:

essere abituato (a)	avanti e indietro
fare gli esami	essere promosso
fuori moda	fare un sogno
stare bene a (*to suit*)	fare economie
all'infuori di	far male (a)
mettersi a	per nulla
venire voglia di (a una persona)	stringere fra le braccia

faccia, versione, prova, esattamente uguale, giubba, riprendere a, sì e no, scorgere, collegio, arrossire, ingrassare, anima e corpo, odiare, di moda, cominciare, inzuppare, riempire qualcuno di schiaffi, gran che

V. *Completate le frasi con la forma corretta di una delle seguenti parole o espressioni:*

coda di cavallo, collo, smettere, seccare, asciugarsi gli occhi, perdonare, compito, magro, impacciato, bocciare, orgoglio, quadro, meritare, insopportabile, rumore, stufarsi di, debole, ripassare, timidezza, macchina scoperta, spalla, buffo, sconforto

1. Daria aveva il _____ molto lungo.
2. Quella ragazza portava la _____ anche se era fuori moda.
3. La sua amica era alta e _____ .
4. Tu devi _____ di ripetere sempre le stesse cose.
5. Il _____ di matematica era molto difficile.
6. Dobbiamo _____ i verbi e le parole nuove.
7. Loro _____ di aspettare e se ne sono andati.
8. Le è venuta una crisi di _____ .
9. Molti ragazzi sono _____ la prima volta che escono con una ragazza.
10. Chiudi la finestra per favore! Con tutto questo traffico c'è un _____ terribile.
11. Dopo aver pianto, la ragazza _____ .
12. Sulle pareti del salotto erano appesi molti _____ antichi.
13. Lei gli disse che se _____ lo avrebbe odiato fino alla morte.
14. La ragazza non aveva studiato e non _____ di passare all'esame.
15. Gli fu facile _____ la sua amica quando la vide così triste.
16. Ti verrò a prendere con la mia _____ e faremo una gita in campagna.
17. Goffredo si sentiva molto _____ perchè non mangiava da due giorni.
18. Lei alzò le _____ per dimostrargli che quello che le diceva non le interessava.
19. Quando ha scoperto che gli avevano detto una bugia, si è sentito ferito nell' _____ .
20. Non mi _____ con tutte queste domande! Non vedi che sto riposando?
21. Marco è un ragazzo _____ ; non fa che chiedere soldi.
22. È bene che tu combatta la tua _____ se vuoi far carriera.
23. Quel suo amico è molto _____ ; racconta sempre storie divertenti.

ESERCIZI GRAMMATICALI

I. *Completate le frasi con la forma corretta del verbo:*

1. Il primo giorno lui non sapeva come tu (chiamarsi) _____ .
2. La ragazza (voltarsi) _____ continuamente finchè uno studente non le ha detto di smetterla.

3. Se fosse stato possibile lui (allontanarsi) _____.
4. Ha detto che non lo (fare) _____ per nessuno all'infuori di lei.
5. Quando io telefonai mi dissero che Luigi non (essere) _____ in casa perchè (andare) _____ al mare.
6. Quando sentì la sua voce, gli (venire) _____ la palpitazione.
7. Il cameriere aprì la porta e lo (condurre) _____ nel salotto.
8. Se i professori non la (bocciare) _____ il padre l'avrebbe mandata a Londra.
9. Lui ha promesso che non (innamorarsi) _____ di lei.
10. (Finire) _____ un disco, si sentiva il rumore di un altro disco che (scendere) _____ automaticamente.
11. Non ripassarono la rivoluzione francese benchè (proporsi) _____ di farlo.
12. Dopo (calmarsi) _____, loro se ne andarono.
13. (Pagare) _____ la camera, gli rimanevano pochi soldi.
14. Vide che lei (ritornare) _____ già.
15. Si mosse solo dopo che loro (sparire) _____.

II. Cambiate le frasi dal passato remoto al passato prossimo:

1. Dopo un'ora mi alzai e consegnai l'esame.
2. Carla si mise a ridere.
3. Loro ci chiesero di accompagnarli.
4. Noi ci sentimmo offesi.
5. La sera camminò per un paio d'ore.
6. Io li condussi nell'ufficio del principale.
7. Daria accese la luce.
8. Alla fine del semestre esposero i voti.
9. Rimasi male quando non lo vidi.
10. Lui le afferrò la mano e gliela strinse forte.
11. Mio cugino si trasferì in Francia.
12. Lei pianse quando lui se ne andò.

Natalia Ginzburg
(1916–)

Natalia Ginzburg è nata a Palermo. È una delle scrittrici italiane contemporanee più famose. Ha esordito nel 1942 con la raccolta di racconti *La strada che va in città,* scritti nel periodo in cui la Ginzburg aveva accompagnato il marito, Leone Ginzburg, al confino politico durante il regime fascista. Ha vinto il Premio Strega con il notissimo *Lessico famigliare* (1963) che è un'affettuosa ricostruzione della sua adolescenza torinese in un difficile periodo storico. Di recente la Ginzburg ha trasferito il suo stile sommesso e la sua triste allegria nel teatro.

La Ginzburg è attualmente sposata a G. Baldini.

Fra le opere principali ricordiamo inoltre: *È stato così* (1947); *Tutti i nostri ieri* (1952); *Valentino* (1957); *Le voci della sera* (1961); *Le piccole virtù* (1962); *Cinque romanzi brevi* (1965); *Mai devi domandarmi* (1970); *Caro Michele* (1973) da cui è stato tratto il film omonimo. Fra le opere teatrali, ricordiamo: *Ti ho sposato per allegria* (1966); *Fragola e panna* (1966); *La segretaria* (1967); *Il silenzio del mare* (1972).

La commedia *Fragola e panna* ha per protagonista una ragazza priva di valori spirituali ed etici, che rivela il malessere dello spirito comune ai personaggi della letteratura contemporanea. Le azioni della ragazza sono presentate in tono umoristico ma anche con un forte senso di nostalgia per un mondo che non è più.

FRAGOLA E PANNA

Atto Primo

Suona un campanello. Tosca apre. Sulla porta c'è Barbara, con una valigia. Ha una giacca di cuoio nero, calzoni blue-jeans. — pantaloni

BARBARA.   Buongiorno.

TOSCA.   Non comperiamo niente.

BARBARA.   Ma io non ho niente da vendere. Vorrei parlare con l'avvocato.

TOSCA.   L'avvocato non c'è. È via. E la signora è andata in paese a fare la spesa. Chi sarebbe lei?

BARBARA.   Una cugina.

TOSCA.   Ah una cugina? S'accomodi. La signora *non tarderà*. Come *s'è bagnata*! — verrà presto / got wet

BARBARA.   Sì. Nevica.

TOSCA.   Nevica. Un tempo orribile. Ma lei è venuta dalla stazione a piedi?

BARBARA.   Sì.

TOSCA.   A piedi? con la valigia? Non poteva pigliare un'autopubblica?

BARBARA.   Non sapevo che c'era tanta strada.

TOSCA.   Non lo sapeva? Allora non è mai venuta qua? È cugina, però non è mai venuta qua?

BARBARA.   Mai.

TOSCA.   Strano. Aspetti pure, la signora non tarderà.

BARBARA.   *(tirando fuori una sigaretta)* Mi darebbe un fiammifero, signora?

TOSCA.   Non sono una signora. Sono una serva. È tutta la vita che faccio la serva. Ecco i fiammiferi. Sono qui solo da otto giorni, ma non ci resto. Gliel'ho già detto alla signora che non ci resto, che me ne vado via. *Non mi trovo*. — I do not like it here

BARBARA.   Non si trova?

TOSCA.   No. Non mi trovo. Gliel'ho già detto anche alla signora che non mi trovo, che si cerchi un'altra. *Mi fermo* finchè non ne hanno un'altra. La Ersilia, quella che c'era prima, la conosceva? — I stay

BARBARA.   No.

TOSCA.   No? Eppure quella c'è rimasta otto mesi. È andata via perchè aveva le vene varicose. Non ce la faceva. È una casa troppo grande, due piani, *un mucchio di* stanze. Ma io non è per il lavoro che me ne vado. Me ne vado perchè siamo troppo isolati. Oggi che nevica, qui sembra d'essere in una tomba. C'è un silenzio, come essere in una tomba. A me non mi — molte

piace la campagna, mi piace la città. Il rumore. *Mi*   mi dispiace
rincresce di andarmene, perchè non sarebbero cattivi.
Però non danno grande soddisfazione. Mangiano, e
non dicono è buono, è cattivo, niente. Non ti dicono
mai niente. Così una non può mai sapere, se sono
contenti o no. E poi questo silenzio! L'avvocato, io
l'ho visto un momento il giorno chesono arrivata, gli
ho stirato due camicie, e è partito subito. La signora,   *ironed*
la signora non parla. Non parla con me. Tutto il giorno
legge o suona il piano. Ma non è una musica che di-
verte. Io sono là in cucina, col gatto, e a sentire quei
suoni *mi viene sonno*. Per fortuna c'è il gatto. È tanto   *I get sleepy*
di compagnia. Parlo col gatto, se voglio parlare a qual-
cuno. Viene qualche volta la signora Letizia, la sorella
della signora. Abita poco distante. La conoscerà, no?

BARBARA.   No.

TOSCA.   Lei è cugina dell'avvocato o della signora?

BARBARA.   Dell'avvocato.

TOSCA.   Per fortuna, dicevo, viene qualche volta la signora Letizia. Con la signora Letizia, oppure con la
Ortensia, la donna che viene a stirare, scambio
qualche parola. Con la signora invece, non si può. Un
po' non si sente bene, un po' dorme, un po' suona il
piano. Abbiamo la televisione, ma la signora non
l'accende mai. Mi ha ben detto se voglio accenderla
io, ma la sera lei se ne va a letto, e non vorrà che mi
sieda qui nel salotto, da sola, con la televisione? Non
è il mio posto, il salotto. Ognuno deve stare al suo
posto. Nell'altra casa dov'ero, avevamo la televisione
in cucina. Si stava tutti insieme, la sera, in cucina a
guardare la televisione, e venivano anche i vicini, fa-
cevamo arrostire due *castagne*, si passava il tempo   *chestnuts*
allegramente. Ho sbagliato, quando sono andata via
da quell'altra casa. Sono andata via perchè mi *davano*   pagavano
poco. Ma ho sbagliato. Qui la signora mi ha regalato
anche un golf di cachemire. Però non mi trovo. Non
è il lavoro. Le dico, non è il lavoro. Io è tutta la vita
che lavoro, faccio la serva da quando avevo undici
anni. No, è il posto. Quando sono uscita domenica,
sono andata al cinema in paese, davano un *giallo*, e   *mystery*
sono venuta via che erano le nove, quasi volevo prendere un'autopubblica, perchè dal paese a qui è un bel
pezzo di strada. Ma chiedevano mille lire. Sono venuta a piedi, e c'era un buio, non passava un'anima,
e non le dico che paura che avevo, un po' che il film
era tutto di morti, un po' che si deve anche passare

lungo il muro del cimitero, e sono arrivata qui che ero tutta coperta di un *sudore gelato,* e ho trovato la signora in salotto che suonava il piano, e le ho detto: «Non dovessi finire morta assassinata, quando torno a casa». Lei mi ha detto: «Se ha paura del buio, può prendere una *pila elettrica,* un'altra volta». Io ho detto: «Non so se ci sarà un'altra volta. Non so se mi fermo fino a un'altra domenica, perchè non mi trovo». Lei ha detto: «Si fermi almeno finchè non ho un'altra donna. Non mi lasci, che mio marito parte così spesso, e io come faccio qui sola?» *Mi ha fatto pena.* Però dica la verità, ci starebbe lei qui? In campagna, fra tutti questi alberi? Ci starebbe lei?

cold sweat

flashlight

I felt sorry for her

BARBARA.   Io starei dappertutto. *Salvo che* a casa mia.   *eccetto*

TOSCA.   Lo dice. Lo dice, ma non è vero, non ci starebbe. *Scapperebbe via.* La signora sì ci sta, è un tipo speciale. Un tipo solitario. Perchè, a lei a casa sua non le piace stare? Dove è, casa sua?

you would run away

BARBARA.   A Roma. In via delle Procellarie.

TOSCA.   Ah in via delle Procellarie? Abbastanza vicino a dove stavo prima. Andavo al mercato in piazza Garibaldi, sa Piazza Garibaldi? Non le piace, via delle Procellarie? È una bella strada. Molto centrale. Almeno è Roma. Qui non è Roma. È campagna. L'avvocato, quando mi *hanno fissata,* mi ha detto che potevo andarci quando volevo a Roma, si prende il trenino e *ci vogliono* venti minuti. Ma io posso mettermi in treno per andare a Roma, la domenica, dopo lavati i piatti? I piatti finisco di lavarli alle quattro. Finchè son tutta vestita, vengono le cinque. A che ora arrivo a Roma? A Roma io ho una figlia, sa? Lavora da un *parrucchiere,* Pino. Il parrucchiere Pino. In piazza Quadrata. Sa dov'è Piazza Quadrata? Lì. Mia figlia è *su per giù* della sua età. Le *assomiglia* anche un poco. Se vuole *farsi fare i capelli,* le do un *buono,* le *fanno uno sconto.* Guardi, le do un buono. Ne ho un *blocchetto* in tasca.

hired

it takes

hairdresser

more or less / resembles have your hair done / coupon / give a discount booklet

BARBARA.   Grazie.

TOSCA.   Niente. Chieda di Camilla. Mia figlia è Camilla. E perchè non le piace di stare in via delle Procellarie?

BARBARA.   Per mio marito.

TOSCA.   Ha un marito, lei? così giovane?

BARBARA.   Ho diciotto anni. Ho un bambino di un anno e mezzo.

TOSCA.   Così giovane! è come mia figlia. Ha diciotto

anni anche mia figlia. Finiti in aprile. Mia figlia però non è sposata. Nemmeno fidanzata. Com'è che lei s'è sposata così giovane?

BARBARA. Ho sbagliato.

TOSCA. Sì. Uno sbaglia. I giovani sbagliano. E con un bambino! E adesso *non va d'accordo?*　　*you are not getting along*

BARBARA. *Ho rotto.*　　*I broke up*

TOSCA. Ha rotto! Ha rotto con suo marito! E il bambino?

BARBARA. C'è mia suocera che lo guarda, il bambino.

TOSCA. *Meno male* che c'è sua suocera. Perchè è pic-　　*fortunatamente* colo, il bambino. E allora lei se n'è venuta via di casa? stamattina? con questa valigia?

BARBARA. Sono saltata giù dalla finestra del bagno. Dormivano tutti. Prima ho buttato giù la valigia. Poi sono saltata. Non s'è svegliato nessuno.

TOSCA. Ma a che piano stanno?

BARBARA. Al primo piano.

TOSCA. Un bel salto. Non poteva uscire dalla porta?

BARBARA. Mia suocera dorme nell'*anticamera*. Ho　　*ingresso (entrance)* male ancora alla pianta dei piedi.

TOSCA. Lo credo. Un bel salto. Poteva rompersi una gamba. E così è venuta dall'avvocato, per *consigliarsi?*　　*to get advice* un po' perchè è suo cugino, un po' perchè è avvocato si mette nelle sue mani?

BARBARA. Sì.

TOSCA. Vedrà che l'avvocato le dirà di tornare a casa. *Magari* è stato solo un momento di rabbia. Peccato　　*perhaps* che l'avvocato non c'è. Mi pare che hanno detto che è a Londra. Penso però che stia per ritornare, perchè la signora mi ha detto di *dar la cera* nella sua stanza.　　*to wax the floor* Non dormono mica insieme.

BARBARA. È a Londra?

TOSCA. Sì. Mi pare che hanno detto che è a Londra.

BARBARA. Allora me ne vado via.

TOSCA. E dove vuole andare? con questo tempo? con quella valigia? Aspetti la signora. Se è cugina del marito, è cugina anche della moglie. Un consiglio forse glielo può dare anche la signora. (*Suona il campanello. Tosca apre. Entra Flaminia.*) Ecco, signora. C'è una cugina dell'avvocato. Una sua cugina. È tanto che aspetta.

FLAMINIA. Una cugina?

BARBARA. Sono Barbara.

FLAMINIA. Barbara!

TOSCA. È tanto che aspetta. Abbiamo scambiato due

parole. Così, per passare il tempo. *Sennò* il tempo   *otherwise*
non passa mai. Cosa preparo?

FLAMINIA.   Vada in cucina, Tosca. Le dirò dopo.

TOSCA.   Vado in cucina, cosa vado a fare in cucina, se
non so cosa preparare? Pulisco il *ripostiglio?*   *storage room*

FLAMINIA.   Sì.

TOSCA.   Butto via tutte quelle *casse?* Ma dove le butto?   *cases*

FLAMINIA.   Sì.

TOSCA.   Mi aveva detto di ripulire il ripostiglio, però io
ho preferito aspettare, perchè le casse non sapevo
dove buttarle. Poi sono stata qui a parlare con la signorina, sua cugina. Signora. È sposata. Sposata, con
un bambino. Tanto giovane! I giovani sbagliano. Allora
dove le butto, le casse? le do al giardiniere?

FLAMINIA.   Sì.

TOSCA.   Lì dove ci sono quelle casse, è pieno di *for-*   *ants*
miche. Bisogna lavare con la *varichina*. Me l'ha por-   *bleach*
tata la varichina?

FLAMINIA.   Sì. In quella borsa.

TOSCA.   Lavo bene in terra con la varichina, poi metto
un po' di polvere insetticida, e così le formiche se ne
vanno. *Puzzano*, quelle casse. Sono anni che nessuno   *stink*
pulisce, là dentro. (*Via*).

FLAMINIA.   Com'è che è venuta qua?

BARBARA.   Credevo di trovare Cesare. Gli devo parlare.

FLAMINIA.   Non poteva telefonare, senza venire fin
qua?

BARBARA.   Non ci ho pensato.

FLAMINIA.   È a Londra, Cesare.

BARBARA.   Quando torna?

FLAMINIA.   Non lo so.

BARBARA.   Ho lasciato mio marito. Sono scappata. Sono
saltata giù dalla finestra del bagno. Dormivano tutti.
Ieri sera lui mi ha quasi *ammazzata*. Guardi. (Si   *killed / uncovers*
scopre *il collo*) Stava per strangolarmi. Mia suocera ha
chiamato il portinaio. In due gli hanno tenuto le braccia, il portinaio e un vicino di casa, un farmacista.
Pensavano di chiamare i carabinieri. Mia suocera non
ha voluto. Allora il farmacista gli ha fatto un'iniezione,
e lui quasi subito si è addormentato. È *cascato* sul   *caduto*
letto come un tronco. Non le dico la camera com'era.
Aveva buttato tutto per aria. *Rovesciato fuori* la   *he had thrown out*
biancheria dall'armadio. Un servizietto da caffè che
avevamo, bello, tipo giapponese, l'aveva fatto in pez-
zetti. All'alba io ho fatto la mia valigia e sono scappata.

Non s'è mosso. Per fortuna dormiva anche il bambino che non dorme mai.

FLAMINIA.   E perchè è venuta qua? cosa le è venuto in testa?

BARBARA.   Dove andavo? io non ho nessuno. E non ho nemmeno una lira. Non sapevo che Cesare fosse a Londra. L'ultima volta che ci siamo parlati, era mercoledì. Gli ho telefonato allo studio. Piangevo. Gli ho detto: «Aiutami. Non posso stare più con mio marito». Mi ha detto: «Calma, piccolina». Mi dice sempre così. Avevamo un appuntamento giovedì alle cinque, al caffè Stella. Lui non è venuto. Ho aspettato tanto, ma poi me ne dovevo andare, avevo lasciato il bambino ai giardini con una mia amica, e *veniva freddo*, dovevo *it was getting cold* riportarlo a casa il bambino. Magari lui è venuto più tardi. Non so. Il giorno dopo ho telefonato allo studio, ma non rispondeva nessuno.

FLAMINIA.   Cosa vuole, da Cesare?

BARBARA.   Cosa voglio? voglio che mi dica cosa devo fare. Io non ho nessuno. Ho soltanto lui. Se non posso più stare con mio marito, è per lui. Se non incontravo lui, ci stavo, con mio marito, magari, fino alla fine dei secoli. E una volta, un po' di tempo fa, lui mi aveva detto: «Se non puoi più stare con tuo marito, se non hai dove andare, vieni da me. Riguardo a mia moglie *non darti pensiero*. Non c'è gelosia, fra me e mia mo-   *non preoccuparti* glie. Il nostro è un rapporto d'una natura un po' speciale. Come se non fossimo più marito e moglie, come se fossimo fratello e sorella. Non è più un matrimonio, è un'altra cosa. Lo sa mia moglie di te, e non gliene importa. E poi è una persona d'eccezione, mia moglie. Una donna superiore. Così buona.» Mi ha detto che potevo venire qui in qualunque momento.

FLAMINIA.   Infatti a me non me ne importa niente, di lui, delle ragazze che ha. Però qui non ti voglio. Vattene, perchè non puoi mica stare qui.

BARBARA.   Va bene. Allora me ne vado. Solo che non so dove andare.

FLAMINIA.   Non hai parenti?

BARBARA.   No. Non ho nessuno. Avevo mia nonna, ma è morta. *Mi ha cresciuta* mia nonna. Non so far niente,   *brought me up* perchè non mi ha insegnato a far niente. Mi ha mandato poco anche a scuola. Beveva. S'è rovinata col bere. S'è bevuta anche l'anima. Prima era ricca, avevamo una casa bella, ma a poco a poco ha venduto tutto, mobili, tappeti, tutto. Quando è morta, non c'era più niente. Io avevo sedici anni. Avevo conosciuto Paolo, mio marito. Era già il mio ragazzo. Aspettavo il bambino. M'ha sposata. Sua madre non voleva, ma lui m'ha sposata lo stesso. Io avevo sedici anni, lui venti. Quando m'ha sposata non aveva un vero lavoro, ma poi ha trovato un posto al giornale del partito socialista, che è il suo partito. In principio, a parte che non avevamo soldi, tutto è andato come doveva andare. Ero contenta. È nato il bambino. *Abbiamo ereditato* un pezzetto di *vigna* vicino a Teramo. Anche un po' di soldi, e abbiamo comperato un frigorifero, la *carrozzella* per il bambino. Poi a cinque mesi al bambino gli è venuta la *tosse convulsa*, e m'hanno fatto andare a Soriano del Cimino, per cambiare aria. Lì ho incontrato Cesare. Lo conoscevo, perchè eravamo stati una volta da lui allo studio, mio marito e io, per quella vigna che c'era sopra una *ipoteca*. Cesare era venuto a Soriano in gita, con certi amici. Mi ha riconosciuto, mi ha sorriso, io ero là col bambino in braccio, nel giardino pubblico per fargli respirare l'aria degli alberi. Al bambino gli è cascato il *ciuccetto, lui l'ha raccolto,* è andato a lavarlo alla fontanella. Così ci siamo messi a parlare, mi ha offerto un gelato al bar, un gelato enorme, panna e fragola. Quei suoi amici *li ha lasciati perdere,* sono andati via *per loro conto.* Abbiamo cenato insieme al ristorante dei Tre Camosci. È cominciato tutto così. Poi sono tornata in città, e ci siamo rivisti. Lasciavo il bambino a mia suocera, e uscivo, con una scusa o con l'altra. E mio marito adesso mi sembrava piccolo, stupido, e tutto in lui mi dava noia, quando al cinematografo rideva di niente, quando usciva con l'impermeabile abbottonato tutto *di traverso,* quando spiegava la politica al portinaio, quando si spaventava perchè aveva *male alla gola* e si riempiva di formalina. . . Gli scoprivo tutti i difetti, trovavo che si dava importanza, che era *permaloso,* coi denti in fuori, con le *orecchie a sventola.* . E la casa mi sembrava piccola, brutta, sporca. Uscivo. Mi trovavo con Cesare. E mia suocera ha cominciato a sospettare qualcosa. Mi diceva: «Ma dove vai? Non avrai mica un amante?» E io mi mettevo a ridere e dicevo: «No, No, non ho nessun amante, vado qui, vado là, vado a comprare uno *scampolo* per farmi una gonna, vado a trovare la mia amica

we inherited
vineyard

carriage
whooping cough

mortgage

pacifier / picked it up

he left them
by themselves

crookedly

a sore throat

touchy / flappy ears

remnant

Marcella», è una mia amica che fa la *commessa* alla   *salesgirl*
Standa.

FLAMINIA.   E ora non puoi andare da questa tua amica?

BARBARA.   Dalla Marcella? No, no, la Marcella ha sette
fratelli piccoli, hanno una casa con tutti i materassi
per terra. Allora, le dicevo, mia suocera a poco a poco
si è messa a sospettare qualcosa, anche perchè io,
quando tornavo a casa che ero stata con Cesare, ero
così felice, avevo una felicità che non sapevo nascondere, e lei, mia suocera, mi guardava e diceva:
«Quando torni a casa da fuori, hai una faccia che sembra che hai vinto la lotteria di Merano.»

FLAMINIA.   Poi?

BARBARA.   Poi una volta mia suocera se n'è andata a
Teramo col bambino, per dieci giorni, a trovare certi
parenti. Mio marito era a Vicenza per un servizio. Ho
detto a Cesare di venire a casa mia. Non voleva. Diceva che era un'imprudenza. Che poteva vederlo il
portinaio. Ma io *ci tenevo tanto*, e ho insistito. E lui   *I wanted it so much*
è venuto. È stato là con me tutta la notte. E al mat-
tino, sento girare la chiave nella serratura, e mi vedo
davanti mia suocera, col bambino *involtato* in una *co-*   *wrapped / blanket*
perta. Era successo che al bambino gli era venuta la
febbre, e lei aveva pensato di ritornare, perchè a Teramo la casa era *umida*. Cesare stava per andar via,   *damp*
era già pronto, con l'impermeabile con la cartella sotto
il braccio. Io invece ero ancora in camicia da notte.
Eravamo in cucina, e stavo facendo il caffè. Dico a
mia suocera: «Mamma Caterina, ecco qui l'avvocato
Rolandi, che è venuto a farmi *firmare* una ricevuta,   *to sign*
per la nostra vigna. Gli faccio una tazzina di caffè».
Ma capirà, erano le sette di mattina. Non è mica
scema, mia suocera. È rimasta là, zitta, con le labbra   *a fool*
strette, col bambino addormentato *in collo*. Cesare è   *in her arms*
andato via. Mia suocera ha messo il bambino a letto
e s'è messa a lavare la roba del bambino nella *vasca*   *bathtub*
da bagno, sempre pallida, sempre zitta, le labbra
strette, E io dicevo: «Lasci stare, che lavo io». Lei
niente. *Non mi ha più rivolto la parola*, da quella   *she has never spoken to*
mattina. E quando è ritornato Paolo da Vicenza, sa-   *me again*
peva già tutto, perchè lei gliel'aveva scritto, io sono
andata a prenderlo alla stazione e lo vedo scendere
dal treno, piccolo, con l'impermeabile tutto *sgualcito*,   *wrinkled*
la barba lunga. E allora a un tratto ho sentito un ri-
morso orribile, per tutto il male che gli avevo fatto,

ho sentito per lui una pena, una pena. *Mi ha dato uno*   *he slapped my face*
schiaffo. S'è raccolta subito un po' di gente. Lui ha
detto a questa gente: «È mia moglie. Posso *batterla*   *hit her*
quanto voglio, perchè è mia moglie». A casa non m'ha
battuto più quella volta, s'è messo a piangere. E mi
sono messa a piangere anch'io, e abbiamo pianto insieme, abbracciati stretti fino alla sera. Gli ho raccontato tutto. E a poco a poco, mentre raccontavo, mi
sentivo liberata di un peso, tutte le bugie che avevo
detto in quei mesi *si scioglievano* come una nebbia,   *dissolved*
e mi sentivo leggera, vuota, *snebbiata*, e lui mi ac-   *cleared up*
carezzava i capelli, m'asciugava le lagrime, quasi
anche lui aveva pena di me. Poi, verso sera, siamo
usciti e mi ha comperato un anello, questo anellino
qui, vede? perchè aveva guadagnato un poco di soldi,
e si era ricordato che da quando eravamo sposati non
mi aveva regalato mai niente. Allora il giorno dopo,
sono andata da Cesare, allo studio, e gli ho detto:
«Basta. È finito tutto. Non vediamoci più». E lui ha
detto: «Va bene, come vuoi, è giusto, hai ragione, non
vediamoci più.» Io gli ho detto: «Vediamoci ancora
soltanto domani, per dirci addio, per l'ultima volta, ci
incontriamo domani, al caffè Stella, alle cinque, per
l'ultimissima volta.» E l'indomani ci siamo incontrati
al caffè, poi abbiamo camminato un poco sul Lungotevere. Io piangevo, e lui mi diceva: «Non piangere,
piccolina. Cosa ci vuoi fare. Non posso mica sposarti.
Hai marito. Io ho moglie. Io ho quarant'anni. Tu diciotto. Ci lasciamo. Ti consolerai. Avrai ancora tanti
bambini. Ti succederanno tante cose bellissime.»
Bene, ho provato, per un poco ho provato a non pensarci, a non cercarlo più. Non gli ho telefonato più per
due settimane. Uscivo, camminavo sola per la città.
Andavo dalla Marcella. Andavo a sedermi sulle *pan-*   *benches*
chine di Villa Borghese. Senza il bambino, lo lasciavo
a mia suocera il bambino, ero troppo disperata per
starmene col bambino. Mi compravo un gelato, guardavo passare la gente. E pensavo: «Sì, ma come farò,
tutta la vita? Sarà tutta la vita così?» Poi gli ho telefonato di nuovo, a Cesare. Volevo solo sapere se stava
bene. E abbiamo ricominciato a incontrarci. Non voleva, lui. Cercava delle scuse. Diceva che era occu-
pato. Ma io lo pregavo tanto, che poi veniva, me ne
stavo in un angolo del caffè Stella, in fondo, vicino alla
finestra, e lo vedevo arrivare da lontano, alto, serio
serio, col suo passo rapido, l'aria severa. Entrava e si

sedeva con un sospiro, scuotendo la testa. Ordinava un *rabarbaro*. Io, un gelato, Stavamo zitti. Non avevamo più molte cose da dirci. Lui fumava. Io lo guardavo. Lui guardava l'orologio. Io dicevo: «Un momento ancora». Lui diceva: «Che senso c'è?» Io dicevo: «Non c'è nessun senso». Mi mettevo a piangere. Non gli piaceva niente che piangessi al caffè. Diceva: «Ma *soffiati* il naso! ma cerca d'avere un po' di *contegno!* ti comporti come una bambina!» Tornavo a casa. Adesso a casa c'era sempre mio marito, perchè non andava più al giornale, s'era messo *in mutua*, diceva che aveva l'*esaurimento*. Mi diceva: «L'hai visto?» e io dicevo: «Sì». Non avevo più voglia di bugie. Allora mio marito mi batteva. Prima solo schiaffi. Poi sempre peggio. Una volta è andato anche da Cesare, allo studio. Ma non l'ha mica battuto. Si è seduto, e si è messo a piangere. E tutt'a un tratto è *svenuto*. È cascato in terra. Cesare ha chiamato l'*usciere*, l'hanno *caricato* in macchina e l'hanno portato al *pronto soccorso*, perchè cascando s'era ferito a un labbro. Ecco, e questa è tutta la storia fino a oggi.

FLAMINIA. Mi dispiace. È una storia triste. Però non so perchè sei venuta a raccontarla a me. Io non c'entro niente. Come ti ha detto Cesare, noi due da molti anni viviamo insieme come fratello e sorella. Il nostro non è più un matrimonio. Perciò queste cose che mi racconti, questi drammi, queste gelosie, queste lagrime, sono cose per me così remote, come se succedessero in un altro universo. Tutto questo che mi hai detto *non mi fa nè caldo nè freddo*. E poi non vedo cosa posso fare per te.

BARBARA. È vero. Non può fare niente.

FLAMINIA. Perciò adesso prendi la tua valigia, e va' ad aspettare Cesare al caffè della stazione.

BARBARA. Tornerà stasera?

FLAMINIA. Non lo so.

BARBARA. E cosa faccio se non arriva stasera? Dove vado, quando è notte?

FLAMINIA. Non lo so. Torna a casa tua.

BARBARA. No. Ho paura. Ho paura di Paolo, che mi ammazzi.

FLAMINIA. Va' in un albergo.

BARBARA. Se non ho una lira.

FLAMINIA. Vuoi soldi da me? Te li posso anche dare. Mi sembra un po' buffo dar soldi alla ragazza di mio marito. Ci poteva pensare mio marito. È partito senza

rhubarb aperitif

blow
control

on workmen's compensation
nervous breakdown

he fainted
doorkeeper / loaded
emergency

mi è indifferente

nemmeno sognarselo. Non pensa mai che gli altri possono aver bisogno di denaro. Non pensa mai agli altri. Pensa a sè.

BARBARA. Se mi dà un po' di soldi, mi fa un piacere. Guardi cos'ho in tasca. Cinquecento lire. Non ho altro. Potrei vendere il mio anello, o *impegnarlo*, ma vale poco. È falso. L'avevamo pagato solo cinquemila lire.

pawn it

FLAMINIA. Ma dove avevi la testa quando sei scappata di casa?

BARBARA. Voleva che mi facessi ammazzare?

FLAMINIA. Va bene. Ti do dei soldi. Ti do quarantamila lire. È tutto quello che ho in casa. Va' al caffè della stazione, va' in un albergo, va' dove credi. Basta che te ne vai di qua.

BARBARA. La ringrazio. È molto gentile. Però vede, non è solo una questione di soldi. Se vado ora a sedermi al caffè, come dice lei, o me ne vado in un albergo, ho paura che a poco a poco mi venga la disperazione. Ho paura che mi venga voglia di morire. Perchè mi metto a pensare alla mia vita, e dove andrà a finire la mia vita, dove andrò domani, come farò. Mi metto anche a pensare al male che ho fatto, e ho rimorso, però non so neanch'io come potevo fare diverso, e mi viene una gran pena per tutti, per mio marito, per il bambino, per Cesare, mi sembra che siano tutti così infelici, ma infelici da morire.

FLAMINIA. Sì. Però io non so cosa farci, se ti viene la disperazione. E vuoi che ti dica proprio la verità? Ho l'idea che non possa farci niente nemmeno Cesare. Ho l'idea che lui non possa, o non voglia, fare niente per te. Ho l'idea che sia stanco di te. E allora, quando lui è stanco di una donna, *taglia la corda*, va a Parigi, va a Londra, si tiene lontano più tempo che può.

se ne va

BARBARA. Lei pensa così? pensa che è andato a Londra per andarsene lontano da me?

FLAMINIA. Penso che è andato a Londra per i suoi affari, ma anche perchè era stanco di *averti nei piedi*. Perchè gli facevi pena. Perchè gli faceva pena tuo marito. E anche perchè gli facevi paura, e tuo marito gli faceva paura. E quando tornerà da Londra, e può darsi che torni, oggi o domani, farà in modo di non vederti, e di non aiutarti, e lo cercherai e non lo troverai, lo aspetterai e non verrà. Perchè non è più innamorato di te. E forse, molto innamorato non è stato mai. Hai capito?

averti fra i piedi (*to have you around*)

BARBARA. Gliel'ha detto?

FLAMINIA. Sì. Me l'ha detto. Non ha segreti con me. Se volesse vivere con te potrebbe farlo benissimo, perchè a me non me ne importa, io *tiro avanti* be-   *manage* nissimo anche sola. Per la compagnia che lui mi fa. Non c'è mai. Figli non ne abbiamo avuti. È libero. Libero come l'aria. Denaro, ne abbiamo tutti e due quanto basta. Se non viene a stare con te è perchè non ti ama. Hai capito?

BARBARA. Allora io posso anche andare a buttarmi nel Tevere.

FLAMINIA. Sì. Però sarebbe stupido. Sei giovane. Faresti meglio a tornare dal tuo bambino. Io non ho avuto bambini, ma se ne avessi avuti, non li avrei lasciati. Piuttosto mi sarei fatta ammazzare.

BARBARA. Stavo bene col bambino, quando ero felice. Quando non avevo ancora conosciuto Cesare. E dopo, nei primi tempi, quando tornavo a casa che ero stata con Cesare, avevo voglia di cantare, di scherzare, e anche di giocare col bambino. Adesso invece sono troppo infelice. Siccome lei di bambini non ne ha mai avuti, non lo sa che quando siamo troppo infelici, sono pesanti come il *piombo* i bambini.   *lead*

FLAMINIA. Mi sembra che tu sia totalmente priva di senso del dovere.

BARBARA. Le sembra? sembra anche a me. Forse perchè nessuno mi ha insegnato niente. Mio padre, non so nemmeno chi fosse. Sono figlia di N.N.[1] Mia madre è morta quando ero piccola. Avevo mia nonna, ma mia nonna un gran senso del dovere non poteva insegnarmelo, perchè non ne aveva. Usciva sempre di casa per andare a vendere oggetti. Poi tornava e si nascondeva per bere. *Si chiudeva a chiave* in stanza   *she locked herself* da letto. Io bussavo, chiamavo, e non rispondeva. Tante volte mi addormentavo *rannicchiata* sul tap-   *curled up* peto. Poi però ha venduto anche il tappeto. Mia nonna non mi ha neanche insegnato a lavarmi la faccia. È un miracolo se ho imparato a lavarmi la faccia, al mattino. Potrei avere qualcosa da mangiare? Ho fame. Mi sento svenire. Non mangio da ieri a mezzogiorno.

FLAMINIA. Sì. Mangi e te ne vai.

BARBARA. Sì.

FLAMINIA. Non posso prendermi sulle spalle il tuo de-

---

1. *N.N.*: initials used on a birth certificate, meaning "father unknown."

stino. Non ho neanch'io la vita tanto allegra. Di Cesare ora non me ne importa più niente, ma prima di arrivare a questo *distacco,* ho sofferto, mi sono lacerata *detachment* e *straziata.* Mi ha sempre tradito. A un certo punto *tormented* mi son detta: pazienza. Staremo insieme come due amici. L'ho tradito anch'io, per vedere se gliene importava un poco. Be', vuoi saperlo? non gli faceva nè caldo nè freddo. Anzi, forse era perfino contento. Perchè siamo rimasti insieme? Non lo so. Per indifferenza. Per forza d'inerzia. Ora io non ho più storie. Non sono più carina. Sto in campagna. Curo i fiori. Leggo. M'annoio. Suono il pianoforte. Aspetto Cesare, quando viene lo ascolto raccontarmi le sue storie con le ragazze. La chiami una vita allegra? No. È una vita schifosa. Per cercare un'ora buona nella mia vita, devo andare così lontano nella memoria, anni e anni indietro. Cosa vuoi che faccia per te? In coscienza, non posso fare niente. Giusto posso darti un po' da mangiare, se hai fame.

(Suona il campanello)

TOSCA.   Sì?

FLAMINIA.   Porti qualcosa da mangiare per la signora.

TOSCA.   Cosa?

FLAMINIA.   Quello che vuole.

TOSCA.   Formaggio? prosciutto?

FLAMINIA.   Sì.

TOSCA.   Si ferma anche a colazione, la signora? la signora sua cugina?

FLAMINIA.   Non si ferma a colazione. Non è mia cugina.

TOSCA.   Aveva detto che era sua cugina. *(Via.)*

(Suona il campanello. Flaminia apre. Entra Letizia.)

FLAMINIA.   Letizia. Questa è Barbara. La ragazza di Cesare.

LETIZIA.   Ah sì. La conosco. L'ho vista una volta, quest' inverno, al cinematografo con Cesare. Era seduta nella fila dietro a me.

BARBARA.   Davano *Vacanze in bikini.*

LETIZIA.   Brutto film.

BARBARA.   Brutto.

(Entra Tosca.)

TOSCA.   Ecco. Ho fatto anche *abbrustolire* il pane. C'è *to toast* prosciutto, formaggio. Povera signora! È arrivata così bagnata! È come mia figlia. Anche mia figlia va sempre senza ombrello. I giovani! I giovani sbagliano. Buongiorno, signora Letizia. Si ferma a colazione con noi? Ho certe *bracioline* tutte *stracciate,* ho pensato che *chops / in pieces* le faccio alla pizzaiola, è l'unica. Io non lo so se a loro li accontento. Non lo so ancora se sono contenti di me.

LETIZIA.   Mi fermo a colazione, sì. Per mangiare questa pizzaiola.

TOSCA.   La signora non mi ha detto cosa dovevo preparare, e io allora ho fatto la pizzaiola. Le piace con molto *aglio*, la pizzaiola?   *garlic*

LETIZIA.   Se non c'è l'aglio, non è pizzaiola.

TOSCA.   Giusto. Ha ragione. Dice bene. Se non c'è l'aglio, non è pizzaiola. Però c'è chi ne mette poco, c'è chi ne mette tanto, secondo le case. La signora non mi dà mai nessun ordine, non mi dice niente, e io così non posso sapere, se qui piace l'aglio o no.

(*Barbara ha finito di mangiare. Si alza. Si infila la giacca.*)

LETIZIA.   Va già via?

TOSCA.   Va via? Nevica sempre, sa? Aspetti almeno che smetta di nevicare. (*Barbara solleva la valigia, che si apre. Tosca e Barbara si sforzano di richiudere la valigia*). S'è rotta la serratura. Ora non si chiude più. Vado a prendere un pezzo di corda. (*Via.*)

LETIZIA.   Dove va, con quella valigia?

FLAMINIA.   Ha rotto con suo marito. Non sa dove andare.

LETIZIA.   E non la metterai mica sulla strada, no?

FLAMINIA.   Le ho dato un po' di soldi. Ma non può restare qui.

LETIZIA.   Perchè no?

FLAMINIA.   Perchè è la ragazza di Cesare.

LETIZIA.   Già. Se la gente lo sapesse, lo troverebbe strano. Meglio che se ne vada all'albergo.

FLAMINIA.   Non è per la gente. È per me. Io non ho voglia di averla in casa, nemmeno una notte.

BARBARA.   Ho paura. Ho paura che mio marito mi voglia ammazzare. Ho paura che mi cerchi e mi ammazzi. Dove vado? Non so dove andare.

LETIZIA.   Ma no. I mariti non ammazzano mai.

FLAMINIA.   Veramente, di mariti che ammazzano le mogli, sono pieni i giornali.

LETIZIA.   È un violento suo marito?

FLAMINIA.   Se ho ben capito, è un timido. I timidi, quando perdono il controllo, *fanno paura*.   *scare (you)*

BARBARA.   Non ci vuole mica tanto, a ammazzare una come me. Non ci vuole niente.

LETIZIA.   Io la porterei anche a casa mia. Ma non posso.

Mio marito, mia suocera, sono persone *all'antica*.   old-fashioned
Molto conformisti. Però mi viene in mente una cosa.
Qui vicino, a Roccapriora, c'è un pensionato di *suore*,   nuns
e io la superiora la conosco bene, madre Anastasia, è
una brava donna. Lei potrebbe starsene lì dentro. Lì
suo marito non la trova di certo.
(*Tosca torna con un pezzo di corda.*)

TOSCA.   Non c'era nemmeno un pezzo di corda in casa.
Sono dovuta andare fin dal giardiniere. Nevica
sempre. Ero uscita con le pantofole, e mi sono bagnata
tutti i piedi. Ho detto al giardiniere: «Bisogna *spalare*   to shovel
la neve sulla stradina.» Mi ha detto: «Non tocca a me
spalare la neve. Chiamano sempre un ragazzo apposta,
il figlio del *carbonaio*.» Ho detto: «Allora andate subi-   coalman
to a chiamare questo ragazzo.» Mi ha detto: «Ci vada
lei a chiamarlo.» «Io? io ho le pantofole.» Mi ha detto:
«Si metta le scarpe.» Ha capito come mi ha detto?
«Si metta le scarpe.» (*Lega la valigia.*)

LETIZIA.   Allora va bene? Andiamo a Roccapriora?

BARBARA.   Andiamo.

LETIZIA.   (*a Tosca*) Porti la valigia nella mia macchina.

TOSCA.   La accompagna lei, la signora, con la sua macchina? Meno male che l'accompagna, perchè nevica
sempre, e c'è un vento che porta via. (*Via con la valigia.*)

LETIZIA.   (*a Barbara*) Vedrà che si troverà bene con la
madre Anastasia. E poi è un posto bellissimo, su in
alto sulla collina, in mezzo ai boschi. C'è un bellissimo
panorama.

FLAMINIA.   Sai quanto le sta a cuore d'avere un bel
panorama.

LETIZIA.   Allora andiamo, Barbara.

BARBARA.   Sì. Però io con le suore non ho mica pazienza. Ho paura che stasera mi verrà la disperazione.

LETIZIA.   Ma almeno suo marito lì non la trova.

BARBARA.   Sì.

FLAMINIA.   Addio.

BARBARA.   Addio. Grazie per i soldi. Grazie anche per
avermi dato da mangiare.

FLAMINIA.   Niente.

BARBARA.   Appena arriva Cesare, diteglì che mi cerchi,
in questo convento di Roccapriora. Ci sarà un telefono?

LETIZIA.   Senta, ma a suo marito non gli verrà mica in
testa d'ammazzare Cesare?

BARBARA. Io ho ben paura anche di quello.

TOSCA. (*tornando*) Non tiene, quella corda. È mezza
marcia.   *rotten*

BARBARA. (*a Tosca*) Grazie, arrivederci, signora.

TOSCA. Non mi chiami signora. Non sono una signora.
Sono una serva. Faccio la serva da quando avevo undici anni. E non ho marito. Mia figlia l'ho avuta così,
da un disgraziato che non s'è mai più fatto vedere.

Atto Secondo

Suona il campanello. Flaminia apre. Entra Letizia.

LETIZIA. Fatto. L'ho consegnata alla madre Anastasia.
Le *ho accennato* qualcosa, che si trova in una situ-   *I mentioned*
azione delicata, che il marito è un violento. *L'hanno*   l'hanno messa
sistemata in una cameretta con altre due pensionate,
due signore anziane, gente educata, una è la *vedova*   *widow*
d'un colonnello. Una bella cameretta, molto pulita.
Faceva caldo. I *termosifoni scottavano*. A pranzo ave-   *radiators* / bruciavano
vano minestra di *ceci*. Si sentiva un odore così buono!   *garbanzos (chickpeas)*
Voglio fare anch'io minestra di ceci domani. Con l'olio
e il rosmarino, è buonissima. Sono tutta gelata. È un
tempo da lupi. Nevica a larghi *fiocchi*.   *foul weather* / *flakes*

FLAMINIA. Adesso cosa farà?

LETIZIA. Chi? Barbara? niente. L'avranno portata in
chiesa per la funzione. In quei pensionati di suore, il
tempo passa, in una maniera o nell'altra. Ti portano
alla funzione. Ti fanno camminare avanti e indietro
per quei corridoi che non finiscono mai. Suona la campanella, e si va al refettorio. Si mangia pasta e ceci.
È tutto regolato al suono della campanella. Ti fanno
andare a dormire alle sette di sera. Senti, ma cosa ci
avrà trovato in quella ragazza, Cesare? Non è bella
per niente.

FLAMINIA. È arrivato Cesare. Ha telefonato dal-
l'aeroporto. Sarà qui fra poco.

LETIZIA. Ah! e gli hai detto di Barbara?

FLAMINIA. Sì.

LETIZIA. E lui?

FLAMINIA. Lui niente.

LETIZIA. Povera Barbara!

FLAMINIA. Cosa sarà di lei? Per qualche tempo, starà
dalle suore. E poi?

LETIZIA. Può mettersi a lavorare.

FLAMINIA. E a fare che? se non sa fare niente.

LETIZIA. Tornerà dal marito.

FLAMINIA.   Credi? no, io non credo che tornerà mai col
  marito.

LETIZIA.   Cesare le prenderà un appartamento.

FLAMINIA.   Cesare? *se ne infischia*. È stanco di lei. Non   *he doesn't give a damn*
  le prenderà nessun appartamento, Cesare.

LETIZIA.   Si metterà a fare la puttana. Cosa vuoi? Non
  è mica che noi possiamo *tenerla a balia* per tutta la   *take care of her*
  vita. Oggi, le abbiamo dato una mano. Domani, Dio
  provvede.

FLAMINIA.   Dio non provvede *un corno*.   affatto

LETIZIA.   *Non bestemmiare*.   *do not swear*

FLAMINIA.   Non bestemmio. Ti dico che Dio non provvede. A cosa provvede? Credo che Dio, se esiste,
  s'aspetta che provvediamo *noialtri*.   noi

LETIZIA.   E allora com'è che dicono che è onnipotente?

FLAMINIA.   Mah. Non so. È quello che non si spiega.

LETIZIA.   Be', non mettiamoci adesso a fare una discussione teologica. Senti, noi abbiamo fatto il possibile.

FLAMINIA.   Per quella ragazza? ti pare? a me mi pare
  che non abbiamo mica fatto un gran che.

LETIZIA.   Come non abbiamo fatto un gran che? Tu le
  hai dato dei soldi. Io l'ho accompagnata con la mia
  macchina fino a Roccapriora, l'ho messa in mano alle
  suore, le ho persino portato la valigia per un tratto di
  corridoio, perchè a lei a un certo punto le è venuta
  una piccola crisi d'angoscia, e dici che non abbiamo
  fatto un gran che? Ma insomma, cosa vuoi? Non ti
  capisco, Flaminia! Quando sono arrivata qui stamattina, tu mi pare che stavi per metterla sulla strada.

FLAMINIA.   È vero.

LETIZIA.   L'idea luminosa delle suore di Roccapriora,
  sono io che l'ho avuta. Tu non la volevi in casa. Ma è
  giusto. È l'amante di tuo marito. Basta, via. Parliamo
  d'altro. Mi sono quasi *stroncata* la mano con quella   rotta
  maledetta valigia. Pesava come il diavolo. È una donna
  che non sa vivere. Uno quando scappa di casa, si porta
  dietro uno spazzolino da denti. E non è nemmeno
  tanto bellina. Ma cosa ci avrà visto Cesare? (*Entra
  Cesare.*) Oh *salve*, Cesare.   ciao

CESARE.   Dov'è?

LETIZIA.   Dalle suore. A Roccapriora. Non è stata
  un'idea luminosa? Un posto bellissimo. Su in alto sulla
  collina, fra i boschi. Tutte quelle belle suorine pulite,
  gentili. Una tranquillità, una pace. L'idea è venuta a
  me.

TOSCA. (*entrando*) Vogliono la signora Letizia al telefono. Ben tornato, signor avvocato. *Apparecchio* subito per lei. *I set the table*

CESARE. Non mangio. Ho mangiato sull'aereo. Sono
stanchissimo.

FLAMINIA. Anch'io non ho fame.

TOSCA. Qualcosa mangeranno. Ho fatto la pizzaiola. Ho
fatto anche *due* patate *in umido*. Non sapevo. La si- un po' di / con il pomodoro
gnora non m'ha dato nessun ordine per il contorno.

LETIZIA. (*rientrando*) Era la madre Anastasia, del convento di Roccapriora. Be', dice che è scappata. Saltata
dalla finestra. Con la valigia. Appena finita la funzione.

CESARE. E dov'è andata?

LETIZIA. E chi sa?

TOSCA. Quella signora? Povera signora! così giovane!
una bambina! Ma io avevo sentito che la portavano
dalle suore, e ho pensato: «Non ci starà. Non è il tipo.
E ha troppi dispiaceri». Quando uno ha tanti dispiaceri non ci puo' mica stare dalle suore, è inutile.
Scappa via. Dalle suore, c'è troppo silenzio. Il silenzio
va bene per chi è tranquillo, per chi non ha bisogno
di niente. Si sa come fanno le suore. Ti mettono lì. Ti
dicono di pregare la madonnina. Ti *cacciano in mano* ti danno
un rosario. Ti dicono di rassegnarti. Lo so, perchè io
sono stata per tutto un mese dalle suore orsoline. Non
resistevo. Il tempo non passava mai. Un silenzio! E
poi ogni tanto il suono della campanella. Quando si
hanno troppi dispiaceri, troppi pensieri, allora il
tempo, nel silenzio, non passa. Mi sento ancora nelle
orecchie il suono della campanella. *Non la potevo sof-* *I could not stand*
frire, quella campanella. Gli avrei *dato fuoco*. Porto *set fire*
in tavola?

FLAMINIA. Sì.
(*Tosca via.*)

LETIZIA. Dove sarà andata?

CESARE. E chi sa? Potrebbe essere andata da una sua
amica. Una certa Marcella.

FLAMINIA. Quella che ha tutti i materassi in terra?

LETIZIA. Sarà tornata a casa sua, dal marito? No, aveva
troppa paura che lui l'ammazzasse. Non sarà mica andata a buttarsi nel Tevere?

TOSCA. (*entrando col mangiare*) Se ci pensavo la potevo
portare io a casa di mia zia, lì dove dorme mia figlia.
Il posto c'era. Le mettevano un lettino vicino a mia
figlia. Mia zia ha sempre posto per tutti. Nella guerra,

ha tenuto nascosti certi ebrei. Le hanno regalato un orologio d'oro. (*Via.*)

CESARE. Dio come sono stanco. Sono stanchissimo.

LETIZIA. Assaggerò un poco di questa pizzaiola. Dev'essere buona. Mangiate anche voi qualcosa. Non è mica successo niente di tragico. Magari è ritornata a casa sua, dal bambino. O magari fra poco ce la vediamo ricomparire qua.

FLAMINIA. No no, io non la voglio qua.

LETIZIA. La signora non sarà mica gelosa, vero? Sei strana, ti trovo proprio strana, Flaminia. Un po' *ti struggi* che non hai fatto abbastanza per lei, un po' tremi all'idea d'averla nei piedi. Che tu non la voglia in casa lo capisco, è più che legittimo. Però allora perchè continui a pensare, cosa ha fatto e dove sarà? Credi che non me ne accorga che continui a pensarci? In fondo in fondo, a te e a me che cosa ce ne importa di lei? *[you torture yourself]*

FLAMINIA. Niente.

LETIZIA. Guardati nello specchio. Hai una faccia, come se ti fosse morto qualcuno. Sei pallida, verde. Guarda tuo marito, è tranquillo. *Non se la prende,* lui. Sono affari che *non lo riguardano.* *[non si preoccupa]* *[do not concern him]*

CESARE. Ma voi non avete capito niente. *Non corre nessun pericolo,* quella ragazza. Nè di ammazzarsi, nè di essere ammazzata. Son tutte fantasie. È un po' matta. *[is not in any danger]*

LETIZIA. Vado a riposarmi sul divano di sopra. Sono stanca. È stata una mattina laboriosa. Chiamatemi, se c'è bisogno di me. (*Via.*)

CESARE. (*a Flaminia*) Tu non vuoi che ritorni qua. Ma neanch'io non voglio che venga qua.

FLAMINIA. E allora dove vado? Non so dove andare. Ripeteva sempre così.

CESARE. Dio, come sono stanco. Sono stanchissimo. Ho un mal di testa, ho la testa che mi *si spezza.* Non sono mai stato innamorato di quella ragazza, Flaminia, te l'ho detto, lo sai. Non aveva una grande importanza, per me. Era soltanto, in principio, nella mia vita, qualcosa di allegro. Ma poi a poco a poco *s'è guastato* tutto. Adesso per me è diventata un incubo, un'ossessione. Odio tutti i luoghi dove usavo andare con lei. Odio i suoi calzoni, i suoi capelli, e tutti i *guai* che *si tira dietro.* Odio suo marito, sua suocera, la sua casa, il portone, la strada. In certi momenti, ho paura che non riuscirò a liberarmene mai. L'avrò sempre *[si rompe]* *[turned sour]* *[troubles]* *[drags along]*

nei piedi, sempre. Non so come le sia *saltato in mente*   venuto in mente
di venire qua. Ho paura che ora verrà sempre, tornerà
sempre. Non avremo più un momento di pace.

FLAMINIA. Tu le hai detto che poteva venire da te, a
casa tua, quando non sapeva dove andare. Gliel'hai
detto o no?

CESARE. Si dicono tante cose.

FLAMINIA. Le hai detto che tua moglie è una donna
così buona. Nobile. Superiore. Straordinaria. Che
l'avrebbe accolta, consolata, assistita. Lei ti ha creduto. Ti crede. Crede a tutto quello che tu le dici.
Invece io non sono nè nobile, nè buona. Non ho
cuore. Mi sento il cuore secco, piccolo piccolo, una
piccola prugna secca. E non è neanche vero che non
sono gelosa di lei. Sono ferocemente gelosa di lei. Ma
non per amor tuo. Sono gelosa nel modo più vile. È
una gelosia fatta di invidia, di vergogna, di mortificazione. Sono gelosa di lei, perchè è giovane, e io non
sono più tanto giovane. Perchè lei ha un bambino e
io non ne ho. Perchè lei ha un marito geloso, che
vuole ammazzarla, e io invece ho un marito che se ne
infischia di me. Perchè lei è innamorata di te, chissà
cosa vede in te, e io invece so quello che sei. Sei
niente. Un uomo da niente. E io non ti amo più. Non
ti voglio più nemmeno un po' di bene. Non sei più
per me un marito, e non sei nemmeno un amico o un
fratello. Niente. E io non voglio bene a nessuno. Non
sono disposta a proteggere e consolare nessuno.
Voglio star qui, sola, in questa casa, con la porta
chiusa, e morire così. Hai capito?

CESARE. Potresti risparmiarmi i tuoi insulti, Flaminia?
Te l'ho detto che sono molto stanco. Non potresti
scegliere un momento migliore? Credi che non mi
renda conto che mi stai facendo una volgarissima scenata di gelosia?

FLAMINIA. Un uomo da niente. Freddo. Cinico. Limi-
tato. Forse anche molto stupido. Io era tanto tempo
che lo pensavo. Ma lo pensavo in un modo confuso.
Ora lo penso in un modo chiaro, *folgorante*. Non ti   *striking*
amo più, da un bel numero di anni, ma ora ti detesto
e ti *disprezzo*, tanto che mi è quasi impossibile *sop-*   *despise / bear*
portare la tua presenza.

CESARE. Vuoi che ci separiamo?

FLAMINIA. Sì.

CESARE. Flaminia. Sei molto stanca. Siamo tutt'e due
molto stanchi. Abbiamo i nervi a pezzi. Quella male-

detta ragazzina. Si riuscisse almeno a sapere dove s'è cacciata.

TOSCA. *(entrando)* Signora! mi ha telefonato adesso mia figlia! Lo sa che quella ragazza è andata da lei, da mia figlia, a farsi fare la messa in piega? Io le avevo dato un buono di sconto. In piazza Quadrata. Mia figlia lavora dal parrucchiere Pino, in piazza Quadrata. È Camilla. Mia figlia è Camilla. Così quella ragazza, quella signora, scappata dalle suore se n'è andata subito in piazza Quadrata, a farsi fare i capelli. Dice mia figlia che ne aveva molto bisogno. Le ha fatto una testa carina. Era uscita un momento fa. I giovani! I giovani hanno tante idee! Quando non sanno più cosa fare, se ne vanno dal parrucchiere. Un modo per passare il tempo.

LETIZIA. *(entrando)* Cos'è successo?

TOSCA. Da mia figlia! È andata da mia figlia! dal parrucchiere Pino, dove è mia figlia! era uscita adesso! Dice mia figlia che aveva sempre la sua valigia, però le hanno regalato una corda nuova, perchè quella era tutta marcia. È tanto brava, mia figlia. Pettina tanto bene. Se vogliono, gli do anche a loro un buono di sconto. Ecco qui. Li tengo sempre in tasca.

LETIZIA. Sì, e prima è stata anche dalla sua amica Marcella, che è commessa alla Standa. M'aveva dato nome e cognome di questa Marcella, stamattina in macchina, perchè voleva che andassi a dirle di venirla a trovare dalle *monache*. Così io adesso, poco fa, ho telefonato alla Standa, e ho chiesto che chiamassero la Marcella. Mi ha detto che Barbara era stata lì neanche un'ora fa, sempre con la valigia, e si era comperata un paio di calze. Poi se n'è riandata via. Da Roccapriora è venuta a Roma in dieci minuti. *Ha fatto l'autostop*.

suore

she hitchhiked

CESARE. Non ve l'avevo detto che per quella ragazza non c'è ragione di *stare in pensiero*? È una ragazza piena di risorse. Matta com'è, pure non perde mai di vista la sostanza delle cose. Nelle sue *mattane*, conserva sempre un fondo di sano buon senso.

preoccuparsi

pazzie

LETIZIA. E dopo che è uscita dal parrucchiere, dove è andata?

TOSCA. E chi sa?

LETIZIA. Be', ma quando uno si compra le calze, fa l'autostop, va dal parrucchiere, vuol dire che tanto disperato non è.

CESARE. Appunto. Quello che dicevo io.

FLAMINIA. Avete un'idea strana della disperazione *voialtri*. Quando uno è disperato, magari non fa mica delle cose tanto diverse dal solito. Magari fa quello che ha fatto tutta la vita.

voi

TOSCA. Con quei calzoni! con quella valigia! E adesso dove sarà?

LETIZIA. Ho mangiato molto bene, Tosca. Era buonissima, la sua pizzaiola.

TOSCA. Le è piaciuta? sono proprio contenta. Io faccio del mio meglio. Però loro non mi dicono niente, io non lo so se sono contenti di me.

FLAMINIA. Cosa importa se siamo contenti, visto che lei mi ha dato i quindici giorni, e va via?

CESARE. Va via?

TOSCA. Eh, sì. Vado via. Non mi trovo. Non posso farci niente. Non mi trovo.

CESARE. Non si trova?

TOSCA. Non mi trovo. Io qui non mi trovo. C'è troppo silenzio. C'è intorno troppa campagna. Mi affaccio alla finestra, e non si vede mai una persona. C'è solo alberi. Alberi, neve, nuvole, ancora alberi. Allora il tempo, ha capito, non passa mai. Pulisco la cucina, lavo i vetri, lucido l'*argenteria,* faccio tutte le cose che si devono fare. Però il tempo, ha capito, il tempo non passa.

silverware

CESARE. Sì, ma adesso vada in cucina, Tosca. Vada, vada, vada a pulire l'argenteria.

TOSCA. Vado in cucina, cosa vado a fare in cucina? se l'ho già pulita l'argenteria. (*Via.*)

LETIZIA. Con quei calzoni! con quei capelli! con quella valigia! chissà dove sarà?

FLAMINIA. E dove vado? io non so dove andare.

CESARE. Tu sei stanca, Flaminia. Sei stanca di nervi. E anch'io sono molto stanco. Potremmo prenderci un po' di riposo. *Fare una crociera.* Sai, quando uno vuole veramente riposarsi, fa una crociera. È una cosa che *giova* alla salute. Si torna indietro freschi, disintossicati.

to go on a cruise

fa bene

LETIZIA. Non sarebbe forse una cattiva idea. E se venissi anch'io?

CESARE. Potremmo partire anche subito, fra qualche giorno. Potremmo chiudere casa. Tanto questa nuova donna di servizio che abbiamo, dice che non vuole restare. Chiudiamo casa. Lascio tutti i miei affari in mano al mio sostituto. Ce ne stiamo via qualche mese. Cosa ne dici, Flaminia? dove ti piacerebbe andare?

FLAMINIA. E dove vado? io non so dove andare.

CESARE. Flaminia! non farmi perdere la pazienza! rispondimi! Ti ho chiesto una cosa! Sembra che *dai i numeri!* *you're out of your mind*

FLAMINIA. Ho risposto.

CESARE. Accidenti a quella ragazza! Accidenti, accidenti a lei!

LETIZIA. Se soltanto sapessimo dov'è andata a finire! Sarà tornata a casa sua, dal marito.

CESARE. Ma certo che è tornata a casa sua. *Ci scommetterei* la testa. *I would bet*

LETIZIA. E se il marito l'ammazza? Se domani apriamo il giornale, e leggiamo che l'ha ammazzata?

CESARE. Ma no, no. Vi prego. Non facciamo fantasie. Torniamo alla realtà. Voi non l'avete visto il marito, io l'ho visto. È un *cucciolo*. Uno di quei cuccioli col *puppy* *pelo* umido. Non farebbe male a una mosca. Avete *hair* fatto anche troppo per quella ragazza, vi ringrazio, vi sono grato. È stato un episodio spiacevole. Mi rincresce. Avrei voluto *risparmiarvi* la visione dei miei *to spare you* errori, delle mie debolezze. Ma è andata così. Pazienza. Ora però cerchiamo di tornare in noi. Parliamoci da adulti. Parliamo d'altro. Parliamo della nostra crociera. Ho voglia di sole, di mare, di aria limpida.

LETIZIA. Ma sì. Lo dico anch'io che abbiamo fatto tutto il possibile. Flaminia le ha parlato a lungo, con molta bontà. Le ha detto delle cose ragionevoli. Le ha dato dei soldi. Cos'altro si poteva fare?

CESARE. Ah, sì, le hai dato dei soldi, Flaminia? quanto le hai dato?

FLAMINIA. Non mi ricordo più.

CESARE. Sapete cosa fa a quest'ora? Gira la città da un caffè all'altro, mangiando gelati. La sua passione sono i gelati di fragola, con la panna. È capace di mangiarne dieci in un solo pomeriggio. Non le fa male. Ha lo stomaco d'un rinoceronte.

LETIZIA. È una bambina.

FLAMINIA. Da niente. Un uomo da niente. Come ho fatto a vivere con lui tanti anni? Ma come ho fatto, come ho fatto, Dio!

CESARE. Ma cosa stai dicendo, Flaminia? dai i numeri?

LETIZIA. È un po' *scossa*. Sai, *le ha fatto impressione* *shaken up / disturbed her* quella ragazzina. E anche a me. I giovani, oggi, non sanno che strada prendere. Si sposano, come mangiare un gelato. Fanno bambini. Cascano in mano al

primo *farabutto* che passa. No, scusa, Cesare, non   mascalzone
dicevo di te.

CESARE.   Ma sì, insultatemi. Insultatemi pure. Non mi
offendono, i vostri insulti. Non mi fanno nè caldo nè
freddo. Ho deciso di prenderla con buonumore. Andiamo. Esco anch'io con voi.

FLAMINIA.   Io non esco. Non ho voglia di uscire.

LETIZIA.   Flaminia. Cara Flaminia. Poverina. *Non ti*   *Don't feel so bad*
avvilire così. Guarda che faccia che hai. E sei tutta
fredda, un pezzo di ghiaccio. Ma se non è successo
niente. È tutto come è stato sempre. In questa nostra
vita, è molto raro che succeda qualcosa di nuovo.

FLAMINIA.   Sì. È rarissimo. E anche quando succede
qualcosa di nuovo, la vita non cambia. Rimane com'è.
Schifosa.

LETIZIA.   Dio mio, purchè non si sia buttata nel Tevere,
quella ragazza!

CESARE.   Ma no, no. Non avete capito niente. Girerà
la città mangiando gelati. Fragola e panna. Ho speso
un *patrimonio* in gelati di fragola e panna, con lei.   molti soldi
Non si ha idea di quanti gelati può mangiare in un
solo pomeriggio, anche in pieno inverno. Non se ne
ha l'idea. Ma no che non s'è buttata nel Tevere. Ma
neanche a sognarselo. Voi non avete capito niente,
non è mica una tragedia questa, è una *barzelletta*. La   *joke*
vita è molto avara di tragedie, e ci regala invece *una*   *a lot*
fioritura di barzellette. E poi sapete cosa vi dico? Se
per caso si è buttata nel Tevere, basta, sono *stufo*,   *fed up*
non voglio più sentirla nominare. Si è buttata nel
Tevere? Pazienza.

ESERCIZI

Atto Primo

1. Rispondete alle seguenti domande:

1. Con chi vuol parlar Barbara e chi dice di essere?
2. Per quali ragioni Tosca non si trova in quella casa?
3. Perchè non può mai guardare la televisione Tosca?
4. Come passavano le serate nella casa in cui Tosca era stata a servizio?
5. Che cosa è successo una domenica in cui Tosca è andata al cinema?
6. Perchè Tosca non può andare a Roma la domenica?
7. Che cosa dà Tosca a Barbara?
8. Che cosa racconta Barbara a Tosca?
9. Perchè Tosca pensa che l'avvocato stia per tornare?

10. Che cosa dice Barbara a Flaminia riguardo alla notte precedente?
11. Che cosa ha fatto Barbara quando Cesare non è andato all'appuntamento?
12. Che cosa aveva detto Cesare a Barbara un po' di tempo prima?
13. Che tipo era la nonna di Barbara?
14. Come sono stati i primi tempi del matrimonio di Barbara?
15. In quali circostanze ha incontrato Cesare, Barbara?
16. Come le sembrava il marito dopo aver conosciuto Cesare?
17. Che cosa diceva Barbara alla suocera quando usciva con Cesare?
18. Perchè la suocera ha cominciato a sospettare qualcosa?
19. Che cosa è successo il giorno in cui la suocera è andata a Teramo con il bambino?
20. Che cosa ha detto Barbara quando la suocera è tornata improvvisamente?
21. Quando il marito è tornato da Vicenza, come si è comportato con Barbara?
22. Che cosa ha detto Barbara a Cesare dopo essersi riappacificata con il marito?
23. Come passava le giornate Barbara dopo aver lasciato Cesare?
24. Quando Barbara ha ricominciato a vedere Cesare, come passavano il tempo insieme e che cosa diceva Barbara al marito quando tornava a casa?
25. Che osservazioni fa Flaminia dopo aver ascoltato la storia?
26. Che cosa dà Flaminia a Barbara e che cosa le consiglia di fare?
27. Perchè Barbara non accetta il suggerimento di Flaminia?
28. Secondo Flaminia, per quali ragioni è andato a Londra Cesare?
29. Perchè Flaminia dice a Barbara che le sembra totalmente priva di senso del dovere?
30. Come spiega questa sua mancanza Barbara?
31. Che cosa dice Flaminia della sua vita presente e del suo matrimonio?
32. Che cosa spiega Flaminia a Letizia e che cosa suggerisce di fare Letizia?

II. Temi per discussione o composizione:

1. Discutete il carattere di Barbara; è tipico della sua generazione?
2. Che cosa pensate della decisione di Barbara di andare a casa del suo amante e di chiedere aiuto a sua moglie?
3. Commentate la seguente frase di Flaminia a Barbara: «Mi sembra che tu sia totalmente priva di senso del dovere».
4. L'infanzia di Barbara giustica le sue azioni? Commentate.

III. Scrivete una frase per ciascuna delle seguenti espressioni idiomatiche:

fare la spesa	lasciar perdere
venire in testa (a)	portare al pronto soccorso
venir sonno (a)	tagliare la corda
fare pena (a)	dare uno schiaffo (a)
farsi fare i capelli	avere fra i piedi
andare d'accordo	dare la cera
non fare nè caldo nè freddo (a)	non rivolgere la parola (a)
fare uno sconto	avere male alla gola

IV. Date il sinonimo o l'opposto delle seguenti parole o espressioni o spiegatene il significato:

adesso, salvo che, cascare, mi rincresce, pigliare, tardare, non trovarsi, asciugarsi, umido, rompere (con una persona), venir freddo, all'antica, far paura, alla pizzaiola, essere indifferente, calzoni

V. Completate le frasi con la forma corretta di una delle seguenti parole o espressioni:

valigia, permaloso, ripostiglio, ipoteca, vigna, scampolo, commessa, coperta, bracioline, pila elettrica, parrucchiere, assomigliare, anticamera, consigliarsi, armadio, ereditare, corda, sgualcito, svenire, anello, abbrustolire

1. Quando è buio, è sempre bene portare con sè una _____ .
2. Sono andata a comprarmi uno _____ per farmi una gonna.
3. La ragazza è andata dall'avvocato per _____ .
4. Ha messo la biancheria nell'_____ .
5. Sulla porta c'era Barbara con una _____ in mano.
6. Ha legato il pacco con la _____ .
7. I figli _____ dei soldi e una villa in campagna.
8. Hai mai mangiato le _____ alla pizzaiola?
9. La donna ha fatto aspettare la signorina nell'_____ .
10. Quando il marito ha fatto la pace con la moglie, le ha regalato un _____ .
11. Quando gli hanno dato quella brutta notizia, lei _____ .
12. In Toscana ci sono molte _____ nella zona del Chianti.
13. Devi stirare il vestito; è tutto _____ .
14. Tengono tutto il necessario per pulire la casa nel _____ .
15. Le due sorelle si _____ molto benchè non siano gemelle.
16. Domani sera Luisa andrà ad una festa e per questo vuole andare dal _____ .
17. Ho freddo; portami una _____ di lana!
18. Qualunque cosa tu gli dica si offende; è molto _____ .
19. Non hanno ancora finito di pagare l'_____ sulla casa.
20. Per favore _____ il pane e poi portamelo!
21. La _____ di quel negozio è molto gentile.

Atto Secondo

I. Rispondete alle seguenti domande:

1. Che cosa racconta Letizia appena entra?
2. Come passano il tempo le ragazze nei pensionati di suore, secondo Letizia?
3. Che cosa dicono di Barbara Letizia e Flaminia?
4. Perchè Letizia pensa che hanno fatto molto per Barbara?
5. Che cosa ha telefonato Madre Anastasia?
6. Perchè Tosca immaginava che Barbara non sarebbe rimasta dalle suore?
7. Dove può essere andata Barbara secondo Cesare e Letizia?
8. Da chi sarebbe potuta andare Barbara?
9. Perchè Cesare non si preoccupa di Barbara?
10. Che cosa racconta Cesare alla moglie dei suoi rapporti con Barbara?
11. In che senso è gelosa di Barbara, Flaminia?
12. Che cosa pensa Flaminia del marito?
13. Che cosa ha detto al telefono la figlia di Tosca?
14. Dove era stata Barbara prima di andare dal parrucchiere?
15. Secondo Cesare, perchè non c'è ragione di stare in pensiero per una ragazza come Barbara?

16. Perchè, secondo Letizia, Barbara non può essere tanto disperata? Che cosa pensa invece Flaminia?
17. Perchè Tosca non vuole restare a casa di Flaminia?
18. Perchè Cesare dice alle due donne di non parlare più di Barbara?
19. Come commenta le azioni dei giovani Letizia?
20. Come conclude la conversazione Cesare?

II. Temi per discussione o composizione:

1. Commentate il matrimonio di Flaminia e di Cesare e il loro carattere.
2. Discutete il personaggio della donna di servizio, Tosca.
3. Commentate la frase di Letizia a proposito di Cesare: «Non se la prende lui, non sono cose che lo riguardano».
4. Se vi foste trovati nella situazione di Barbara o di Cesare, come vi sareste comportati?
5. L'argomento della commedia è serio ma è trattato in tono leggero dalla Ginzburg. Che cosa mette in rilievo questa sua tecnica?
6. Partendo dal presupposto che la vita sia una serie di scelte, che cosa pensate delle «scelte» dei vari personaggi della commedia.

III. Scrivete una frase per ciascuna delle seguenti espressioni idiomatiche:

infischiarsene	stare in pensiero
non poter soffrire	non perdere di vista
non prendersela	fare del proprio meglio
essere innamorato (di)	fare una crociera
avere i nervi a pezzi	saltare in mente
fare l'autostop	non correre pericolo

IV. Date il sinonimo o l'opposto delle seguenti parole o espressioni o spiegatene il significato:

giovare, cacciare in mano, suora, stroncato, preoccuparsi, mascalzone, scottare, venire in mente, trovarsi bene, andare a dormire, dispiacere, voler bene, disprezzare, motto, ragionevole, allegro, piacevole, buonumore

V. Completate le frasi con la forma corretta di una delle seguenti parole o espressioni:

termosifone, odore, ceci, in umido, rassegnarsi, sopportare, riguardare, guerra, materasso, suocera, liberarsi, risparmiare, disperato, affacciarsi, nuvola, argenteria, cucciolo, girare, ghiaccio, barzelletta

1. L'amica di Barbara dorme su di un _____ in terra.
2. La ragazza deve _____ dalle suore.
3. Devi accendere il _____ perchè fa molto freddo.
4. Cesare teme di non _____ mai della ragazza.
5. Quando io _____ alla finestra, vedo la campagna.
6. La vita non è piena di tragedie, ma di _____ .
7. Mi piacciono i cani, specialmente i _____ .
8. Lei era _____ perchè non sapeva dove andare.
9. Pasta e _____ è un piatto famoso.
10. La minestra che hai preparato manda un buon _____ .

11. La _____ di Barbara ha portato via il bambino.
12. Ho preso l'ombrello perchè il cielo era coperto di _____ .
13. Tosca doveva sempre lucidare l'_____ .
14. Lei _____ per la città e comprava gelati di fragola e panna.
15. Per la cena ho preparato le patate _____ .
16. Lui non è preoccupato perchè la cosa non lo _____ .
17. Avrei voluto _____ questo dispiacere ma non è stato possibile.
18. Durante la _____ , la donna aveva nascosto degli ebrei.
19. Non posso _____ la sua donna di servizio.
20. Vuoi il martini con il _____ o senza?

ESERCIZI GRAMMATICALI

I. Completate le frasi con la forma corretta del congiuntivo:

1. Non sapevo che ci (essere) _____ tanta strada.
2. È possibile che loro le (fare) _____ uno sconto.
3. Volevo che lui mi (dire) _____ che cosa dovevo fare.
4. Viviamo come se (andare) _____ d'accordo, ma in realtà ci odiamo.
5. È impossibile che lui non ti (rivolgere) _____ la parola.
6. Credevo che lui (tagliare) _____ la corda perchè non l'ho visto quando sono entrato.
7. Sarebbe stupido che lei (buttarsi) _____ nel Tevere.
8. Se tu (volere) _____ vivere con me potresti farlo benissimo.
9. Mi rincresce che voi non (venire) _____ ieri.
10. Non vorrà che io (sedersi) _____ in salotto mentre loro mangiano.
11. Ha aspettato che (smettere) _____ di nevicare.
12. Se la gente lo (sapere) _____ , lo avrebbe trovato strano.
13. Dite a Cesare che mi (cercare) _____ .
14. Mi pare che Flaminia non (fare) _____ un gran che per la ragazza.
15. Avevo paura che lui la (ammazzare) _____ .

II. Completate le frasi con la preposizione corretta (articolata o no secondo il caso):

1. Mi rincresce _____ andarmene.
2. C'era un brutto film _____ televisione.
3. Scambio qualche parola con la persona che viene _____ stirare.
4. Quell'uomo ha fatto pena _____ donna.
5. Il prigioniero è scappato saltando _____ finestra.
6. È venuta _____ consigliarsi _____ l'avvocato.
7. Era stanco morto, ed è cascato _____ letto e si è addormentato.
8. Pensa molto _____ sua amica lontana.
9. Sono andati al teatro _____ conto loro.
10. Spesso mi metto _____ pensare alla mia vita passata.
11. Loro avevano voglia _____ cantare, ma lui era triste.
12. Lei è completamente priva _____ senso del dovere.
13. Che cosa hai chiesto _____ Luigi?
14. Ha rotto _____ suo marito perchè era geloso.
15. È un tempo _____ lupi.

Alberto Moravia
(1907–   )

Alberto Moravia (Pincherle allo stato civile[1]) è il maggiore scrittore italiano contemporaneo. Nato a Roma nel 1907 da famiglia borghese agiata, a nove anni si ammalò di tubercolosi ossea. La malattia che si protrasse negli anni dell'adolescenza gli impedì di portare a termine gli studi regolari, ma il lungo periodo di forzata immobilità gli favorì la lettura e la riflessione e gli stimolò l'immaginazione. Moravia definisce la malattia ed il fascismo i due avvenimenti più importanti della sua vita perchè a causa loro dovè subire e fare cose che altrimenti non avrebbe nè subito nè fatto.

Cominciò a scrivere il suo primo romanzo *Gli indifferenti* nel 1925 e lo pubblicò a sue spese nel 1929. In questo romanzo si trovano già i temi fondamentali di tutta la sua opera: il problematico rapporto dell'uomo con la realtà, il conseguente senso di noia, l'impossibilità di provare sentimenti autentici, la crisi dei valori tradizionali, il sesso come unica forma di comunicazione e di rapporto con la realtà. Le sue opere ci offrono un quadro desolante della borghesia italiana con le sue ambizioni meschine, le ipocrisie ed il culto delle convenzioni. Nel mondo dei *Racconti romani,* popolato di uomini e donne delle classi umili, si ritrovano invece i sentimenti genuini e l'amore per la vita e per quello che essa offre: una giornata di sole in pieno inverno, la gioia di stare con la persona a cui si vuol bene, l'amicizia.

Autore anche di testi teatrali, saggista, giornalista, critico cinematografico, ricordiamo tra le moltissime opere: *Agostino* (1944); *La Romana* (1947); *Il conformista* (1951); *Il disprezzo* (1954); *La ciociara*[2] (1957); *La noia* (1960); *Io e lui* (1971); *La vita interiore* (1978); il saggio *L'uomo come fine* (1964) e le raccolte di racconti *Racconti* (1952), *Racconti romani* (1954), *Nuovi racconti romani* (1959); *Boh* (1976).

Il racconto «La verità» è tratto dal secondo volume di *Nuovi racconti romani* i cui personaggi principali sono gente del popolo o della piccola borghesia romana che narra in prima persona i propri casi. Maurizio è uno

---

1. registry.
2. The novel *La ciociara* has been made into a film, *Due donne (Two Women)* directed by Vittorio De Sica. The novels *Gli indifferenti, La noia,* and *Il conformista* have also been made into films. *Il conformista* was directed by Bernardo Bertolucci, one of Italy's most important film makers.

di questi e ci racconta la storia infelice del suo amore per Lucetta in toni semplici ma che rivelano in pieno la sensibilità del suo animo.

Le storie «Temporale e fulmine» e «L'idea della dea» sono tratte dalla raccolta *Boh*[3] in cui trenta donne parlano di sè stesse. Le protagoniste dei due racconti sono donne coscienti di quello che fanno. Provano un forte senso di ribellione contro chi—genitori, marito o amante—ha imposto loro un determinato ruolo. Non riescono però a concretizzare in modo positivo questa loro ribellione, legate come sono ancora alle idee prevalenti nella società in cui sono cresciute. Piuttosto che crearsi un'esistenza indipendente, la protagonista di «Temporale e fulmine» si sposa per sfuggire all'angusto ambiente familiare e quella di «L'idea della dea» raggiunge un compromesso invece di affermare la propria individualità abbandonando l'amante che la vuole «dea».

---

3. *Boh:* a common colloquial expression meaning "Who knows?" or "I have no idea." The title implies that women are going through a period of change and that it is impossible to understand their behavior. To the question "What are women like today?" Moravia answers: *"Boh!"*

LA VERITÀ

Trentadue e diciassette: quindici anni di differenza. A chi mi diceva: «Maurizio, sta' attento, c'è troppa differenza di età,» io rispondevo: «Che c'è di straordinario . . . sono un uomo giovane, Lucetta è una donna giovane . . . quel che conta è che siamo giovani tutti e due: dunque tutto va bene.» E invece, pur dicendo così, lo sentivo tutto il tempo che niente andava bene e che quella differenza di età aveva la sua importanza; ma, si sa, non vogliamo riconoscere di aver torto finchè i fatti non ce lo dimostrano; siamo tutti come San Tommaso che non ci credette finchè non ci ebbe *sbattuto* le mani e il naso. L'avevo conosciuta, Lucetta, a «Tutto per la casa,» uno di quei magazzini a due piani dove si vende di tutto un po' e tutto *a buon mercato*. Ci ero entrato per comprarmi un paio di calze e girando tra quella confusione, da un banco all'altro, nel *frastuono* della radio che urlava non so che canzonetta, vidi ad un tratto Lucetta dietro il *banco* della profumeria, sullo *sfondo* scintillante di uno scaffale di bottigliette gialle di acqua di colonia. *Mi colpì* subito, se non altro per il contrasto con le altre sue compagne, *bellocce* non c'è che dire, ma *sguaiate*, troppo dipinte e, al tempo stesso, sotto la pittura, non troppo pulite. Lei invece ci aveva, tra due onde di capelli *sciolti* sulle spalle, un bel viso ovale senza *cipria* e senza rossetto, dagli occhi grandi, sereni e chiari, dall'espressione tranquilla.

La guardai e lei sostenne lo sguardo. Le domandai, allora: «Signorina, le calze;» e lei rispose con una vocetta dolce: «Io vendo profumeria; per le calze provi al secondo piano.» Me ne andai al secondo piano, comprai le calze, quindi tornai *abbasso*, andai direttamente al suo banco e le dissi: «Le calze le ho trovate, grazie, adesso la profumeria.» Lei calma, dolce, anzi soave, cominciò allora a *sciorinare* la sua merce raccomandandola con parolette scelte: «Questa *saponetta* è alla violetta, finissima . . questo dentifricio è alla clorofilla . . questo sapone da barba è proprio speciale . . .» Io *manco* la sentivo, la guardavo e più guardavo e più mi piaceva, tanto da pensare ad un tratto: «Ecco la ragazza che fa per me.» Insomma comperai non so quante cose e poi *buttai lì*: «Signorina, quando *stacca*?» «Vuol dire quando finisco qui? Alle otto.» «E se io l'aspettassi di fuori, sta-

battuto

inexpensive

rumore

counter / background
she impressed me

attractive / loud

flowing loosely
face powder

giù

mostrare
bar of soap

neanche

I popped out with /
finisce

sera?» Lei mi guardò un attimo e poi rispose: «Mi farebbe piacere.» Feci per andarmene; ma lei mi richiamò
dicendo: «Non proprio all'uscita . . . al bar dell'angolo.»

Avrei dovuto *insospettirmi* per questa facilità. *Dia-*   *to become suspicious*
mine: diciassette anni e così *disinvolta* con gli uomini.   *by all means / at ease*
Ma ero già innamorato e non me ne accorsi. Così andai
al garage, tirai fuori la macchina del *padrone* che dovevo   *boss*
andare a *rilevare* alle nove al suo ufficio, e *mi recai*   *prendere / andai*
all'appuntamento. Lei venne subito, puntuale, alle otto
e tre minuti, vestita con proprietà benchè da ragazza
povera; notai che senza il grembiale bianco di venditrice
ci aveva una *persona* molto bella, col petto *sporgente*,   *figura / bulging out*
la *vita di vespa*, i *fianchi* rotondi. Domandò salendo: *tiny waist / hips*
«È sua la macchina?» «No, è del padrone, sono
l'autista.» «Ah» e dopo un momento: «Beh, io debbo
andare a casa.» L'accompagnai, abitava a San Giovanni,
in un casone di cento appartamenti; feci un giro lungo
e parlammo.

Il giorno dopo andai a prenderla di nuovo; *di lì a*   *after*
qualche giorno le proposi di andarla a rilevare anche la
mattina, quando si recava al magazzino, e accettò. Così
prendemmo a vederci due volte al giorno e più a lungo,   *cominciammo*
anche qualche ora, nei giorni di festa. Insomma, una di
quelle mattine, le dissi che le volevo bene; lei mi diede
un bacio, *di slancio,* e mi disse che anche lei mi voleva   *on impulse*
bene. Proposi allora di fidanzarci. Lei rispose: «Mauri-
zio, aspettiamo ancora un anno, quando avrò messo da
parte il denaro per il *corredo*.» Questa risposta mi stupì,   *trousseau*
lo confesso. Ma le *meraviglie* non facevano che comin-   *surprises*
ciare.

Io ero innamorato al punto che, in fondo, non la conoscevo. La vedevo, le parlavo, la toccavo; ma quando
venne il momento mi accorsi che non sapevo niente di
lei, del suo carattere, del suo passato, della sua famiglia,
delle sue idee, dei suoi gusti. Eh, l'amore non soltanto
rende ciechi, ma anche disattenti. Questo sentimento di
non conoscerla e, insomma, di non tenerla in mano e
controllarla in alcun modo, l'ebbi appena le cose cominciarono a guastarsi. Allora mi accorsi, che, all'infuori
di un ricordo confuso di parolette dolci, sospiri, carezze
e sguardi, di tutte quelle tante ore che avevamo passato
insieme non mi restava niente, voglio dire niente di
simile all'idea di una donna vera, in carne e ossa, di cui,
anche quando non ci sei, puoi sapere che pensa, che fa,
con chi sta e, insomma, se ti è fedele.

Cominciò così. Prima di tutto lei mi disse che non

voleva che l'andassi a prendere la sera, al bar presso il magazzino. «Se il tuo padrone ci vede, tu *passi un guaio* e io ci *faccio una cattiva figura*.» Così dovetti rinunziare a quella mezz'ora per me così importante. Poi fu la volta del mattino «Senti, è meglio che tu non mi venga a prendere al mattino . . la gente del mio quartiere potrebbe *chiacchierare*.» Anche questo, in fondo era giusto; diceva sempre le cose giuste, lei; e così rinunziai anche a quest'altra mezz'oretta non meno importante per me della prima. Restavano i giorni di festa, le domeniche; ma anche qui cominciarono le difficoltà. Ora c'era la cugina di Terni, arrivata all'improvviso, ora la madre da accompagnare in una visita, ora il padre, ora qualche altro carissimo parente. Le telefonavo, però, tutti i giorni, in casa di vicini suoi che ci avevano l'apparecchio. Ma anche le telefonate *non durarono* tanto. «Guarda è meglio che *diradi le telefonate*, telefonami *tutt'al più* una volta o due alla settimana. Quei miei vicini si seccano.» Insomma, ci vedevamo oramai, sì e no, ogni dieci giorni e sempre *tra scappa e fuggi*, con gli occhi sull'orologio. Quest'agonia andò avanti un paio di mesi; io *ci sformavo*, non vivevo più, *dimagravo a vista d'occhio*, ci avevo sempre non so che dolore ansioso al cuore, non mangiavo più, non dormivo più. Qualche volta, disperato, andavo al magazzino e compravo un'altra maledetta saponetta, giusto per guardarla un momento; ma lei manco mi sorrideva, quasi quasi mi trattava peggio degli altri clienti.

Tutto ad un tratto ci fu, come si dice, *la goccia che fa traboccare il vaso*. Al telefono, lei mi annunziò, calma: «Non venire più al magazzino, non mi troveresti, *sono stata licenziata*.» Dissi subito, contento: «Allora ci vedremo più spesso, no?» E lei: «Sì, certo, si capisce.» Sì, altro che vedersi di più. Se prima la vedevo, mettiamo, un'ora o due ogni dieci, quindici giorni, adesso che lei non ci aveva più l'impiego ed era libera, *addirittura* passavano venti giorni, da una scusa all'altra, da un rinvio all'altro, senza che la vedessi. Naturalmente, lei ci aveva anche per questo la sua brava giustificazione. «Sto cercando lavoro, giro per gli uffici e per le agenzie, non ho un minuto di tempo.» Le dissi un giorno: «Il tempo è come la gomma: *si tira* come si vuole. Una donna innamorata sa *infilare* l'uomo che ama anche nei minuti, anche nei secondi della sua giornata. E poi, insomma, è un controsenso: quando lavoravi ed eri occupata dalla mattina alla sera, ti vedevo tutti i giorni; adesso che non

you will get in trouble
I will look bad

to gossip

did not last
call less frequently
at most

on the run

I was falling apart / I was losing weight visibly

the last straw

I have been fired

perfino

one stretches it
to find time for

lavori più e sei libera di fare quello che vuoi, non ti vedo quasi mai. Come la mettiamo questa differenza?» Lei non rispose niente; e questo suo silenzio mi convinse che, se non volevo diventare matto a forza di incertezza e di sospetto, dovevo agire.

Conoscevo un certo Licinio, un giovanottello biondo e *smilzo*, dalla faccia bianca e *sfrontata*, dall'occhio *losco*, che era figlio della portiera dello *stabile* dove abitava il mio padrone. Un giorno lo chiamai e gli dissi: «Senti maschio, vuoi guadagnare senza fatica cinquecento lire al giorno?» E lui, da quel *morto di fame* che era: «*Magari.*» Dissi allora: «Ecco» devi seguire una ragazza che ti indicherò e poi il giorno dopo riferirmi tutto quello che ha fatto e chi ha visto e chi non ha visto. «*Intesi?*» Lui disse subito: «È un *incarico* delicato. Settecento o nulla.» Avevo un po' di *risparmi;* pur di conoscere la verità, finalmente, me la sentivo di spenderli tutti, fino all'ultimo centesimo. Così accettai; e quel giorno stesso, *per una combinazione*, ottenni un breve appuntamento da Lucetta. L'incontrai in un bar sotto casa sua; Licinio, intanto stava davanti alla macchina americana dei dischi, fumando le mie sigarette e pagandosi coi miei soldi le arie entranti del Rock and Roll. Fu un incontro molto breve; dopo dieci minuti, lei guardò l'orologio, al solito, e disse che se ne doveva andare; io, *arrendevole*, la salutai. Quindi mi accostai al banco e ordinai un caffè. Nello specchio del bar, vidi lei uscire e Licinio andarle subito dietro, *svelto* come un gatto. Mi sentivo un peso sul cuore da non si dire e *mi appoggiai* al banco dicendo al barista, con voce languente: «Mi raccomando, *stretto.*» Era mezzogiorno e io dovevo aspettare fino al mezzogiorno del giorno seguente per sapere la verità.

Licinio venne puntuale, il giorno dopo, in un bar di via Archimede. «Beh,» gli domandai con voce strangolata, la bocca resa asciutta e amara dalle troppe sigarette che quel mattino avevo fumato per *sfogare* l'ansietà. «Beh,» disse lui con enfasi, «tutto bene. L'ho seguita, ho *sgambettato* tutto il giorno. Le sono stato *accosto* in tram e in autobus. Ho aspettato abbasso, davanti alle case in cui lei era entrata. Niente: *agenzie di collocamento*, uffici, poi un'amica con cui ha passeggiato per Via Nazionale, poi la sera al cinema con il padre e la madre.» Non so perchè, ci rimasi male, invece di sentirmi consolato come avrei dovuto. Balbettai: «Ne sei proprio sicuro?» E lui, portando una mano al petto: «Potessi morire se non è vero.» Insomma, gli diedi le

---

Marginal glossary:

magro / *low brow* / *sinister*
building

starving wretch / *I certainly would*

capito?
task
savings

by mere chance

docile

veloce
I leaned against

ristretto (**strong**)

to give vent to

camminato / vicino

employment agencies

settecento lire e *fissai* un nuovo appuntamento per il giorno dopo. Lui tornò al bar, il mattino seguente e fu di nuovo la stessa storia: Lucetta era proprio come appariva, una brava, buona, semplice ragazza, tutta casa e lavoro, che cercava un impiego e *se la faceva* per lo più col papà, la mamma e qualche amica. Licinio, però, dopo una settimana di *pedinamenti*, sempre a settecento lire al giorno, più le sigarette, più l'aperitivo o il caffè, cominciò, come notai, ad *infiorare* i suoi racconti un poco troppo. Descriveva i vestiti di Lucetta, dava il numero della strada dove si trovava l'agenzia, sapeva raccontare la *trama* del film che lei andava a vedere con la famiglia. *Ci dava dentro*, insomma; e, come si dice, il meglio è nemico del bene. Così, una di quelle mattine, gli dissi, senza tanti complimenti: «Beh, mi pare che possiamo smettere. Tanto più che Lucetta ed io ci siamo fidanzati e ci sposeremo presto. Eccoti le ultime settecento lire. Però, sposarsi è sempre un fatto molto importante, non ti pare?» «E come no.» «Perciò, non si sa mai. A chi, dunque, mi darà un'informazione precisa, dico precisa, in modo che io possa sposarmi con tranquillità, io pagherò trentamila lire, una sull'altra. Capito?» Lo vidi *inghiottire* per l'*avidità* rientrata, *sgranando gli occhi*: «Sì, signor Maurizio.» Pagai i due caffè e me ne andai.

Il giorno dopo, non si sa come, mi svegliai con il diavolo addosso, chiaro, tosto, risoluto, franco come una spada. Andai *difilato* al telefono, feci chiamare Lucetta, le dissi subito: «Guarda che debbo parlarti, oggi stesso, tra un'ora, al bar sotto casa tua.» «Ma io . . .» «Poche storie. Tu vieni *senza fiatare*, altrimenti salgo a casa tua e *sfondo la porta a calci*.» «Sì vengo, va bene.» Così andai al bar, all'ora fissata, e mi sedetti in ombra, in un angolo, per aspettarla. Lei non tardò molto; e come apparve sulla soglia, per l'ultima volta provai lo stupore dolce e quasi incredulo dell'appuntamento d'amore sospirato e sperato il quale *si avvera* come per miracolo. Lei si avvicinò, esitante, timida, dolce, forse *spaventata*: io mi alzai in piedi e le dissi: «Inutile sedersi. Ti ho chiamato in quel modo brusco perchè avevo da dirti una cosa importante e non potevo dirtela per telefono. La cosa importante, eccola qui: non ci vedremo più. Da oggi sei libera, con me è finita.» Lei disse, tranquilla, al solito: «Maurizio, hai mostrato di essere intelligente. Io non avevo il coraggio di dirtelo. Sì, è meglio che non ci vediamo più.» Tutto ad un tratto provai non so che

made

stava

tailing (her)

to embellish

plot
he worked hard at it

swallow / greediness / opening his eyes wide

diritto (straight)

without saying a word
I'll kick the door down

comes true
scared

furore: mi venne quasi l'impulso di afferrare la tavola e *scaraventarla* contro lo specchio del bar e mandare tutto in pezzi, specchio, bottiglie, bicchieri e ogni cosa, perfino la faccia scema del barista. Ma mi controllai con sforzo supremo e risposi: «Beh, addio Lucetta,» avviandomi nel tempo stesso alla macchina americana dei dischi. Misi un gettone e subito il Rock and Roll, brutale e *travolgente*, prese a farmi ballare i pensieri nella testa come tante *noci* dentro un sacco vuoto. Quando, alla fine, mi voltai verso la porta, Lucetta non c'era più.

Quella stessa sera, in via Archimede, *allineai* la macchina al *marciapiede*, per aspettare il padrone. Ecco che la brutta faccia di Licinio si presenta allo sportello; poi lui l'apre, mi siede accanto e comincia a *farfugliare*: «Signor Maurizio, sono venuto per le trentamila lire.» «Ah, ci hai ripensato.» «Signor Maurizio, lei deve perdonarmi, . . lei mi dava settecento lire, ma la signorina me ne faceva dare millecinquecento ogni giorno affinchè dicessi le bugie e io allora . . ma adesso, se lei mi dà le trentamila lire, le dico la verità, tutta la verità.» Allora, preso di nuovo dal furore, gridai: «Zitto, non voglio saper niente, hai capito?» «Ma signor Maurizio, questa volta le dico la verità, proprio la verità.» E io, sempre più furioso: «Zitto, non dirmi niente, se non vuoi che ti *spacco* la faccia.» «Signor Maurizio, se vuole le faccio un *ribasso*: diecimila lire sole e le dico tutta la verità.» «Neanche dieci lire. E la verità è una sola e soltanto io la conosco: Lucetta è un angelo, hai capito? Un angelo.» Egli discese spaventato e si allontanò. Io accesi la radio.

Marginal glosses:
- *hurl it*
- *overcoming*
- *walnuts*
- *parked*
- *sidewalk*
- *to mumble*
- *rompo (smash)*
- *sconto*

ESERCIZI

I. Rispondete alle seguenti domande:

1. Che rispondeva Maurizio a chi gli diceva che fra lui e Lucetta c'era troppa differenza d'età?
2. Dove aveva conosciuto Lucetta?
3. Che cosa lo aveva colpito subito?
4. Come mostrava la merce che vendeva, Lucetta?
5. Che cosa pensava Maurizio mentre lei parlava e che le ha chiesto?
6. Come è andato all'appuntamento Maurizio e che ha notato di Lucetta?
7. Quante volte al giorno hanno cominciato a vedersi?
8. Che ha risposto Lucetta quando Maurizio le ha proposto di fidanzarsi?
9. Di che cosa si è accorto Maurizio più tardi?
10. Qual'è la prima scusa che usa Lucetta perchè Maurizio non vada a prenderla la sera?

11. Quali altre scuse trova Lucetta?
12. Quanto è durata questa situazione e come ha reagito Maurizio?
13. Qual'è stata la goccia che ha fatto traboccare il vaso?
14. Perchè Lucetta non aveva mai tempo di vedere Maurizio?
15. Che le ha detto un giorno Maurizio?
16. Quale incarico ha dato a Licinio Maurizio?
17. Come si è comportato Licinio il giorno in cui Maurizio ha incontrato Lucetta al bar?
18. Che cosa ha raccontato Licinio a Maurizio il giorno dopo e quelli seguenti?
19. Che ha detto una mattina Maurizio a Licinio e che ha fatto il giorno dopo?
20. Che impulso gli è venuto dopo aver parlato con Lucetta?
21. Che cosa ha confessato quella sera stessa Licinio a Maurizio? Che ha detto allora Maurizio?

II. Temi per discussione o composizione:

1. Discutete il comportamento di Lucetta.
2. L'amore di Maurizio per Lucetta.
3. La gelosia e sue conseguenze.
4. Licinio è descritto come «un morto di fame». Giustificate o no le sue azioni?
5. La sincerità nelle relazioni sentimentali.
6. Fate un breve riassunto della storia.

III. Scrivete una frase per ciascuna delle seguenti espressioni idiomatiche:

passare un guaio	sgranare gli occhi
fare una cattiva figura	andare a prendere
tutt'al più	fare un ribasso
tra scappa e fuggi	a buon mercato
a vista d'occhio	non sentirsela
morto di fame	fissare un appuntamento

IV. Date il sinonimo o l'opposto delle seguenti parole o espressioni o spiegatene il significato:

prendere a, frastuono, belloccio, giù, sciorinare, smilzo, caffè ristretto, difilato, macchina, disinvolto, chiacchierare, diradare le telefonate, svelto, in carne ed ossa

V. Completate le frasi con la forma corretta di una delle seguenti parole o espressioni:

recarsi, vita (waist), dimagrare, licenziare, pedinamento, saponetta, dentifricio, padrone, incarico, appoggiarsi, senza fiatare, corredo, noce, marciapiede, verità, profumeria, durare, stabile

1. Non ha mangiato per due giorni ed _____ molto.
2. Lui usava la macchina del _____ per andare all'appuntamento.
3. Lucetta obbedì subito, _____ .
4. Abbiamo parcheggiato lungo il _____ .
5. Esisteva una sola _____ per Maurizio: Lucetta era una brava ragazza.

6. Lui _____ a casa sua per parlarle.
7. Devi comprare due _____ perchè abbiamo finito il sapone per il bagno.
8. Lui mi ha dato un _____ molto delicato.
9. Gli piacciono le noccioline ma preferisce le _____ .
10. Si usa il _____ per lavarsi i denti.
11. Siamo andati al reparto _____ della Standa per comprare diverse cose.
12. Lui _____ al banco ed ha ordinato un martini.
13. Un tempo le ragazze mettevano da parte il denaro per il _____ ma ora lo fanno raramente.
14. È triste perchè lo _____ ; non lavora più in quell'ufficio.
15. Nell'Ottocento le ragazze avevano tutte la _____ di vespa.
16. Non mi piace ricorrere al _____ delle persone in cui non ho fiducia.
17. Il film _____ più di due ore; per questo siamo usciti tardi.
18. Abita nello _____ con le terrazze, a sinistra del bar.

ESERCIZI GRAMMATICALI

I. Completate le frasi con la forma corretta del trapassato prossimo o del trapassato remoto:

1. Dopo che lui la (vedere) _____ , pensò che era la ragazza che ci voleva per lui.
2. Mi ha detto che lei lo (colpire) _____ profondamente.
3. Noi (insospettirsi) _____ perchè tutti i giorni trovava una nuova scusa.
4. Dopo che loro (mostrare) _____ la nuova macchina, siamo andati a fare un giro.
5. Le sue parole mi (offendere) _____ e mi (stupire) _____ .
6. Andavo sempre a casa dopo che li (accompagnare) _____ al lavoro.
7. Quando lui le (parlare) _____ mise un gettone per sentire il disco della sua canzone preferita.
8. Mi raccontarono che lui (scendere) _____ improvvisamente dalla macchina e (allontanarsi) _____ .
9. Dopo che noi (accostarsi) _____ all'uomo, gli chiedemmo dove era il teatro.
10. Lui (essere preso) _____ dalla rabbia e disse che non voleva sapere niente.

II. Completate le frasi con la preposizione corretta (articolata o no secondo il caso):

1. Anna non riconosce mai _____ aver torto.
2. È entrato nel magazzino _____ comprare un paio di calzini.
3. Rispose _____ una voce dolce: «Vada al secondo piano!»
4. Era già innamorato _____ lei.
5. Dovemmo rinunciare _____ pranzo.
6. Ci incontriamo una volta _____ mese.
7. Andava al negozio, solo _____ guardarla un momento.
8. Mi venne l'impulso _____ rompere tutto.
9. Pensano spesso _____ quello che ho detto.
10. Era un giovanotto biondo _____ faccia pallida.

Alberto Moravia

L'IDEA DELLA DEA

Esco di casa per andare dall'uomo che ho amato durante gli ultimi due anni e ho cessato di amare dodici ore fa. Il mio amore è durato quanto è durato il successo di quest'uomo, un *regista* cinematografico molto noto; *director*
ed è finito ieri sera *allorchè*, nella sala della *casa di* *quando / studio*
produzione in cui si proiettava il suo ultimo film, *si è* *the lights came on*
rifatta la luce e gli *spettatori*, in gran parte critici *audience*
cinematografici, si sono guardati in faccia in silenzio e
quindi, uno dopo l'altro, se ne sono andati *alla spiccio-* *one by one*
lata, senza neppure stringere la mano all'autore, come
è l'uso. Nella mia poltrona, al buio, ho seguito la lenta
ma *inarrestabile* discesa del film verso il disastro e, nello *unstoppable*
stesso tempo, quella del nostro amore verso la freddezza
e il distacco. Bonifazio, il mio regista, mi sedeva accanto;
gli tenevo la mano nella mano, un'abitudine degli inizi
del nostro rapporto; poco prima *del finale*, gliel'ho riti- *della fine*
rata e, quando lui ha tentato di riprenderla, l'ho respinto, *sussurrandogli*, chissà perchè, questa frase im- *whispering*
prevista non solo per lui ma anche per me: «Lasciami.
Tutto tra di noi è finito.» *Si è* subito *raggomitolato su* *he curled up*
se stesso, come se l'avessi colpito al cuore con una *freccia* *poisoned arrow*
avvelenata. Poi mi ha accompagnato a casa in silenzio e
sulla soglia *si è congedato* così: «Ti prego di risparmiarmi *took leave*
ogni ulteriore commento. Ora noi dobbiamo *salvare* so- *save*
prattutto il nostro amore. Ciao, ci vediamo domani mattina.»

Salvare il nostro amore! Mentre guido pian piano, in
maniera automatica, la macchina per le strade allegre e
affollate del mezzogiorno, *abbasso gli occhi* verso la mia *I look down*
persona e mi accorgo che la fine del nostro amore è già
leggibile nei miei vestiti. Già perchè bisogna sapere che
Bonifazio *si è fatta* fin da principio *un'idea* di me alla *got an idea*
quale, per forza di cose, ho dovuto alla fine uniformarmi.
Diceva che avevo un corpo di dea e un'anima di bambina; e che lui non sapeva che farsene della bambina e
non amava che la dea. È, insomma, un autentico ma-
sochista, Bonifazio; e per *fargli piacere* ho dovuto falsare *to please him*

il mio vero carattere in fondo infantile, capriccioso, *volu-* | *fickle*
bile e ingenuo, comportandomi, invece, come una vira-
go¹ autoritaria, impassibile, spietata. Analogamente, nel
modo di vestire, ho dovuto rinunziare alla libera *strac-* | *hippy-style (raggedy)*
cioneria hippy, verso la quale *mi sentivo* naturalmente | *I felt inclined*
portata, e adottare invece, uno stile molto «vestito»,
cioè andare in giro *addobbata* come una statua sopra un | *adorned*
altare. Ma, adesso, grazie al *tonfo* del film, sto final- | insuccesso
mente ribellandomi all'idea assurda che sono una dea.
Guardandomi, mi accorgo che stamane, quasi senza ac-
corgermene, invece dei soliti *paramenti* delle sartorie | *vestments*
di lusso, ho indossato un maglione tutto *slentato* e un | *stretched*
paio di vecchi pantalonacci *stinti.* Bonifazio *non ha volu-* | *faded / did not want to*
to saperne della bambina che c'è in me perchè in realtà | *have anything to do*
voleva essere lui il bambino tra noi due, lui sempre
bisognoso di essere accarezzato, *cullato* e magari anche | *rocked*
pulito. Ma ogni bel gioco dura poco:² la bambina ora si
libera della dea, ritrova sè stessa.

Tuttavia non c'è dubbio che il fiasco di Bonifazio mi
crea *una quantità di* problemi nuovi. Non sono così | molti
sciocca nè così ingrata da non riconoscere che *debbo* | devo (*I owe*)
molto, a livello materiale, a Bonifazio. Ha trovato un
impiego a mio padre *disoccupato;* mantiene agli studi, | *unemployed*
in Svizzera, mio fratello; dà ogni tanto del lavoro, come
comparsa, a mia sorella; ci permette di abitare in un | *a stand-in*
appartamento di sua proprietà senza pagare alcun affitto.
Qualcuno penserà forse che tutto questo Bonifazio lo
abbia fatto e continui a farlo perchè gliel'ho richiesto.
Nulla di meno vero. È stato lui ad impormi i suoi aiuti
che, in fondo, non *riguardano* che la mia famiglia, con | *concern*
lo scopo piuttosto chiaro di legarmi a lui, rendendosi
utile, anzi indispensabile. Insomma, a dirla in breve e
brutalmente, sono stati i successi e non i favori a farmi
stare con Bonifazio, a causa del mio bisogno quasi fi-
siologico del successo il quale è per me, al tempo stesso,
il surrogato, il simbolo e la *prova* della potenza sessuale. | *proof*
Ma adesso Bonifazio non ha più successo; e io scopro
che non è, egualmente, tanto facile lasciarlo perchè è
entrato nella mia vita o meglio in quella della mia fa-
miglia; e che quel suo *furbo* calcolo di legarmi a lui con | *shrewd*
gli aiuti ai miei, si rivela giusto, alla fine, in quella ma-
niera misteriosamente *vischiosa* che è propria delle cose | *sticky*
che ci crescono addosso e quando ce ne accorgiamo, è

1. *virago:* a very masculine woman; from Latin *vir* ("man").
2. *ogni bel gioco dura poco:* a proverb—Every good game is of
short duration.

troppo tardi ormai per liberarci. Dunque, che lo voglia o no, mi trovo di fronte ad un *avvilente* dilemma: o lasciare Bonifazio sacrificando la mia famiglia, o restare con lui sacrificando me stessa.

Per fortuna, arrivata a questo punto morto nelle mie riflessioni, l'occhio mi cade ad un tratto su un grosso *fascicolo* verde che sta posato sul *cruscotto*, tra un *sacchetto* di caramelle e la scatola dei *fazzoletti di carta*. È il *copione* di una sceneggiatura; sta lì da un mese; me l'ha dato un giovane regista, Girolamo, che ha avuto quest'inverno un grande, autentico successo con il suo primo film. Me l'ha dato chiedendo assurdamente a me, ben nota per la mia ignoranza *crassa*, di leggerlo e poi telefonargli il mio *parere* e infatti ci ha anche scritto, sulla copertina, col lapis rosso, il numero del telefono: una maniera come un'altra per dirmi che gli piacevo e farmi dire che lui piaceva a me. Il fascicolo, come ho detto, sta lì da più di un mese e, naturalmente, non l'ho letto; ma durante questi trenta giorni il messaggio sottinteso in quella strana richiesta di consulenza ha agito, lentamente ma profondamente. Ne ho la prova: questa mattina mi sono vestita *da stracciona* forse non tanto per *far dispetto* a Bonifazio che mi vuole dea; quanto per far piacere a Girolamo che, lui, almeno a giudicare dal suo modo di vestire, mi vuole hippy. Quel *maglione* deformato, quei pantaloni *sbrindellati* «sono» il mio parere favorevole sul copione; come la richiesta di leggere il copione «era» una dichiarazione d'amore *della più bell'acqua*. Ma come fare adesso per comunicargli il messaggio sottinteso nei miei vestiti? Semplice: telefonandogli, fissandogli un appuntamento, insomma facendomi vedere.

Freno d'improvviso sul viale in cui sto avanzando a passo d'uomo, quindi faccio uscire la macchina dalla fila e vado a fermarmi davanti ad un grande bar affollato. Scendo, entro nel bar, compro alla *cassa* il gettone, vado a rinchiudermi nella cabina del telefono. Sono molto timida; mi accorgo che mentre formo il numero, il cuore mi salta in petto e il respiro quasi mi manca. Quando la voce di Girolamo dice: «pronto» nella *cornetta*, per un momento, prima di nominarmi con un filo di voce, debbo lottare contro il *turbamento* che mi *opprime*. Ma guardate che vuol dire il successo! Subito dopo, il suo tono squillante, baldanzoso, aggressivo, come un liquore potente e di effetto immediato, mi *solleva* dalla depressione che mi ha ispirato la sera avanti il fiasco di Boni-

Glosses (right margin):
- *avvilente* — demoralizing
- *fascicolo* — manuscript / *cruscotto* — dashboard / *sacchetto* — bag
- *fazzoletti di carta* — kleenex
- *copione* — script
- *crassa* — grandissima
- *parere* — opinione
- *da stracciona* — in rags
- *far dispetto* — to spite
- *maglione* — sweater
- *sbrindellati* — tattered
- *della più bell'acqua* — of the best kind
- *Freno* — I brake
- *cassa* — cash register
- *cornetta* — receiver
- *turbamento* — emotion / *opprime* — overwhelms
- *solleva* — lifts me

fazio, mi vivifica, mi fa quasi lievitare fisicamente, tanto che mi pare d'improvviso di essere allo stretto nel-l'*angusta* cabina telefonica. Ci diciamo una quantità di cose, confusamente, tumultuosamente, come esplodendo ambedue nello stesso momento. Alla fine, lui mi chiede con un resto di incertezza se potrà vedermi *in settimana*. *Sfacciata*, gli rispondo che sarò da lui quel pomeriggio stesso.

Quando esco dalla cabina, ho la precisa impressione che la gente che affolla il bar, si volta al mio passaggio, come se la conversazione con Girolamo mi abbia resa d'improvviso visibile, in una maniera dilatata e provocante. Allora, quasi con sorpresa, scopro che, senza accorgermene, *ho risolto* il mio dilemma: resterò con Bonifazio e così non danneggerò la mia famiglia che ormai dipende da lui; ma il successo di cui, a quanto pare, non posso *fare a meno*, d'ora in poi lo chiederò a Girolamo. Sono così contenta di questa soluzione che, una volta in macchina, prima di *riprendere* la guida, mi guardo nello specchio al disopra del *parabrezza* e, infantilmente, *mi strizzo l'occhio* e *mi tiro la lingua*. Poi, invece di andare direttamente da Bonifazio, corro a casa mia, *mi strappo di dosso* maglia e pantaloni e mi addobbo di nuovo dei panni solenni che mi trasformano in statua.

Più tardi, salgo in ascensore al superattico di Bonifazio. L'ascensore è un *carro fatato* nel quale *sta ritta* in piedi una dea serena, impassibile, disumana. E infatti, quando Bonifazio mi apre la porta e mi vede sulla soglia che lo guardo, muta e immobile, ha quasi un movimento come per gettarsi ai miei piedi. Ma *si trattiene* e mi precede andando a sedersi al suo tavolo di lavoro. Io sto di fronte a lui, in silenzio, offrendomi ai suoi sguardi. Alla fine dice con sincerità, umile: «Come sei bella. Almeno quanto il mio film è brutto.»

Glosses (right margin):
- stretta
- durante la settimana
- shameless
- solved
- do without
- to resume
- windshield
- I wink at myself /I stick out my tongue
- I tear off
- magic carriage / stands
- he holds back

ESERCIZI

I. Rispondete alle seguenti domande:

1. Quanto è durato l'amore della protagonista per il regista?
2. Quando e come è finito questo amore?
3. Come hanno reagito al film gli spettatori?
4. Che cosa ha seguito dalla sua poltrona la protagonista?
5. Che cosa ha fatto la ragazza prima del finale e che cosa ha detto a Bonifazio?
6. Come ha reagito Bonifazio?
7. Di che cosa si è accorta la protagonista mentre guidava?

8. Che cosa diceva di lei Bonifazio?
9. Che cosa ha dovuto fare la ragazza per far piacere a Bonifazio?
10. A che cosa si è ribellata la ragazza grazie all'insuccesso del film?
11. Che cosa ha indossato quella mattina?
12. Quali problemi le ha creato il fiasco di Bonifazio?
13. Secondo la protagonista, perchè Bonifazio ha aiutato la famiglia di lei?
14. Per quali ragioni stava con Bonifazio la ragazza?
15. Davanti a quale dilemma si è trovata la ragazza?
16. Chi è Girolamo e che cosa le ha chiesto di fare?
17. Perchè quella mattina la ragazza si è vestita da stracciona?
18. Che cosa ha fatto la ragazza quando ha deciso di telefonare a Girolamo?
19. Come ha risolto il dilemma la protagonista?
20. Come finisce la storia?

II. Temi per discussione o composizione:

1. Discutete il carattere della protagonista.
2. Che cosa pensate di Bonifazio?
3. Discutete l'importanza del successo per voi.
4. Come avreste risolto il dilemma della ragazza?
5. Che cosa dimostra la fine della storia?
6. Scrivete un breve riassunto del racconto.

III. Scrivete una frase per ciascuna delle seguenti espressioni idiomatiche:

andarsene alla spicciolata	della più bell'acqua
abbassare gli occhi	non volere saperne di
far piacere a (una persona)	strizzare l'occhio
rendersi utile	strapparsi di dosso
far dispetto a	stringere la mano

IV. Date il sinonimo o l'opposto delle seguenti parole o espressioni o spiegatene il significato:

allorchè, principio, successo, finale, spietato, straccioneria, paramenti, slentato, stinto, una quantità di, disoccupato, opinione, sfacciata, comparsa, «ogni bel gioco dura poco»

V. Completate le frasi con la forma corretta di una delle seguenti parole o espressioni:

regista, casa di produzione, salvare, in settimana, guidare, rinunziare, addobbato, prova, furbo, copione, cruscotto, sacchetto, copertina, volubile, maglione, frenare, opprimere, parabrezza, cassa, anima

1. Un _____ guadagna molto di più di una comparsa.
2. A Bonifazio la ragazza piace _____ come una dea.
3. Ho messo l'insalata in un _____ di plastica per mantenerla fresca.
4. Ha scritto il nome sulla _____ del quaderno.
5. Ho letto il _____ del film. Non mi è piaciuto.
6. Quando è freddo in inverno, porto un _____ .
7. Due parti della macchina sono il _____ ed il _____.

8. La ragazza _____ pian piano e _____ quando il semaforo è rosso.
9. Lui non è veramente intelligente ma è molto _____ .
10. Girolamo verrà a casa mia _____ .
11. Maria ha il corpo di una donna ma l'_____ di una bambina.
12. Hanno proiettato il film nella sala della _____ .
13. Bonifazio _____ la protagonista.
14. La ragazza ha dovuto _____ a vestirsi da hippy.
15. Lui le ha detto che era importante _____ il loro amore.
16. Caterina cambia sempre idea; è molto _____ .
17. I vestiti da hippy sono una _____ del suo cambiamento.
18. Ha comprato i gettoni alla _____ .

ESERCIZI GRAMMATICALI

I. Cambiate le frasi al condizionale passato:

1. Il suo amore dura poco.
2. Lui stringerebbe la mano al regista.
3. Lei lo respingerebbe.
4. Me ne accorgo.
5. Maria si renderà utile.
6. L'occhio le cadrebbe sul cruscotto.
7. Chiede il parere dei tuoi amici.
8. Escono dalla cabina.
9. Lei non danneggerà la famiglia.
10. Lui si gettò ai piedi della ragazza.
11. Non risolveremmo il problema.
12. Tu agisci male.

II. Completate le frasi con la forma corretta del verbo:

1. Io (tenere) _____ le caramelle sul cruscotto.
2. Barbara ha frenato improvvisamente, (fermarsi) _____ davanti al bar ed (scendere) _____ .
3. Quella mattina si vestì male perchè (volere) _____ far dispetto all'amico.
4. Alle sue parole l'uomo ha reagito come se la ragazza lo (colpire) _____ al cuore.
5. Quando noi siamo usciti dal ristorante, (avere) _____ l'impressione che la gente (voltarsi) _____ al nostro passaggio.
6. Quando si è accesa la luce gli spettatori (guardarsi) _____ in faccia.
7. (Volere) _____ far piacere a Bonifazio, si è vestita da dea.
8. Qualcuno penserà che io ci (andare) _____ certamente.
9. Non so se lui (rendersi) _____ utile.
10. Ha visto la ragazza sulla soglia che lo (guardare) _____ .

Alberto Moravia

TEMPORALE E FULMINE

Ogni tanto mi vengono quelli che io, nel mio *gergo* privato, chiamo temporali. Cos'è per me un *temporale?* È un lento accumularsi, dentro di me, attraverso mesi e anni, dell'*odio* per qualche cosa che, però non so cosa sia. Quest'odio si fa sempre più *minaccioso* e più incombente proprio come un temporale che *si addensa* all'orizzonte in una bella giornata d'estate. Quindi, tutto ad un tratto, su un pretesto qualsiasi, l'odio *scoppia* e allora e soltanto allora, scopro qual'era l'oggetto dell'odio attraverso il torrente di parole giuste e precise anche se furibonde con le quali, quasi in stato di «trance», mi esprimo e *mi sfogo*. È una specie di ciclone e nessuno ci resiste, io per primo. Quale è stato il mio temporale più importante e più memorabile? Certamente quello che, a diciott'anni, mi *ha scatenato* contro mio padre, medico veterinario a G., piccola e *assonnata* cittadina di provincia. Quella volta ho urlato per tre ore *filate*, senza mai interrompermi, in presenza di mia madre, delle mie sorelle e dei miei fratelli *esterrefatti*. Cosa urlavo? Di tutto, contro mio padre, contro la famiglia, contro la città, contro il mondo intero. Urlavo che ero stufa di quella vita provinciale e meschina; che volevo vivere e non languire; che, se continuava così, sarei *andata a fare la battona*. Urlavo pure che *non ne potevo più* del perbenismo[1] che la morale borghese non faceva per me, che mi sentivo la vocazione dell'*avventuriera* cosmopolita *d'alto bordo*. Urlavo, purtroppo, anche che i miei genitori mi *facevano schifo*, enumeravo uno dopo l'altro tutti i loro difetti fisici e morali. Che cosa non ho detto durante quel mio temporale; è stato proprio come una *tromba marina* che succhia dalla terra ogni sorta di *porcherie* e poi te le risputa fuori a chilometri di distanza.

A proposito, come è finito il temporale dei miei diciott'anni? Malissimo, perchè, tra la mortificazione di

jargon
storm

hate
threatening
gathers force

bursts

I vent my feelings

unleashed
sleepy
in a row

flabbergasted

become a streetwalker
I could not take any more

adventuress
high class
disgusted me

ciclone
filth

1. *perbenismo:* derived from the adjective *perbene*, meaning "good," "honest," "moral."

aver trattato così i genitori e l'impossibilità effettiva di continuare a vivere in quel modo, ho sposato il primo venuto; ed ora eccomi qui, con questo primo venuto *tra i piedi* e un temporale che, secondo me, lo riguarda, il quale si va addensando, lo sento, praticamente dal giorno in cui gli ho detto di sì in chiesa.

Ma eccolo il mio primo venuto. In fondo allo *sterminato* soggiorno del nostro *superattico* di superlusso, eccolo che *avanza* tra i gruppi di *poltrone* e di divani, *meschino*, anonimo, insignificante, vestito di grigio scuro come un qualsiasi *funzionario di basso rango* o avvocatuccio o altro verme simile, *occhialuto*, *calvo* e, naturalmente con la barba lunga, e *con il lutto*, si capisce, per non so che parente remoto, cioè con la *fascia* nera al braccio, la cravatta nera, il *fazzoletto* bordato di nero. Cammina piano e come sconcertato, oppure è l'impressione che fanno le sue gambe incurvate e *storte?* E stringe in mano, in un solo mazzo, un *fascio* di giornali *spiegazzati*. Come vedo i giornali, ecco, subito qualche cosa *scatta* dentro di me, quasi una *molla* di furore troppo a lungo repressa; e, infatti, subito, esplodo: «Ah, ci siamo, i giornali, eccoti te e i tuoi giornali. Quanti ne leggi, eh? Cinque, dieci, quindici? Quelli di Roma, quelli di Milano, quelli della tua sporca città? Ma si può sapere che ci vai cercando, che ci trovi in quei tuoi giornalacci? Sta' tranquillo, nè te, nè io appariremo mai nei giornali. E infatti, io, i giornali, non li guardo neppure. Leggono i giornali quelli che vivono, che partecipano alla vita, che hanno una vita; ma tu, ma io, forse che viviamo? No, caro mio, noi vegetiamo e allora perchè tanti giornali? Leggono forse i giornali le *piante grasse* della mia terrazza?»

Adesso, mi sta davanti, brutto e misero, *mi guarda fisso* attraverso i suoi enormi occhiali, forse vorrebbe parlare, ma non gliene do il tempo: «E poi, è *giunto* il momento di dirlo, sono stufa di te, del nostro matrimonio, di tutta l'insopportabile *baracca*. Sì, abbiamo un superattico che è costato mezzo miliardo, *arredato* da un architetto famoso, in cui ogni mobile pesa un *quintale* e vale milioni; ma che ci facciamo in quest'appartamento? Niente, assolutamente niente. O meglio, sì, ci facciamo la vita di famiglia. Ah la famiglia, parliamo un po' della famiglia, parliamone *una buona volta*. Tu hai il culto della famiglia e *buon pro ti faccia*; ma sbagli, volendolo imporre anche a me. Lo sai o non lo sai che io, in quest'appartamento da mezzo miliardo, finora *non ho*

tra i piedi	in the way
sterminato	endless
superattico	penthouse
avanza	comes forward / armchairs
poltrone	
meschino	petty
funzionario di basso rango	official / of low rank
occhialuto, *calvo*	bespectacled / bald
con il lutto	in mourning
fascia	band
fazzoletto	handkerchief
storte?	crooked
fascio	bunch
spiegazzati	crumpled
scatta ... *molla*	clicks / spring
piante grasse	cactuses
mi guarda fisso	he stares at me
giunto	arrivato
baracca	bunch
arredato	decorated
quintale	100 kg
una buona volta	once and for all
buon pro ti faccia	good for you
non ho	ho veduto soltanto

veduto che quelli della tua famiglia? Certo, sono numerosi; ma, come si dice a Roma: ammazza ammazza è tutta una razza. La famiglia! Io so cosa vuol dire avere una tribù di fratelli, sorelle, cognati, cognate, zii, nonni e nipoti, da spastasciuttare[2] a pranzo e a cena tutti i giorni. Vuol dire passare le serate davanti alla televisione con quella vecchia *scimmia* pelosa di tua madre e quella *bertuccia* non meno pelosa di tua sorella *zitella*. Vuol dire spupazzare[3] suocera e cognata nei pomeriggi, andando da una vetrina all'altra, da un negozio all'altro, senza comprare nulla. E del resto, perchè dovrei comprare dei vestiti, dei gioielli, delle pellicce come tutte le altre donne? Per *sfoggiarle* di fronte alla tribù, per *far bella figura* in famiglia?»

    Mi guarda, lascia cadere in terra i giornali, *si fruga in tasca*, accende con mano tremante una sigaretta. Lo so, nessuno gli ha mai parlato in questo modo della sua famiglia; ma io sono ormai lanciata, il suo dispiacere, invece di *smorzare* il mio furore, *l'avviva*. Urlo: «Sì, ho una famiglia, si può dire perfetta; ma dove supera perfino la perfezione è nella religione. Ah, la religione, non c'è che dire, siete religiosi, voialtri, al punto che si potrebbe affermare che avete un Dio tutto vostro, un Gesù tutto vostro, una Madonna tutta vostra e, soprattutto, *una caterva* di santi tutti vostri. Pellegrinaggi ai santuari; *preghiere fitte fitte* dalla mattina alla sera; non si trema per la religione in questa casa. Questo non è un appartamento ai Parioli,[4] è un convento, è una chiesa. E, infatti, *dagli con* le immagini, coi *santini*, con le statuette, con i rosari portati da Lourdes e con le bottiglie dell'acqua del Giordano portate da Gerusalemme! Dagli con le fotografie di *vescovi* e monsignori con la dedica autografa e la *benedizione!* Ma io non sono religiosa, neanche un po', capito? E nella mia città, a messa, ci andavo per far piacere ai miei genitori, soltanto la domenica, e non come qui, tutte le mattine!»

    Lui fuma e mi guarda; mi guarda e fuma. Non l'ho mai visto così, quasi mi fa paura; ma *tant'è* il temporale è ancora in corso e deve sfogarsi: «Ma lo sai, quello che soprattutto non posso sopportare in questa nostra bella vita di famiglia? Il vostro modo di parlare. Sono italiana, parlo italiano e non capisco *un'acca* di quello che dite.

---

    2. *spastasciuttare:* word created by the author, meaning "to feed"; from *pastasciutta* ("pasta").
    3. *spupazzare:* to take around like a puppet.
    4. *I Parioli:* the most elegant residential quarter in Rome.

[margin glosses:]

monkey

scimmia / old maid

to show them off
to look good
goes through his pockets

diminuire / rekindles

a lot
prayers / one after the other

again / immagini di santi

bishops
blessing

non importa

a word

Ma si può sapere cosa *confabulate,* di che cosa parlot-
tate, che diavolo *andate sussurrando* tra di voi? I co-
siddetti investimenti, eh? Le *azioni,* le obbligazioni, i
titoli, l'oro in *sbarre* e monetato, eh? Sì, sei un uomo
di affari, *guadagni* molto, *a quanto pare;* ma questa non
è una buona ragione per parlare nel vostro incomprensibile dialetto in mia presenza. Di che avete paura? Che
vada a *spifferare* che avete i depositi all'estero? Che vi
porti via la chiave della *cassaforte?* Ma con me non c'è
bisogno di tanti misteri, di tanto dialetto. Sono nata
povera; ma sono *fiera* e dei tuoi soldi non so che far-
mene. Ci sputo sopra ai tuoi soldi. Dunque parlate in
italiano, davanti a me, parlate pure di interessi in italiano. Io non vi vedo e non vi sento!»

Adesso va ad un tavolo lontano, *schiaccia* la sigaretta
appena accesa in un portacenere, torna lentamente verso
di me, con le due mani sprofondate nelle *tasche* della
giacca. Ma ecco l'ultimo *scroscio* del mio temporale.
«Infine debbo dirtelo: sei troppo borghese, troppo tradizionale, troppo serio per me. Guarda soltanto come ti
vesti. Sembri uno *delle pompe funebri.* Ma non la vedi
per le strade la moda dei giovani? Pantalonacci, cami-
ciotti, barba e capelli lunghi, sandali e chitarre! Tu e la
tua famiglia, cominciando con quelle *babbuine* delle tue
sorelle e finendo con quelle marmotte[5] dei tuoi fratelli,
siete troppo gente d'ordine per me. Adesso voglio dirti
una cosa che non ho mai detto a nessuno, si vede che
è giornata di confidenze, oggi: lo sai qual'è il mio ideale
d'uomo, lo sai, eh? Ebbene, sì Alain Delon, quando fa
il gangster, il *ladro,* il *rapinatore,* il *delinquente,* insomma. Sì, questo è il mio ideale, l'uomo bello e *intrepido,* che non ha paura di niente e di nessuno, *dalla
pistola facile,* dalla vita leggendaria. Alain Delon che *se
la fa* nei night, negli alberghi di lusso, che *schizza* da
Parigi a New York a Rio de Janeiro e da Rio a Parigi. Sì,
questo è il magnifico risultato che hai ottenuto col tuo
culto della famiglia, la tua religione, la tua morale, il tuo
perbenismo: che tua moglie *sogna ad occhi aperti,* di
essere la moglie di un gangster.»

Ci siamo, il temporale è finito, mi sono sfogata; e
adesso, tutto ad un tratto, sono un po' *spaventata.* Anche
perchè lui mi guarda con uno sguardo che non gli conoscevo, uno sguardo nuovo, fisso, deliberato e, in

---

5. *marmotta:* literally "marmot"; a lazy person is called a marmot
because this animal sleeps a great deal.

Margin glosses: dite · *are whispering* · *shares* · *bonds / bars* · *earn / apparently* · riferire (*to blurt out*) · *safe* · *proud* · ora / *crushes* · *pockets* · *downpour* · *from a funeral parlor* · *baboons* · *thief / robber / criminal* · coraggioso · *who shoots easily* · *enjoys himself* · *bounces* · *daydreams* · *Here we are* · *scared*

qualche modo, disumano. Si avvicina con brevi passi rigidi; quando mi sta sotto, *leva* una sola mano dalla tasca, poi vlan, vlan e vlan, mi *schiaffeggia* più volte con una forza oltraggiosa anch'essa nuova. *Traballo* tra gli schiaffi, riprendo il mio equilibrio, lo guardo, quindi *do in un grido* strano come se lo vedessi per la prima volta, e scappo. Eccomi nell'anticamera; eccomi *a precipizio* per le scale; eccomi nella strada. *Rallento il passo, mi avvio* verso un giardino pubblico che si trova non lontano dalla nostra casa.

C'è un grande *prato* in cui giocano alcuni bambini e tante panchine intorno. Ne scelgo una vuota, *seggo*, cerco di riflettere. Ma gli schiaffi sono stati così violenti che *non ce la faccio* a restare calma e così, *mio malgrado*, comincio a piangere. Passa gente; mi vergogno di essere vista che piango; sulla panchina qualcuno ha lasciato un giornale, lo prendo e fingo di assorbirmi nella lettura. Le lagrime mi cadono dagli occhi sul foglio, mi *imbrogliano* la vista.

Poi, *pian piano*, le lagrime rallentano; e ci vedo meglio. Allora, tutto ad un tratto, ecco, proprio nella prima pagina del giornale, ancora *velata* dal pianto ma riconoscibile, vedo la fotografia di un uomo che mi sembra di conoscere. Riguardo e mi convinco; è lui, è proprio la sua faccia, la faccia di colui che dentro di me, quando l'ho sposato, ho battezzato col *nomignolo* poco *lusinghiero* di «primo venuto».

Spiego il giornale; vedo che due colonne sono dedicate a lui; *d'improvviso* ricordo che gli ho gridato che nè io nè lui saremmo mai venuti fuori sui giornali. Ma vediamo di che si tratta.

Prendo a leggere, non credo ai miei occhi. In quelle due colonne c'è tutto, proprio tutto quello che non ho mai saputo di lui e che lui *finora* mi ha nascosto: *rapine* omicidi, *associazione a delinquere*, droga, prostituzione. Già, anche prostituzione. C'è pure una sua intervista con un giornalista, in cui, naturalmente, *nega* tutto. Con una dichiarazione finale in cui lo riconosco: «Ma lei vuol scherzare. Io non so *nulla di nulla*. Io sono un padre di famiglia.»

Adesso capisco perchè questa mattina è apparso così sconcertato e disfatto, con quei giornali *penzolanti* dalla mano. Per la prima volta, stava sui giornali; si sentiva, come si dice, *smascherato* di fronte al mondo e, soprattutto a me. E dire che gli ho gridato in faccia che il mio tipo d'uomo ideale era il gangster. Eccomi servita.

leva	takes out
schiaffeggia	slaps my face
Traballo	stagger
do in un grido	urlo
a precipizio	running
Rallento il passo, mi avvio	slow down / start out
prato	lawn
seggo	mi siedo
non ce la faccio / *mio malgrado*	I cannot / in spite of myself
imbrogliano	confondono
pian piano	little by little
velata	veiled
nomignolo / *lusinghiero*	nickname / flattering
d'improvviso	tutto ad un tratto
finora / *rapine* / *associazione a delinquere*	until now / robberies / criminal association
nega	denies
nulla di nulla	absolutely nothing
penzolanti	hanging
smascherato	unmasked

C'è stato il temporale; ma c'è stato anche il fulmine; e io sono stata *colpita in pieno. Incenerita!*

hit right on target / turned to ashes

E adesso ditemi un poco. Ho sposato un uomo d'ordine della più bell'acqua; e ho scoperto che era un delinquente. Cosa avrei dovuto fare allora? Sposare un delinquente per poi scoprire che era un'anima bella, un tipo superiore? Oppure, cercare *altrove*, chissà dove qualche cosa di nuovo e di sconosciuto che mi faccia evitare questo dilemma che, in fondo, lo sento, non c'è? Ahimè, la colpa è mia, ho sbagliato, ma dov'è stato lo sbaglio?

elsewhere

ESERCIZI

I. Rispondete alle seguenti domande:

1. Che cos'è un temporale per la protagonista?
2. Che cosa scopre quando l'odio scoppia?
3. Qual'è stato il temporale più importante della sua vita?
4. Contro che cosa e contro chi urlava?
5. Di che cosa era stufa?
6. Che cosa diceva dei genitori?
7. Com'è finito il temporale?
8. Com'è il soggiorno della casa della protagonista?
9. Che tipo è il marito?
10. Che cosa dice la donna quando vede il marito con i giornali?
11. Che cosa dice della famiglia del marito?
12. Che cosa fa il marito quando lei smette per un momento di parlare?
13. In che modo sono religiosi i parenti del marito?
14. Che cosa non può sopportare soprattutto la donna?
15. Che cosa fa il marito a questo punto?
16. Che dice la donna durante l'ultimo «scroscio» del temporale?
17. Qual'è l'ideale d'uomo per la protagonista?
18. Che cosa sogna ad occhi aperti la donna?
19. Perchè è un po' spaventata?
20. Come reagisce la moglie?
21. Che cosa fa quando arriva sul prato?
22. Che cosa vede la donna sulla prima pagina del giornale?
23. Perchè non crede ai suoi occhi quando legge il giornale?
24. Come ha risposto il marito alle domande del giornalista?
25. Che cosa pensa la donna alla fine?

II. Temi per discussione o composizione:

1. Analizzate il comportamento ed il carattere della donna.
2. Raccontate un «temporale» simile di cui siete stati protagonisti voi o un vostro amico.

3. In che cosa ha sbagliato la donna secondo voi?
4. Che cosa pensate del marito?
5. Scrivete un breve riassunto della storia.

III. *Scrivete una frase per ciascuna delle seguenti espressioni idiomatiche:*

per tre ore filate   non capire un'acca
essere stufo   a quanto pare
fare schifo (a)   sognare ad occhi aperti
di basso rango   rallentare il passo
tra i piedi   non farcela
pesare un quintale   nulla di nulla
sfoggiare   frugarsi in tasca
far bella figura

IV. *Date il sinonimo o l'opposto delle seguenti parole o espressioni o spiegatene il significato:*

d'alto bordo, spifferare, sporco, insopportabile, sterminato, incurvato, zitella, giungere, una caterva, diminuire, adesso, intrepido, piangere, nomignolo, d'improvviso, smascherato, altrove, scatenare, una buona volta, accendere, odio

V. *Completate le frasi con la forma corretta di una delle seguenti parole o espressioni:*

fazzoletto, calvo, tasca, fulmine, portacenere, arredato, assonnato, mobile, superattico, azioni (*shares*), guadagnare, rapinatore, cassaforte, fiero, anticamera, lagrime, avviarsi, spaventato, schiaffeggiare, rallentare il passo, negare, prato

1. Il marito della donna aveva il _____ bordato di nero.
2. Una persona senza capelli è _____ .
3. Davanti alla casa c'era un _____ verde.
4. La donna era _____ perchè aveva visto il ladro che fuggiva.
5. Lei abita in un _____ di lusso nel centro di Roma.
6. Correvano, ma quando lo hanno visto, hanno _____ .
7. Quando non ho dormito bene sono _____ tutto il giorno.
8. Il suo appartamento è stato _____ da un architetto famoso.
9. Ha schiacciato la sigaretta nel _____ .
10. Durante il temporale un _____ ha distrutto un albero.
11. Marco è molto ricco; a quanto pare _____ molto.
12. Quando sua moglie lo ha insultato, lui la _____ .
13. La cameriera ha fatto attendere la ragazza nell'_____ .
14. Lei è scappata di casa e _____ verso il parco.
15. Tiene sempre le mani sprofondate nelle _____ della giacca.
16. Smetti di piangere! Le tue _____ non mi convincono.
17. Il ladro è entrato nella banca ed ha cercato la _____ .
18. La madre era _____ di suo figlio perchè era diventato un funzionario importante.
19. Quando li accusarono di aver commesso il crimine, loro _____ tutto.
20. Ho comprato delle _____ per investire il denaro.
21. La persona che compie una rapina si chiama _____ .
22. Non mi piacciono i _____ del suo soggiorno; sono costosi ma non hanno stile.

ESERCIZI GRAMMATICALI

I. Completate le frasi con la forma corretta del verbo in parentesi:

1. L'anno scorso la ragazza (urlare) _____ per un'ora.
2. La moglie (urlare) _____ da un'ora contro il marito.
3. Lei ha detto che i suoi genitori le (fare) _____ schifo.
4. Lui ha acceso la sigaretta. Nessuno gli (parlare) _____ in quel modo prima di allora.
5. Avete paura che io (portare) _____ via la chiave della cassaforte?
6. Lui si è avvicinato e mentre lei (parlare) _____, le (dare) _____ uno schiaffo.
7. La donna non sapeva che il marito (essere) _____ un criminale.
8. Ha detto che il luogo in cui (vivere) _____, (essere) _____ un convento, non una casa.
9. La moglie gli ha risposto: «(Stare) _____ tranquillo. Non appariremo mai sui giornali.»
10. Dopo (sfogarsi) _____ lei si è sentita meglio.
11. Penso di (sbagliare) _____ quando gli ho detto che l'odiavo.
12. Temevano che tu (rivelare) _____ il posto in cui loro (depositare) _____ il denaro.

II. Cambiate al passato prossimo dal paragrafo che comincia «C'è un grande prato . . .» alla fine del paragrafo che comincia «Spiegò il giornale . . .». Ricordate che cambiando il tempo della narrazione al passato prossimo, si devono cambiare anche gli altri tempi.

Italo Calvino
(1923-   )

Italo Calvino è nato a Santiago de las Vegas (Havana, Cuba) nel 1923, alla vigilia del definitivo ritorno in patria dei genitori. Ha passato i primi venti anni della sua vita a San Remo, ha preso parte alla guerra partigiana e nel dopoguerra si è laureato in lettere a Torino. La guerra partigiana è al centro del breve romanzo *Il sentiero dei nidi di ragno* con il quale esordì nel 1947 e di *Ultimo viene il corvo* del 1949. La crisi politica del 1956 portò lo scrittore a staccarsi dal Partito Comunista a cui aveva aderito durante la Resistenza. In *Il cavaliere inesistente* (1959) che scrive dopo il poetico e fantasioso *Il barone rampante,* Calvino pronuncia un giudizio critico sulla società contemporanea, quella del boom economico. Tutta la produzione letteraria dello scrittore aderisce ad una fortunata formula di realismo a carica fiabesca e di fiaba a carica realistica.

Fra le opere principali, oltre le succitate, ricordiamo: *Il visconte dimezzato* (1952); *La giornata di uno scrutatore* (1963); *Marcovaldo* (1963); *Le cosmicomiche* (1965); *Ti con zero* (1967); *Gli amori difficili* (1970); *Le città invisibili* (1972); *Se una notte d'inverno un viaggiatore* (1979).

I due racconti «Dov'è più azzurro il fiume» e «I figli di Babbo Natale» sono tratti da Marcovaldo. Il volume contiene venti favole moderne aventi come unico protagonista il personaggio di Marcovaldo. Nella prefazione Calvino afferma: «In mezzo alla città di cemento e asfalto, Marcovaldo va in cerca della Natura. Ma esiste ancora la Natura? Quella che egli trova è una Natura dispettosa, contraffatta, compromessa con la vita artificiale.» Il racconto «Dov'è più azzurro il fiume» trae origine dal problema sempre attuale dei cibi adulterati. La disavventura di Marcovaldo è causata dall'illusione di poter provvedere cibi genuini per la propria famiglia. Tema centrale di «I figli di Babbo Natale»—che è anche la novella che conclude il libro—è invece la frenesia del consumo e le su conseguenze, quali la disumanità della civiltà industriale e i «rapporti d'interessi» mascherati dai «rapporti umani». Nel personaggio di Marcovaldo c'è la nostalgia di un mondo che non esiste più, ma Calvino ci mette in guardia contro i sogni di un paradiso perduto.

DOV'È PIÙ AZZURRO IL FIUME

Era un tempo in cui i più semplici cibi *racchiudevano* *contained*
minacce insidie e frodi. Non c'era giorno in cui qualche *threats / traps*
giornale non parlasse di scoperte *spaventose* nella spesa *dreadful*
del mercato: il formaggio era fatto di materia plastica, il
burro con le candele steariche, nella frutta e nella verdura l'arsenico degli insetticidi era concentrato in per-
centuali più forti che non le vitamine, i polli per *in-* *fatten*
grassarli li *imbottivano* di certe pillole sintetiche che *riempivano*
potevano trasformare in pollo chi ne mangiava un *co-* *leg*
sciotto. Il pesce fresco era stato pescato l'anno scorso in
Islanda e gli truccavano gli occhi perchè sembrasse di
ieri. Da certe bottiglie di latte era saltato fuori un *sorcio,* *topo*
non si sa se vivo o morto. Da quelle d'olio *non colava* *did not drip*
il dorato succo dell'oliva, ma grasso di vecchi muli, op-
portunamente distillato.

Marcovaldo al lavoro o al caffè ascoltava raccontare
queste cose e ogni volta sentiva come il *calcio* d'un mulo *kick*
nello stomaco, o il correre d'un topo per l'esofago. A
casa, quando sua moglie Domitilla tornava dalla spesa,
la *vista* della *sporta* che una volta gli dava tanta gioia, *sight / shopping bag*
con i sedani, le melanzane, la carta *ruvida* e porosa dei *rough*
pacchetti del droghiere e del *salumaio*, ora gli ispirava *grocer*
timore come per l'infiltrarsi di presenze nemiche tra le *paura*
mura di casa.

«Tutti i miei sforzi devono essere diretti,—si ripro-
mise,—a provvedere la famiglia di cibi che non siano
passati per le mani *infide* di speculatori». Al mattino *untrustworthy*
andando al lavoro, incontrava alle volte uomini con la
lenza e gli stivali di *gomma*, diretti al lungofiume. «È *fishing line / rubber*
quella la via», si disse Marcovaldo. Ma il fiume lì in
città, che *raccoglieva spazzature scoli* e *fogne*, gli ispi- *gathered / garbage*
rava una profonda ripugnanza. «Devo cercare un *drains / sewers*
posto,—si disse,—dove l'acqua sia *davvero* acqua, i *veramente*
pesci davvero pesci. Lì *getterò* la mia lenza». *I will throw*

Le giornate cominciavano ad allungarsi: col suo *ci-* *motorbike*
clomotore, dopo il lavoro Marcovaldo si spingeva a
esplorare il fiume nel suo corso *a monte* della città, e i
fiumicelli suoi affluenti. Lo interessavano soprattutto *i* *upstream*
tratti in cui l'acqua scorreva più *discosta* dalla strada *le parti / lontana*
asfaltata. Prendeva per i *sentieri*, tra le *macchie* di *salici*, *paths / bushes / willows*
sul suo motociclo finchè poteva, poi—lasciatolo in un
cespuglio—a piedi, finchè arrivava al corso d'acqua. Una *macchia*

volta *si smarrì:* girava per *ripe* cespugliose e *scoscese,* e non trovava più alcun sentiero, nè sapeva più da che parte fosse il fiume: a un tratto, *spostando* certi *rami,* vide, a poche braccia sotto di sè, l'acqua silenziosa—era uno *slargo* del fiume, quasi un piccolo calmo bacino—d'un colore azzurro che pareva un laghetto di montagna.

L'emozione non gli impedì di *scrutare* giù tra le sottili *increspature* della corrente. Ed ecco, la sua ostinazione era *premiata!* un battito, il *guizzo* inconfondibile d'una *pinna a filo della superficie,* e poi un altro, un altro ancora, una felicità da non credere ai suoi occhi: quello era il *luogo di raccolta* dei pesci di tutto il fiume, il paradiso del pescatore, forse ancora sconosciuto a tutti *tranne* a lui. Tornando (già *imbruniva*) si fermò a *incidere* segni sulla *corteccia* degli *olmi,* e ad *ammucchiare* pietre in certi punti, per poter ritrovare il cammino.

Ora non gli restava che farsi l'equipaggiamento. Veramente, già ci aveva pensato: tra i vicini di casa e il personale della *ditta* aveva già individuato una decina *d'appassionati* della pesca. Con mezze parole e allusioni, promettendo a ciascuno d'informarlo, appena ne fosse stato ben sicuro, d'un posto pieno di *tinche* conosciuto da lui solo, riuscì a farsi *prestare* un po' dall'uno un po' dall'altro un *arsenale da pescatore* il più completo che si fosse mai visto.

A questo punto non gli mancava nulla: *canna* lenza *ami esca retino* stivaloni sporta, una bella mattina, due ore di tempo—dalle sei alle otto—prima d'andare a lavorare, il fiume con le tinche . . Poteva non prenderne? Difatti: bastava *buttare* la lenza e ne prendeva; le tinche *abboccavano prive di* sospetto. Visto che con la lenza era così facile, provò con la rete: erano tinche così *ben disposte* che correvano nella rete *a capofitto.*

Quando fu l'ora d'andarsene, la sua sporta era già piena. Cercò un cammino, risalendo il fiume.

—Ehi, lei!—a un *gomito* dalla riva, tra i *pioppi,* c'era *ritto* un tipo col berretto da guardia, che lo *fissava brutto.*

—Me? Che c'è?—fece Marcovaldo *avvertendo* un'ignota minaccia contro le sue tinche.

—Dove li ha presi, quei pesci lì?—disse la guardia.

—Eh? Perchè?—e Marcovaldo aveva già il cuore in gola.

—Se li ha pescati là sotto, li butti via subito: non ha visto la fabbrica qui a monte?—e indicava difatti un edificio lungo e basso che ora, girata l'*ansa* del fiume, si

got lost / rive / sloping

movendo / branches

widening

guardare (scan)
ripplings
rewarded / wriggle
fin / in line with the surface
gathering place
eccetto / it was getting dark / carve
bark / elms / to pile up

firm
enthusiasts

tenches
lend
fishing gear

rod
hooks / bait / net

gettare
bit / senza
willing
headlong

elbow / poplars
standing / guardava male

sentendo

curve

scorgeva, di là dei salici, e che buttava nell'aria fumo e
nell'acqua una *nube* densa d'un incredibile colore tra   nuvola
turchese e violetto.—Almeno l'acqua, di che colore è,
l'avrà vista! Fabbrica di vernici: il fiume è avvelenato
per via di quel blu e i pesci anche. Li butti subito, se   *because of*
no glieli *sequestro!*   *confiscate*

Marcovaldo ora avrebbe voluto buttarli lontano al più
presto, toglierseli di dosso, come se solo l'odore bastasse
ad avvelenarlo. Ma davanti alla guardia, non voleva fare
quella brutta figura.—E se li avessi pescati più su?

—Allora è *un altro paio di maniche.* Glieli sequestro   *un'altra cosa*
e *le faccio la multa.* A monte della fabbrica c'è una ri-   *I'll give you a ticket*
serva di pesca. Lo vede il *cartello?*   *sign*

—Io, veramente,—s'affrettò a dire Marcovaldo,—
porto la lenza così, per *darla da intendere* agli amici, ma   *to fool*
i pesci li ho comperati dal *paese* qui vicino.   *village*

—Niente da dire, allora. Resta solo il *dazio* da pagare,   *duty*
per portarli in città: qui siamo fuori della *cinta.*   *city limits*

Marcovaldo aveva già aperto la sporta e la *rovesciava*   *emptied*
nel fiume. Qualcuna delle tinche doveva essere ancora
viva, perchè *guizzò via* tutta contenta.   *wriggled away*

ESERCIZI

I. Rispondete alle seguenti domande:

1. Che cosa racchiudevano i cibi a quel tempo?
2. Che cosa davano ai polli per ingrassarli?
3. Che cosa facevano al pesce perchè sembrasse fresco?
4. Come si sentiva Marcovaldo quando ascoltava queste storie?
5. Che effetto faceva a Marcovaldo la vista della sporta della spesa?
6. Che tipo di cibi voleva provvedere alla famiglia?
7. Che cosa si disse incontrando i pescatori?
8. Perchè Marcovaldo non poteva pescare nel fiume in città?
9. Dove andava Marcovaldo col suo ciclomotore dopo il lavoro?
10. Quali tratti del fiume lo interessavano?
11. Che cosa trovò un giorno che si smarrì?
12. Perchè la sua ostinazione fu premiata?
13. Che cosa fece quel giorno tornando a casa per essere sicuro di ritrovare quel posto?
14. Come mise insieme l'equipaggiamento per la pesca?
15. Chi incontrò Marcovaldo mentre tornava a casa con la sporta piena di pesce?
16. Che cosa domandò la guardia a Marcovaldo?
17. Che cosa c'era vicino a quel punto del fiume?
18. Perchè Marcovaldo rovesciò la sporta nel fiume?

II. Temi per discussione o composizione:

1. Discutete il problema dell'adulterazione dei cibi. Citate esempi di cui siete a conoscenza.
2. Marcovaldo è alla ricerca di una vita genuina, di un ritorno alla natura. Discutete questo tema del racconto.
3. Esaminate le cause dell'inquinamento delle acque.
4. In che cosa consiste l'ironia del racconto?
5. Scrivete un breve riassunto.

III. Scrivete una frase per ciascuna delle seguenti espressioni idiomatiche:

fare la multa
darla ad intendere
per via di
essere appassionato (di)
avere il cuore in gola

togliersi di dosso
a capofitto
alle volte
guardar male

IV. Date il sinonimo o l'opposto delle seguenti parole o espressioni o spiegatene il significato:

sorcio, discosto, ciclomotore, infido, ingrassare, cespuglio, ripa, tranne, davvero, nube, scrutare, ruvido, ritto, spostare, imbottire, gettare, scorgere, è un altro paio di maniche

V. Completate le frasi con la forma corretta di una delle seguenti parole:

paese, sporta, melanzana, appassionato, prestare, sentiero, smarrirsi, impedire, ditta, droghiere, buttare, pescatore, salumaio, vernice, spazzatura, cartello, fabbrica, rete

1. Il ragazzo _____ mentre tornava a casa.
2. Mi piacciono i sedani; non mi piacciono le _____.
3. Quando ha visto la guardia Marcovaldo _____ i pesci nel fiume.
4. Quando la donna è uscita a far la spesa, ha preso la _____.
5. Abbiamo seguito il _____ che portava al fiume.
6. Il _____ indossava gli stivali di gomma.
7. L'equipaggiamento per la pesca include la lenza, l'amo e la _____.
8. L'acqua era azzurra per via della _____.
9. Ho comprato questo prosciutto dal _____ qui all'angolo.
10. La guardia gli _____ di pescare nella riserva.
11. Puoi comprare lo zucchero dal salumaio o dal _____.
12. La _____ in cui lavoro è nel centro della città.
13. I miei fratelli sono _____ di pallacanestro.
14. Il mare è inquinato perchè ci buttano la _____.
15. Il suoi vicini di casa gli _____ la canna da pesca.
16. Vive in un _____ vicino a Roma.
17. Su quel _____ c'è scritto: Vietato fumare!
18. A Torino c'è una famosa _____ di automobili.

ESERCIZI GRAMMATICALI

I. Completate le frasi con la forma corretta dell'imperfetto o del passato prossimo:

1. Mentre tornava a casa, (fermarsi) _____ a guardare il fiume.
2. Girando per la campagna, loro (smarrirsi) _____.
3. Ogni giorno, dopo il lavoro, Marcovaldo (esplorare) _____ il fiume.
4. Maria (riuscire) _____ a farsi prestare la macchina.
5. Lui (scorgere) _____ un edificio basso dal quale (uscire) _____ una nube di un colore incredibile.
6. La vista della verdura che prima gli (dare) _____ gioia, ora gli (ispirare) _____ timore.
7. Andando al lavoro, noi (incontrare) _____ sempre i pescatori che (andare) _____ al lungofiume ma quella mattina noi (uscire) _____ tardi e non li (vedere) _____.
8. Marcovaldo (dirsi) _____ che quello (essere) _____ l'unico posto in cui pescare.

II. Riscrivete le frasi cambiando il tempo della frase principale al passato e facendo i cambiamenti necessari:

1. Tutti i suoi sforzi sono diretti a provvedere cibi che non siano passati per le mani di speculatori.
2. Devo cercare un posto dove l'acqua sia davvero acqua.
3. Non c'è giorno in cui qualche giornale non dia qualche notizia spaventosa.
4. Il poliziotto le domanda dove ha preso quei pesci.
5. Vorrebbe comprare un motociclo ma non può perchè non ha soldi.
6. Gli dice che resta solo il dazio da pagare.
7. Qualche tinca deve essere viva perchè guizza via tutta contenta.
8. Truccano gli occhi al pesce perchè sembri fresco.

Italo Calvino

I FIGLI DI BABBO NATALE

Non c'è epoca dell'anno più gentile e buona, per il mondo dell'industria e del commercio, che il Natale e le settimane precedenti. Sale dalle vie il tremulo suono delle *zampogne;* e le *società anonime,* fino a ieri intente a calcolare *fatturato* e dividendi aprono il cuore agli affetti e al sorriso. L'unico pensiero dei *Consigli d'Amministrazione* è quello di dare gioia al *prossimo,* mandando *doni* accompagnati da messaggi d'augurio sia a ditte consorelle che a privati; ogni ditta *si sente in dovere* di comprare un grande stock di prodotti da una seconda ditta per fare i suoi regali alle altre ditte; le quali ditte *a loro volta* comprano da una ditta altri stock di regali per le altre; le finestre *aziendali* restano illuminate fino a tardi, specialmente quelle del *magazzino* dove il personale continua *le ore straordinarie* a *imballare* pacchi e casse; *al di là* dei vetri *appannati,* sui marciapiedi ricoperti da una crosta di gelo s'inoltrano gli *zampognari,* discesi da buie, misteriose montagne, *sostano* ai *crocicchi* del centro, un po' *abbagliati* dalle troppe luci, dalle vetrine troppo *adorne,* e a capo chimo, danno fiato ai loro strumenti; a quel suono tra gli uomini d'affari le *grevi contese* d'interessi si placano e lasciano il posto ad una nuova *gara:* a chi presenta nel modo più grazioso il dono più cospicuo e originale.

bagpipes / corporations

turnover

boards of directors

fellowmen

regali

feels the duty

in turn

delle ditte

stockroom

overtime / to pack

beyond / fogged up

bagpipers

si fermano / intersections

dazzled

decorated

heavy contests

competition

Alla Sbav quell'anno l'Ufficio Relazioni Pubbliche propose che alle persone *di maggior riguardo le strenne* fossero *recapitate a domicilio* da un uomo vestito da Babbo Natale.[1]

importanti / regali

delivered at one's home

L'idea *suscitò* l'approvazione unanime dei *dirigenti.* Fu comprata un'*acconciatura* da Babbo Natale completa: barba bianca, berretto e *pastrano* rossi, bordati di pelliccia, stivaloni. Si cominciò a provare a quale dei *fattorini* andava meglio, ma uno era troppo basso di *statura* e la barba gli toccava per terra, uno era troppo robusto e non gli entrava il cappotto, un altro troppo giovane,

met with / executives

outfit

cappotto

errand boys

height

1. *Babbo Natale:* the Italian version of Santa Claus.

un altro invece troppo vecchio e *non valeva la pena* di truccarlo. *[it was not worth]*

Mentre il capo dell'Ufficio Personale faceva chiamare altri possibili Babbi Natale dai vari reparti, i dirigenti *radunati* cercavano di sviluppare l'idea: l'Ufficio Relazioni Umane voleva che anche il pacco-strenna alle *maestranze* fosse consegnato da Babbo Natale in una cerimonia collettiva; l'Ufficio Commerciale voleva fargli fare anche il giro dei negozi; l'Ufficio Pubblicità si preoccupava che facesse *risaltare* il nome della ditta, magari *reggendo* appesi a un filo quattro *palloncini* con le lettere S, B, A, V. *[gathered] [workers] [stand out] [holding / balloons]*

Tutti erano presi dall'atmosfera *alacre* e cordiale che si espandeva per la città festosa e produttiva; nulla è più bello che sentire scorrere il flusso dei *beni* materiali e insieme del bene che ognuno vuole agli altri; e questo, questo soprattutto—come ci ricorda il suono, firulì, firulì delle zampogne—è ciò che conta. *[brisk] [goods]*

In magazzino, il bene—materiale e spirituale—passava per le mani di Marcovaldo in quanto merce da caricare e *scaricare*. E non solo caricando e scaricando egli prendeva parte alla festa generale, ma anche pensando che in fondo a quel labirinto di centinaia di migliaia di pacchi lo attendeva un pacco solo suo, preparatogli dall'Ufficio Relazioni Umane; e ancora di più *facendo il conto* di quanto gli *spettava* a fine mese tra «tredicesima mensilità»[2] e «ore straordinarie». Con quei soldi avrebbe potuto correre anche lui per i negozi, e comprare comprare comprare per regalare regalare regalare, come imponevano i più sinceri sentimenti suoi e gli interessi generali dell'industria e del commercio. *[unload] [calculating] [was due]*

Il capo dell'Ufficio Personale entrò in magazzino con una barba *finta* in mano:—Ehi, tu!—disse a Marcovaldo. —Prova un po' come stai con questa barba. Benissimo! Il Natale sei tu. Vieni di sopra, *spicciati*. Avrai un premio speciale se farai cinquanta *consegne a domicilio* al giorno. *[fake] [affrettati] [home deliveries]*

Marcovaldo *camuffato da* Babbo Natale percorreva la città, sulla sella del *motofurgoncino* carico di pacchi *involti* in carta *variopinta*, legati con bei nastri e adorni di rametti di *vischio* e d'*agrifoglio*. La barba d'*ovatta* bianca gli *faceva un po' di pizzicorino* ma serviva a proteggergli la gola dall'aria. *[disguised as] [three-wheel van / wrapped] [multicolored] [mistletoe / holly / cotone] [tickled a bit]*

La prima corsa la fece a casa sua, perchè non resisteva

2. *«tredicesima mensilità»:* extra month's pay given at Christmas time.

alla tentazione di fare una sorpresa ai suoi bambini.
«Dapprincipio,—pensava,—non mi riconosceranno.
Chissà come rideranno dopo!»

I bambini stavano giocando per la scala. Si voltarono
appena. —Ciao papà.

Marcovaldo ci rimase male. —Mah . . Non vedete
come sono vestito?

—E come vuoi essere vestito?—disse Pietruccio.—Da
Babbo Natale, no?

—E m'avete riconosciuto subito?

—*Ci vuol tanto!* Abbiamo riconosciuto anche il signor   *It doesn't take much*
Sigismondo che era truccato meglio di te!

—E il cognato della *portinaia!*   *female janitor*

—E il padre dei *gemelli* che *stanno* di fronte!   *twins / abitano*

—E lo zio di Ernestina quella con le *trecce!*   *braids*

—Tutti vestiti da Babbo Natale?—chiese Marcovaldo,
e la delusione nella sua voce non era soltanto per la
mancata sorpresa familiare, ma perchè sentiva in
qualche modo *colpito* il prestigio aziendale.   *hit*

—Certo, *tal quale come* te, *uffa,*—risposero i bam-   *just like / ugh!*
bini,—da Babbo Natale, al solito, con la barba finta,—
e voltandogli le spalle si rimisero a *badare* ai loro   *to pay attention*
giochi.

Era capitato che agli Uffici Relazioni Pubbliche di   era successo
molte ditte era venuta contemporaneamente la stessa
idea; e avevano reclutato una gran quantità di persone,   *mostly / unemployed /*
per lo più disoccupati, pensionati, ambulanti per vestirli   *pensioners / peddlers*
col pastrano rosso e la barba di *bambagia*. I bambini   cotone
dopo essersi divertiti le prime volte a riconoscere sotto
quella *mascheratura* conoscenti e persone del quartiere,   *disguise*
dopo un po' *ci avevano fatto l'abitudine* e non ci bada-   *had got used to*
vano più.

Si sarebbe detto che il gioco cui erano intenti li *ap-*   interessasse
passionasse molto. S'erano radunati su un pianerottolo
seduti in cerchio. —Si può sapere cosa state complot-
tando?—chiese Marcovaldo.

—Lasciaci in pace, papà, dobbiamo preparare i regali.

—Regali per chi?

—Per un bambino povero. Dobbiamo cercare un
bambino povero e fargli dei regali.

—Ma chi ve l'ha detto?

—C'è nel libro di lettura.

Marcovaldo stava per dire: «Siete voi i bambini poveri!» ma durante quella settimana s'era talmente per-
suaso a considerarsi un abitante del *Paese della Cuc-*   *Land of Milk and Honey*

cagna dove tutti compravano e se la godevano e si facevano regali, che non gli pareva buona educazione parlare di povertà e preferì dichiarare: Bambini poveri non ne esistono più.

S'alzò Michelino e chiese: È per questo, papà che non ci porti regali?

Marcovaldo *si sentì stringere il cuore.* —Ora devo *guadagnare* degli straordinari,—disse in fretta,—e poi ve li porto. *felt a pang in his heart / earn*

—Li guadagni come?—chiese Filippetto.

—Portando dei regali,—fece Marcovaldo.

—A noi?

—No, ad altri.

—Perchè non a noi? *Faresti prima . .* *you would finish sooner*

Marcovaldo cercò di spiegare:—Perchè io non sono mica il Babbo Natale delle Relazioni Umane: io sono il Babbo Natale delle Relazioni Pubbliche. Avete capito?

—No.

—Pazienza—Ma siccome voleva in qualche modo farsi perdonare d'esser venuto *a mani vuote,* pensò di prendersi Michelino e *portarselo dietro* nel suo giro di consegne. —Se stai buono puoi venire a vedere tuo padre che porta i regali alla gente,—disse, *inforcando la sella* del motofurgoncino. *empty-handed / to take him along / straddling the saddle*

—Andiamo, forse troverò un bambino povero,—disse Michelino e saltò su, *aggrappandosi* alle spalle del padre. *clutching*

Per le vie della città Marcovaldo *non faceva che* incontrare altri Babbi Natale rossi e bianchi, uguali identici a lui, che *pilotavano camioncini* o motofurgoncini o che aprivano le *portiere* dei negozi ai clienti carichi di pacchi o li aiutavano a portare le compere fino all'automobile. E tutti questi Babbi Natale avevano un'aria concentrata e *indaffarata*, come fossero *addetti* al *servizio di manutenzione* dell'enorme macchinario delle Feste. *did nothing but / guidavano / small trucks / porte / busy / in charge of / maintenance service*

E Marcovaldo, tal quale come loro, correva da un indirizzo all'altro segnato sull'*elenco*, scendeva di sella, *smistava* i pacchi del furgoncino, ne prendeva uno, lo presentava a chi apriva la porta *scandendo* la frase: La Sbav augura Buon Natale e felice anno nuovo,—e prendeva la *mancia*. *list / sorted / stressing / tip*

Questa mancia poteva essere anche *ragguardevole* e Marcovaldo avrebbe potuto dirsi soddisfatto, ma qualcosa gli mancava. Ogni volta, prima di suonare a una *considerevole* porta, seguito da Michelino, *pregustava* la meraviglia di chi aprendo si sarebbe visto davanti Babbo Natale in persona; si aspettava feste, curiosità, gratitudine. E ogni volta era *accolto* come il postino che porta il giornale tutti i giorni.

looked forward to

ricevuto

Suonò alla porta di una casa lussuosa. *Aperse* una *governante.*—Eh, ancora un altro pacco, da chi viene?

aprì / governess

—La Sbav augura . . . .

—Bè, portate qua,—e precedette il Babbo Natale per un corridoio tutto *arazzi*, tappeti e vasi di maiolica. Michelino, *con tanto d'occhi* andava dietro al padre.

tapestries
wide-eyed

La governante aperse una porta a vetri. Entrarono in una sala dal soffitto alto alto, tanto che ci stava dentro un grande *abete.* Era un albero di Natale illuminato da *bolle* di vetro di tutti i colori, e ai suoi rami erano appesi regali e dolci di tutte *le fogge.* Al soffitto erano pesanti lampadari di cristallo, e i rami più alti dell'abete *s'impigliavano* nei *pendagli* scintillanti. Sopra un gran tavolo erano *disposte* cristallerie, argenterie, scatole di canditi e cassette di bottiglie. I *giocattoli*, sparsi su di un grande tappeto, erano tanti come in un negozio di giocattoli, soprattutto *congegni* elettronici e modelli di *astronavi*. Su quel tappeto, in un angolo *sgombro*, c'era un bambino, sdraiato *bocconi*, di circa nove anni, con un'aria *imbronciata* e annoiata. Sfogliava un libro illustrato, come se tutto quel che era lì intorno non lo riguardasse.

fir tree
glass balls
i tipi
got caught
pendants
displayed
toys

devices
spaceships / unoccupied
face down
sulky

—Gianfranco, su, Gianfranco—disse la governante,—hai visto che è tornato Babbo Natale con un altro regalo?

Trecentododici,—sospirò il bambino, senz'alzare gli occhi dal libro. Metta lì.

—È il trecentododicesimo regalo che arriva—disse la governante. Gianfranco è così bravo, tiene il conto, non ne perde uno, la sua gran passione è contare.

In punta di piedi Marcovaldo e Michelino lasciarono la casa.

—Papà, quel bambino è un bambino povero?—chiese Michelino.

Marcovaldo era intento a riordinare il carico nel furgoncino e non rispose subito. Ma, dopo un momento s'affrettò a protestare: Povero? Che dici? Sai chi è suo padre? È il presidente dell'*Unione Incremento Vendite Natalizie!* Il commendator . .

organization for the promotion of Christmas sales

S'interruppe perchè non vedeva Michelino.—Michelino, Michelino! Dove sei?—Era sparito.

«*Sta' a vedere* che ha visto passare un altro Babbo   *I bet*
Natale, l'ha scambiato per me e gli è andato dietro
. . .» Marcovaldo continuò il suo giro, ma era un po' *in*   preoccupato
pensiero e *non vedeva l'ora* di tornare a casa.   *could not wait*

A casa ritrovò Michelino insieme ai suoi fratelli buono
buono.

—Di' un po', tu: dove *t'eri cacciato?*   *did you get to*

—A casa, a prendere i regali . . Sì, i regali per quel
bambino povero . .

—Eh! Chi?

—Quello che se ne stava così triste . . quello della
villa con l'albero di Natale . .

—A lui? Ma che regali potevi fargli, tu a lui?

—Oh, li avevamo preparati bene. . tre regali, involtati
in carta argentata.

Intervennero i fratellini.—Siamo andati tutti insieme
a portarglieli! Avessi visto come era contento!

—*Figuriamoci!*—disse Marcovaldo—Aveva proprio   *Imagine!*
bisogno dei vostri regali, per essere contento!

—Sì, sì dei nostri . . È corso subito a *strappare* la   *tear off*
carta per vedere cos'erano . . .

—E cos'erano?

—Il primo era un *martello:* quel martello grosso,   *hammer*
tondo di legno . .

—E lui?

—Saltava dalla gioia! l'ha afferrato e ha cominciato a
usarlo!

—Come?

—*Ha spaccato* tutti i giocattoli! E tutta la cristalleria!   *broke*
Poi ha preso il secondo regalo . .

—Cos'era?

—Un *tirasassi.* Dovevi vederlo, che contentezza . .   *slingshot*
Ha *fracassato* tutte le bolle di vetro dell'albero di Na-   *smashed*
tale. Poi è passato ai lampadari. . .

—Basta, basta, non voglio più sentire! E il terzo regalo?

—Non avevamo più niente da regalare, così abbiamo
involto nella carta argentata un pacchetto di fiammiferi
da cucina. È stato il regalo che l'ha fatto più felice. Diceva: «I fiammiferi non me li lasciano toccare!» Ha cominciato ad accenderli, e . .

—E . . .?

—Ha dato fuoco a tutto!

Marcovaldo aveva le mani nei capelli.—Sono rovinato!

L'indomani, presentandosi in ditta, sentiva addensarsi

la tempesta. Si rivestì da Babbo Natale, in fretta in fretta, caricò sul furgoncino i pacchi da consegnare, già meravigliato che nessuno gli avesse ancora detto niente, quando vide venire verso di lui tre capiufficio, quello delle Relazioni Pubbliche, quello della Pubblicità e quello dell'Ufficio Commerciale.

—Alt! gli dissero, scaricare tutto, subito!

«Ci siamo!» si disse Marcovaldo e già si vedeva licenziato.

—Presto! Bisogna sostituire i pacchi!—dissero i capiufficio. L'Unione Incremento Vendite Natalizie ha aperto una campagna per il lancio del Regalo Distruttivo!

—Così tutt'a un tratto . . commentò uno di loro.

—Avrebbero potuto pensarci prima . . .

—È stata una scoperta improvvisa del presidente,—spiegò un altro.—Pare che il suo bambino abbia ricevuto degli articoli-regalo modernissimi, credo giapponesi, e per la prima volta lo si è visto divertirsi . . .

—Quel che più conta,—aggiunse il terzo,—è che il Regalo Distruttivo serve a distruggere articoli d'ogni genere: quel che ci vuole per accelerare il ritmo dei consumi e ridare vivacità al mercato . . Tutto in un tempo brevissimo e *alla portata* di un bambino . . Il   *within reach* presidente dell'unione ha visto aprirsi un nuovo orizzonte, è ai sette cieli dall'entusiasmo! . .

—Ma questo bambino,—chiese Marcovaldo *con un*   *in a very weak voice* *filo di voce,* ha distrutto veramente molta roba?

—Fare un calcolo, sia pur approssimativo, è difficile, dato che la casa è *incendiata* . .   *burned down*

Marcovaldo tornò nella via illuminata come fosse notte, affollata di mamme e bambini e zii e nonni e pacchi e palloni e cavalli *a dondolo* e alberi di Natale e   *rocking* Babbi Natale e polli e tacchini e panettoni e bottiglie e   *chimney sweepers /* zampognari e *spazzacamini* e venditrici di *caldarroste*   *roasted chestnuts* che facevano saltare *padellate* di castagne sul tondo *for-*   *frying pans full / burner* *nello* nero ardente.

E la città sembrava più piccola, raccolta in un'*ampolla*   *cruet* luminosa, *sepolta* nel cuore buio d'un bosco, tra i tronchi   *buried* centenari dei castagni e un infinito *manto* di neve. Da   *mantel* qualche parte del buio s'udiva l'*ululo* del *lupo*; i *leprotti*   *howl / wolf / baby hares* avevano una *tana* sepolta nella neve, nella calda terra   *den* rossa sotto uno *strato* di *ricci* di castagne.   *layer / husks*

Uscì un leprotto, bianco, sulla neve, mosse le orecchie, corse sotto la luna, ma era bianco e non lo si vedeva, come se non ci fosse. Solo le *zampette* lasciavano   *paws* un'impronta leggera sulla neve, come foglioline di *tri-*   *clover foglio*. Neanche il lupo si vedeva, perchè era nero e stava nel buio nero del bosco. Solo se apriva la bocca, si vedevano i denti bianchi e *aguzzi*.   *sharp*

C'era una linea in cui finiva il bosco tutto nero e cominciava la neve tutta bianca. Il leprotto correva di qua ed il lupo di là.

Il lupo vedeva sulla neve le impronte del leprotto e le inseguiva ma tenendosi sempre sul nero, per non essere visto. Nel punto in cui le impronte si fermavano doveva esserci il leprotto, e il lupo uscì dal nero, *spa-*   *opened wide*
lancò la gola rossa e i denti aguzzi, e morse il vento.

Il leprotto era poco più in là, invisibile; *si strofinò* un   *rubbed*
orecchio con una zampa, e scappò saltando.

È qua, è là, è un po' più in là.

Si vedeva solo la *distesa* di neve bianca come questa   *expanse*
pagina.

ESERCIZI

1. Rispondete alle seguenti domande:

1. Qual'è l'epoca migliore dell'anno per il mondo del commercio e perchè?
2. Che cosa si sente in dovere di fare ogni ditta?
3. Perchè le finestre aziendali restano illuminate fino a tardi?
4. Da dove vengono gli zampognari e che effetto produce il suono delle zampogne?
5. Che cosa propose di fare quell'anno la ditta Sbav e che cosa comprò?
6. Che cosa notarono quando cominciarono a provare l'acconciatura da Babbo Natale ai fattorini?
7. Che cosa volevano fare i dirigenti dei vari uffici?
8. Come prendeva parte alla festa generale Marcovaldo?
9. Che cosa spettava a Marcovaldo alla fine del mese e che cosa voleva fare con quei soldi?
10. Che cosa disse il capo dell'Ufficio Personale a Marcovaldo?
11. Dove andò prima di tutto Marcovaldo col suo furgoncino e perchè?
12. Come reagirono i bambini quando lo videro?
13. Perchè i bambini si erano radunati sul pianerottolo?
14. Chi si portò dietro nel giro delle consegne e perchè?
15. Chi incontrava Marcovaldo per le vie della città?
16. Che cosa faceva Marcovaldo quando arrivava ad uno degli indirizzi segnati sull'elenco?
17. Perchè Marcovaldo non era soddisfatto anche se gli davano una buona mancia?
18. Come era la sala in cui la governante fece entrare Marcovaldo e Michelino?
19. Che tipo di giocattoli c'erano sul tappeto?
20. Che cosa faceva il bambino e che aria aveva?
21. Che cosa pensò Michelino del bambino e perchè andò subito a casa?
22. Che cosa fece il bambino ricco con i regali portati da Michelino e dai suoi fratelli?

23. Di che cosa ebbe paura Marcovaldo quando il giorno dopo vide venire verso di lui i tre capiufficio?
24. Che tipo di regalo voleva lanciare l'Unione Incremento Vendite Natalizie?
25. Perchè il Presidente dell'Unione era ai sette cieli dall'entusiasmo?
26. Come era la strada quando Marcovaldo uscì?
27. Perchè la città sembrava più piccola?
28. Perchè non si vedevano nè il leprotto nè il lupo?

II. Temi per discussione o composizione:

1. Esaminate il tema principale del racconto: le feste natalizie in una società consumistica.
2. Il contrasto fra lo spirito del Natale ed il modo in cui viene festeggiato. Discutete l'importanza o meno dei regali.
3. Particolare significato del personaggio di Marcovaldo.
4. Parlate dei bambini presentati nel racconto.
5. Interpretate la fine del racconto.
6. Scrivete un breve riassunto del racconto.

III. Scrivete una frase per ciascuna delle seguenti espressioni idiomatiche:

sentirsi in dovere	lasciare in pace
ore straordinarie	sentirsi stringere il cuore
di riguardo	a mani vuote
recapitare a domicilio	per lo più
valere la pena	con tanto d'occhi
voler bene	bocconi
fare il conto	portarsi dietro
la tredicesima mensilità	non veder l'ora (di)
fare il pizzicorino	dare fuoco (a)
rimaner male	alla portata (di)
fare l'abitudine (a)	con un filo di voce

IV. Date il sinonimo o l'opposto delle seguenti parole o espressioni o spiegatene il significato:

regalo, sostare, variopinto, ovatta, affrettarsi, succedere, ragguardevole, caricare, recapitare, imbronciato, abitare, disoccupato, povertà, essere preoccupato, spalancare, approvazione, finto, delusione, soddisfatto, essere ai sette cieli

V. Completate le frasi con la forma corretta di una delle seguenti parole o espressioni:

adesso, magazzino, gara, dirigente, statura, risaltare, spettare, consegnare, agrifoglio, gemelli, radunarsi, camioncino, addetto, indaffarato, mancia, tappeto, cristallerie, giocattolo, triste, strappare, martello, fiammifero, distruggere, fornello, impronta, buio, neve

1. Le finestre del _____ restano illuminate fino a tardi.
2. I _____ hanno lanciato una nuova campagna per l'incremento delle vendite.
3. A tutti quelli che lavorano in Italia _____ la tredicesima mensilità.

4. Le vetrine di quel negozio erano piene di _____ bellissime.
5. In casa di Maria ci sono molti _____ orientali.
6. Non dovete dare i _____ ai bambini.
7. In inverno è _____ alle cinque del pomeriggio.
8. Abbiamo comprato i _____ per i figli dei nostri amici.
9. Dammi il _____; devo appendere questi quadri.
10. Marcovaldo doveva _____ i pacchi a domicilio.
11. Si usano il vischio e l'_____ per decorare la casa a Natale.
12. Il leprotto ha lasciato le _____ sulla _____.
13. Lui _____ subito la carta in cui era involtato il regalo.
14. Nonostante avesse ricevuto molti doni, il bambino era _____.
15. I ragazzi _____ sul pianerottolo per preparare i regali di Natale.
16. Quel cappotto non sta bene alle persone di bassa _____.
17. È andato a fare le consegne con il _____.
18. Nonostante gli dessero una _____ ragguardevole, Marcovaldo non era soddisfatto.
19. Il mese scorso Marco ha preso parte alla _____ di nuoto che ha avuto luogo a Viareggio.
20. Ha messo l'acqua a bollire sul _____.
21. Il bambino _____ le bolle di vetro con il tirasassi.
22. Non dovete farlo domani; dovete farlo _____.
23. I figli di Francesco si somigliano molto perchè sono _____.
24. Le ditte incaricate della pubblicità vogliono che il nome della ditta _____ per attrarre l'attenzione della gente.
25. Lui è _____ al servizio manutenzione.
26. Molte persone in quell'ufficio hanno l'aria _____ anche se non fanno niente.

ESERCIZI GRAMMATICALI

I. Completate le frasi con la preposizione corretta (articolata o no secondo il caso):

1. Carlo si è mascherato _____ cowboy.
2. Il cappotto era bordato _____ pelliccia.
3. Marcovaldo prendeva parte _____ festa generale.
4. Loro hanno fatto una sorpresa _____ loro amici.
5. I pacchi erano involtati _____ carta di tutti i colori.
6. Loro hanno pensato _____ mandargli un regalo.
7. Marcovaldo fu accolto _____ governante.
8. Lui era indaffarato _____ smistare i pacchi.
9. Quando è suonato il campanello, lui è corso _____ aprire la porta.
10. Mi dispiace ma non ho niente _____ darti.
11. Hanno cominciato a caricare i pacchi _____ furgoncino.
12. Lui faceva il conto _____ quanto gli spettava.

II. Completate le frasi con la forma corretta del verbo:

1. Lui era contento (pensare) _____ a quanto avrebbe guadagnato.

2. Tu avrai un premio speciale se (consegnare) _____ queste lettere in giornata.
3. Dopo (divertirsi) _____ per un po' a riconoscere i vicini di casa, ci hanno fatto l'abitudine.
4. L'Ufficio Relazioni Pubbliche voleva che tutti i clienti (ricevere) _____ un dono.
5. Gli interessi generali dell'industria imponevano che tutti (regalare) _____.
6. Lei ha detto che con quei soldi il mese prossimo (comprare) _____ una pelliccia.
7. Marcovaldo guadagnava soldi (portare) _____ i regali.
8. Ogni volta che consegnava il pacco (aspettarsi) _____ che tutti (meravigliarsi) _____ vedendolo vestito da Babbo Natale.
9. La governante aveva messo le cristallerie sulla tavola e poi (spargere) _____ i giocattoli sul tappeto.
10. Io ho preso un fiammifero ed (accendere) _____ il fuoco.

Giorgio Saviane
(1916–   )

Giorgio Saviane è nato a Castelfranco
Veneto ma vive a Firenze da oltre venti anni. Si è laureato in giurisprudenza
ed esercita ancora la professione di avvocato. Ha collaborato e collabora
a riviste e giornali quali «Il Resto del Carlino», «Il Tempo», «La Fiera
Letteraria», «Il Giornale d'Italia». Ha vinto due volte il Premio Selezione
Campiello con i romanzi *Il Papa* (1963) e *Il mare verticale* (1973).
Quest'ultimo è considerato uno fra i suoi romanzi più interessanti ed anche
il più venduto.

Fra le opere principali ricordiamo inoltre: *Le due folle* (1957);
L'inquisito (1962); *Il passo lungo* (tra i best-sellers del 1965) e la collezione di racconti *Di profilo si nasce* (1973) da cui è tratto il racconto qui
riprodotto «La sposa beat». In questo racconto Saviane tratteggia il profilo
di un padre che è sempre stato «per la libertà anarchica dei giovani» ma
che tuttavia non riesce a staccarsi dalle tradizioni rispettate dalla propria
generazione. Il padre di Luciana prova un misto di ammirazione e di invidia
per i giovani che hanno saputo semplificare la loro esistenza rifiutando
appunto tali valori ed attenendosi ad un modo di vita più franco e sincero.

LA SPOSA BEAT

Mi dissero un giorno: «O ci sposiamo, se ci dai il permesso, o scappiamo per vivere insieme».

Il viso di lei sembrava uscito da una miniatura d'altri tempi, lui un giovanottone timido: cosa avevano a che fare con la *scapigliatura protestataria* di adesso? Ma dietro l'apparente *mitezza* di Luciana sapevo esserci determinazioni irrefutabili. Del resto io *che c'entravo?* Le mie simpatie erano sempre state per la libertà anarchica dei giovani di ogni tempo, non dovevo fare un'eccezione per mia figlia.

Perciò avevo detto loro di sì.

Bastò per *acquetarli.* Smisero di fare progetti, smisero di pensare alla loro casa futura, rinviarono la data delle nozze. Un bel giorno si sposarono tuttavia, *affrontando* la vecchia emozione della chiesa, quella dei preparativi, la *marcia nuziale*, il discorso del parroco, le *partecipazioni*, i regali, l'affitto dell'appartamento, *coinvolgendo* me o rimanendo a loro volta coinvolti—non lo so ancora—nella marcia al matrimonio.

All'altare erano molto belli, Luciana vestita *in corto* ma tutta di bianco e col velo, mostrava le sue gambe *tornite* e diritte, composta come una regina. Luigi alto e *impettito* pareva un *damerino* esperto di eleganza borghese. Ma erano loro? Io li ricordavo sempre in pullover, non molto pettinati, costantemente in ritardo agli appuntamenti con i genitori. Oggi no: o meglio lui no, lei era arrivata con solo mezz' ora di ritardo, accompagnata da me che non sapevo cosa dovessi fare, giunto al *termine* del corridoio tra la gente, ai piedi dell'altare. Io non sono sposato, forse perchè sua madre era morta troppo presto oppure perchè *avevamo anticipato i tempi*. Mia figlia invece era lì al mio braccio, e l'organo suonava la marcia nuziale.

Tornando dal viaggio di nozze si erano perduti alla stazione di Torino, Luciana era salita sul treno, Luigi non l'aveva vista salire, il treno era partito. Si erano *rincorsi* a modo loro, non si erano trovati, la notte avevano dormito profondamente lo stesso, l'una a Genova dagli zii, l'altro a Firenze deciso ad aspettarla nella città del padre, dove era nelle previsioni di fermarsi prima di *proseguire* per Napoli. Io non dormii, ovviamente,

looseness / antiestablishment

meekness

what had I got to do with it?

calm them down

facing

wedding march / announcements

involving

in a short dress

shapely

upright / dandy

fine

we were ahead of our times

run after each other

to proceed

avvisato com'ero stato da una telefonata di mio fratello   informato
sull'accaduto. Sentii una grande riverenza per quel loro
sonno di giovani. Sono forti, pensai, forti di tutta la nostra esperienza che rifiutano. Ero orgoglioso della disinvoltura di mia figlia, e mi sentivo tanto vicino a loro.

Quando *andai a trovarli* nella loro casa a Napoli dove   *I visited them*
avevano un mobile pieno di regali fra cui sei *formaggere*   *grated cheese dishes*
e una decina di saliere, *si industriarono* di farmi festa   cercarono
sfoderando tutta la loro organizzazione. Guardavo mia   mostrando
figlia navigare nell'appartamento semivuoto, un ordine
recentissimo doveva essere stato *frettolosamente impo-*   *hurriedly / set*
stato: lo denunciavano i muri nudi di quello che avrebbe
dovuto essere il suo studio di pittura, dove, unico mo-
bile, *sorgeva,* al centro il *treppiedi* dell'*asse da stiro* con   *rose / tripod / ironing*
sopra il ferro nuovo, nient'altro; in camera accanto al   *board*
letto, «la» sedia che *fungeva* da *comodino,* da cassettone,   serviva / *night table*
da tavolo, anch'essa solo mobile della stanza, coperta
religiosamente con un *foulard* che non riusciva a *celare*   *scarf* / nascondere
del tutto le mille *cianfrusaglie accatastatevi.*   *stuff / piled up on it*

Mi attirava una porta chiusa. Quando potei aprirla non
visto da Luciana, un pittoresco *accavallarsi* di cose si   *overlap*
presentò agli occhi tanto da farmi credere che l'aria della
stanza fumasse. Richiusi silenziosamente, strizzando
l'occhio al marito che mi guardava fra lo stupito e il
colpevole e che sempre cercava di riportarmi nel salotto
dove facevano bella mostra di sè i regali di nozze, e dove
c'era una tavola apparecchiata e sedie al plurale.

Finalmente ci sedemmo a mangiare: spaghetti al burro
serviti un po' dall'uno, un po' dall'altro degli sposi che
mi *saltellavano* intorno con un immenso *vassoio*   *jumped around / tray*
d'argento (uno dei tanti regali) su cui *posava* il piatto di   rested
portata. Improvvisamente Luciana *fece un balzo driz-*   *jumped up / raising*
zando la testa per un pensiero *subitaneo,* guardò *smar-*   improvviso / confusa
rita Luigi: «il formaggio?» balbettò come rimproveran-
dosi a voce *sommessa* e guardandomi con tutta la sua   bassa
dolcezza sentimentale. *Arretrò* qualche passo tenen-   *she backed up*
domi d'occhio quasi a implorarmi di non iniziare, poi
corse di là e tornò con una *carta oleata* sulla mano che   *wax paper*
impercettibilmente le tremava, mi disse: «Scusa, non
abbiamo ancora comperato la formaggera. Neanche un
cucchiaino . . .» aggiunse guardando interrogativa Luigi
che se ne stava lungo e *impietrito* accanto al tavolo. *Sbir-*   *like a stone* / guardai
ciai la vetrina del famoso mobile *traboccante* degli ar-   *overflowing*
genti regalati e ricordai, più che vederle, le tante formaggere arrivate alla vigilia del matrimonio. Loro
evidentemente non ci avevano pensato, li ritenevano in

blocco oggetti superflui. Da oltre un mese vivevano, mangiavano, prosperavano in bellezza e salute come mostrava il loro aspetto, e non avevano sentito il bisogno degli oggetti tradizionali che pure avevano raccolto e messo là a *occhieggiare* dalla vetrina pomposa, altro regalo.

to glance at

Il formaggio era squisito, abolito l'inutile passaggio alla formaggera e i sicuri residui dei giorni avanti. Non dissi nulla. Ma Luciana aveva notato il mio sguardo e la sera mi accolse, luccicante, la formaggera d'argento sul tavolo apparecchiato.

Le saliere però restarono ferme al loro posto di *vedetta* e sulla tavola continuammo a passarci il pacchetto rettangolare del sale. Per quanto *mi sforzassi* non riuscii a *trattenermi* dal riderne con l'amico che avevo portato con me a *constatare* la *reagibilità* dei giovani alle nostre abitudini: le *scartavano*, semplicemente, funzionalmente. Mia figlia infatti non avrebbe mai avuto una donna di servizio, i tempi glielo avrebbero impedito, del resto lei nemmeno ci pensava, nè il marito *pretendeva* di essere servito come un sultano. Consideravano il mangiare una cosa necessaria da sbrigarsi il più piacevolmente possibile come un fatto diretto tra loro e il cibo, in mezzo ai libri, sparsi in cucina, la chitarra, i dischi, i colori, le discussioni per arrivare ad una scelta propria che cercavano—lo si vedeva—ad ogni ora.

look-out

cercassi
refrain
to witness / reactions
discarded

expected

Quella sera Luciana aveva le trecce, due *codini* a fianco del volto da miniatura: controcorrente si sarebbe detto, ne era invece nel pieno. E non tanto per le saliere e le formaggere quanto per un ritratto che, su mia preghiera, disegnò del mio amico che aveva visto solo poche volte, *smascherandolo*. Un ritratto di una potenza imprevedibile per quelle sue mani tanto insicure attorno agli istituti abitudinari della vita di ogni giorno: un a fondo impressionante nella personalità di Guido, quasi offensivo, tanto che egli lo guardò appena e, portato dal suo temperamento messo in luce dal ritratto, lo scartò *con noncuranza*. «Bello,» disse con sicurezza «ma non mi assomiglia.»

pigtails

unmasking him

nonchalantly

Lei mi si rivolse umile, quei suoi occhi eternamente interroganti quasi a scusarsi di vivere.

«Un ritratto» *sentenziai* «può non essere somigliante.» Ma sapevo di dire una sciocchezza, almeno per «quel» ritratto.

dissi

Infatti lei sollevò in alto le pupille stupite, desolatamente: contro di sè, io lo sapevo. La sua protesta non

era mai esterna, formale. Perciò non si curava di essere
alla moda, ma se chiamata a dire, lo esprimeva con il
segno violento, sinceramente. Mai un ritratto, pensai,
era stato così *dichiarativo*, fino all'insolenza. Dai suoi   *esplicito*
segni misteriosi appariva la notevole positività dell'amico
ma *sopraffatta* dal suo carattere di *bullo*.   *overcome / bully*

Intervenne Luigi. Disse che per conto suo se quel
ritratto aveva un difetto era di essere fotografico.

Capii che il nostro apparente accordo a tavola si frat-
turava. Noi eravamo pronti a perdonare solo le loro *di-*   *awkward*
sarticolate insufficienze a prepararci una cena, anzi ci
divertivano, ma non accettavamo la loro critica. Neanche
io, che pure avevo notato tutta la veridicità del disegno,
tolleravo la *presa di posizione* di Luigi che suonava of-   *stand*
fensiva nei confronti dell'ospite.

Luciana avvertì la tensione, prese il disegno, lo
strappò mentre io cercavo di impedirglielo: ma già mi
ero fermato ad ammirare tanta giovane generosità. Mi
sembrò che distruggesse un'opera d'arte: il farlo era
anche importante, rappresentava un'opera esso stesso.
Notai le sue dita ferme, sicure nel distruggere il ritratto
espressionista, e *rammentai* il tremito nel *porgermi* il   *ricordai / darmi*
formaggio sulla carta oleata.

Luigi la guardava con rimprovero e solidarietà in-
sieme. Guido stava là *senza fiato:* il suo *torace* assorbiva   *breathless / chest*
turgido tutte le emozioni, non però i suoi occhi che de-
nunciavano la *sconfitta* ma anche la comprensione.   *defeat*

E io? io volevo che mia figlia fosse felice, e sapevo
che questo mio pensiero era stupido. Ma lei non aveva
avuto la madre, lei aveva la pelle del volto trasparente
e attraverso di esso accoglieva i fatti e le cose. Non poteva essere felice una che disegnava così. Ma io lo volevo, e mi comportavo assurdamente offrendole formaggere e saliere. Anche ora ciò che mi preoccupava era
che Luciana non *si inimicasse* quel mio amico influente.   *alienate*
E intanto le sue mani continuavano a distruggere il disegno e il prossimo avrebbe risentito del vigore *sciupato*   *wasted*
in quella violenza contro se stessa. Perchè lei lo sapeva—
lei più di tutti—che il ritratto era vero.

Improvvisamente il mio amico abbandonò il suo *at-*   *attitude*
teggiamento consueto di *sfida*, e *si intonò* alla espres-   *challenge / matched*
sione dei suoi occhi perduti, *incastonati* come erano *da*   *encased / in*
un personaggio apparentemente diverso. Disse, tratte-
nendo le mani sul tavolo, che di solito *sbracciava* in   *muoveva*
fuori: «Mi dispiace che tu abbia distrutto il documento
di come mi vedevi».

Lei lo *mirò* senza sorridere. La luce del suo sguardo aveva due fuochi, uno colorato, uno così interno che appena lo vedevi succhiava via ogni apparenza.

guardò

«Lo sai» continuò il mio amico rivolto a Luciana «che ero innamorato di te, e ti volevo sposare? Te l'ha mai detto questo cretino di tuo padre?»

Gli occhi di lei rimasero immobili, ma la *fossetta* del sorriso denunciava emozione, anche perchè era la prima volta che sentiva *apostrofare* suo padre così. Luigi stava lì, tra il cauto e il soddisfatto. Guardava severamente Guido, evitava anche lui i miei occhi che cercavano qualcuno per un sorriso a scaricarmi della colpa che mi sentivo addosso. Perchè certo il mio amico non avrebbe finito lì il suo discorso. Reso l'omaggio avrebbe buttato sulla bilancia anche tutto l'altro peso, autentico per la verità.

dimple

chiamare

Infatti proseguì: «Con me i tuoi ritratti sarcastici li avresti fatti a lui» e indicò con il *pollice* Luigi dietro le sue spalle senza *degnarlo* di un mezzo giro del capo. «A loro,» soggiunse «alla vostra generazione di *sciagurati*». Ma sorrise, forse intendendo la minaccia che Luigi alto e teso costituiva in piedi dietro di lui. Si alzò, si girò, guardò lo sposo diritto negli occhi com'era sua abitudine. «Lo sai almeno, disgraziato, tutta la tua fortuna di avermela portata via?»

thumb

consider him worthy

lost souls

«Lui proprio non lo sapeva» intervenni sorridendo.

«Cosa non sapeva? Non li ha gli occhi e la sensibilità per vederla? Guardala, anche adesso, è lì che *non fa una piega* e bolle dentro. Speriamo che *te le suoni* questa notte. Per i giovani di adesso si usa prenderle!»

does not turn a hair

beat you up

«Piano» disse Luigi e venne avanti di un passo. Poi però sorrise: rise a lei che era intervenuta girandogli gli occhi pieni di un'incomunicabile ilarità.

E noi con lui a ridere di ciò che non sapevamo. Non sapevamo che *ci ridevano dietro*.

they were laughing at us

ESERCIZI

I. Rispondete alle seguenti domande:

1. Che cosa hanno detto un giorno i due giovani al padre di lei e perchè il padre ha dato il suo consenso?
2. Che cosa hanno affrontato con il matrimonio?
3. Come erano il giorno delle nozze e perchè al padre di Luciana sembravano diversi?
4. Che cosa era accaduto durante il loro ritorno dal viaggio di nozze?
5. Che cosa sente il padre per la loro forza e la loro disinvoltura?

6. Come si sono comportati i due giovani quando il padre di Luciana è andato a trovarli?
7. Che oggetti c'erano nello studio di pittura e in camera?
8. Che cosa hanno servito a pranzo e che cosa mancava?
9. In che cosa ha messo il formaggio Luciana e come si è scusata?
10. Come consideravano i regali di nozze i due giovani?
11. Di che cosa ha riso il padre con l'amico che aveva portato con sè?
12. Come consideravano il mangiare Luciana e Luigi?
13. Che cosa ha fatto Luciana su preghiera del padre?
14. Che ha detto l'amico quando ha visto il ritratto?
15. Qual'è stato il commento di Luigi?
16. Che cosa era pronto a perdonare il padre di Luciana e che cosa non tollerava?
17. Che cosa ha fatto Luciana con il disegno e perchè?
18. Che cosa voleva soprattutto il padre ma di che si preoccupava in quel momento?
19. Che ha detto l'amico a Luciana?
20. Che cosa capisce il padre di Luciana quando vede sorridere i due giovani?

II. Temi per discussione o composizione:

1. Discutete il modo di vivere dei due giovani. Siete d'accordo con loro o no?
2. Quali sono secondo voi le differenze più sostanziali fra la vostra generazione e quella dei vostri genitori?
3. Nel rapporto fra genitori e figli, in che cosa sbagliano generalmente i genitori ed in che cosa sbagliano i figli?
4. Paragonate il padre di Luciana a vostro padre o al padre di un amico o di un'amica.
5. Commentate il gesto di Luciana riguardo al ritratto. Siete d'accordo con lei? Spiegate.

III. Scrivete una frase per ciascuna delle seguenti espressioni idiomatiche:

anticipare i tempi
andare a trovare (una persona)
strizzare l'occhio (a)
far bella mostra
fare un balzo

tener d'occhio
con noncuranza
senza fiato
non fare una piega
ridere dietro (a)

IV. Date il sinonimo o l'opposto delle seguenti parole o espressioni o spiegatene il significato:

mirare, smascherare, arretrare, sconfitta, apostrofare, proseguire, celare, sommesso, termine, in corto, frettolosamente, avvisato, sforzarsi di, rammentare

V. Completate le frasi con la forma corretta di una delle seguenti parole o espressioni:

perdersi, asse da stiro, cassettone, formaggera, vetrina, carta oleata, scartare, affrontare, disinvoltura, comodino, vassoio, rincorrersi, sollevare, rinviare, smettere, marcia nuziale, cianfrusaglie, ritratto.

1. Tutti i regali di nozze facevano mostra di sè nella _____.
2. La ragazza ha messo il formaggio nella _____.
3. Hanno portato in tavola gli spaghetti in un _____ d'argento.

4. In camera c'erano soltanto un _____, un _____ ed una sedia.
5. I ragazzi hanno dovuto _____ l'emozione del matrimonio in chiesa.
6. Sulla sedia, erano accatastate tutte le sue _____.
7. Luciana ha strappato il _____ dell'amico del padre.
8. Dammi l'_____; devo stirare questo vestito.
9. Era la prima volta che visitavano Torino e _____.
10. Loro _____ di fare progetti quando si sono sposati.
11. I due bambini _____ nel parco mentre la mamma li guardava.
12. I giovani d'oggi _____ i valori tradizionali che non sono utili.
13. Lei _____ la testa e gli ha detto: «Non ti piace questo disegno»?
14. Nei matrimoni tradizionali suonano sempre la _____.
15. Loro _____ la cerimonia a domenica prossima.
16. Il padre ammirava la _____ della figlia.

ESERCIZI GRAMMATICALI

I. Cambiate alla forma passiva:

1. Luciana ha fatto il ritratto.
2. I miei amici servirono gli spaghetti.
3. Lui aveva aperto la porta.
4. Lei metterà il sale nella saliera.
5. Il padre non perdona la ragazza.
6. Penso che Luigi abbia distrutto il disegno.
7. Gli invitati gli avrebbero dato i regali.
8. Non so se loro tollerino il suo comportamento.
9. Luigi ha portato via i piatti.
10. Misero il cassettone in camera.

II. Cambiate al passato remoto:

1. Luciana ha accolto il padre a braccia aperte.
2. Luigi ha smesso di fumare.
3. Lei si è industriata di fargli festa.
4. Carlo ha richiuso silenziosamente la porta.
5. Io sono arretrato quando ho visto il ladro.
6. Maria si è rivolta al padre per fargli una domanda.
7. Quando lui me lo ha detto, io sono rimasta immobile.
8. Hanno riso quando Antonio ha raccontato la barzelletta.
9. La ragazza gli ha porto il formaggio.
10. Il marito non ha preteso di essere servito.

Leonardo Sciascia
(1921–   )

Leonardo Sciascia è nato a Recalmuto (Agrigento). Collabora alle riviste «Letteratura», «Il Ponte», «Il Raccoglitore», «La Sicilia». Appartatosi nella sua isola dove vive a Palermo, Sciascia ha approfondito nelle sue opere gli aspetti del mondo siciliano fra i quali anche il fenomeno importante della mafia (*Il giorno della civetta;* 1961). Sciascia unisce doti d'inventiva e di fantasia al gusto per una precisa ambientazione locale e storica. La figura del professore in *A ciascuno il suo* (1966) rispecchia la sua posizione morale di sofferta complicità con un mondo intellettualmente rifiutato ma inconsciamente vissuto.

Fra le opere principali ricordiamo inoltre: *Gli zii di Sicilia* (1960); *Il Consiglio d'Egitto* (1963); *Il contesto* (1971); *Recitazione della controversia liparitana* (1969); i volumi di saggi *Pirandello e la Sicilia* (1961) e *La corda pazza* (1970); ed il volume di racconti *Il mare colore del vino* (1973).

Il racconto «Un caso di coscienza» è tratto dal volume *Il mare colore del vino* che contiene tutti i temi narrativi che gli sono più cari. L'ambiente in cui si svolge la storia è profondamente siciliano come lo è pure il puntiglio con cui l'avvocato decide di scoprire l'anonima peccatrice del suo paese.

UN CASO DI COSCIENZA

Il viaggio da Roma a Maddà, su un treno che partendo da Roma alle otto del mattino arrivava a Maddà sette minuti dopo la mezzanotte, l'avvocato Vaccagnino sistematicamente lo *impiegava* leggendo un *quotidiano*, tre *rotocalchi* e un romanzo poliziesco. Almeno una volta al mese *gli toccava* fare quel viaggio: e all'andata ristudiava e riordinava le carte che erano ragione del suo viaggio, al ritorno si dava a più *svagate* letture.

Ma il quotidiano, i tre rotocalchi e il romanzo erano ormai misura di un viaggio in orario, dalle otto alla mezzanotte, con l'intervallo dei due pasti: uno sul vagone ristorante, l'altro sul *traghetto*. Il guaio era quando il treno *si caricava di ritardo:* consumata la carta stampata, non potendo nemmeno dedicarsi a guardare la campagna o il mare che ora scorrevano nella notte amorfa, il sonno cominciava a *insidiarlo;* e c'era pericolo andasse a finire, pesantemente addormentato, alla stazione terminale, come una volta gli era capitato. Perciò, quando il ritardo si verificava, nel treno ormai quasi vuoto l'avvocato si dedicava alla ricerca di giornali abbandonati dai viaggiatori, e si sentiva *salvo* quando ne trovava qualcuno, fascista o di moda o di *fumetti* che fosse.

E fu così che una notte d'estate, col treno che già a Catania aveva quaranta minuti di ritardo ed era prevedibile ne avesse centoventi prima di arrivare a Maddà, l'avvocato si trovò immerso nella lettura del settimanale «Voi»: moda, casa, *attualità*. E prima lo sfogliò *soffermandosi* a contemplare le immagini di una moda che, per quanto del corpo delle modelle scopriva, era senza dubbio piena di vivacità e di grazia, ma sarebbe risultata indecente a vestire il corpo di una moglie, di una figlia, di una sorella. Non che l'avvocato fosse, *per carità! di vedute ristrette*, che non ammettesse il corso della moda anche a Maddà: ma il fatto era che non tutti, a Maddà, erano come lui capaci di *vagheggiare* le grazie femminili da un punto di vista puramente estetico; e il passaggio di una donna così vestita (*scollatura profonda* e gonna cortissima) avrebbe provocato tra i *soci* del *circolo* dei civili, una *salve* di gridi di desiderio e di *sconce* considerazioni tale da *costringere* il marito, il padre, il fratello della donna *a subire* indecorosamente o a compromettersi con una violenta reazione.

*passava / **daily paper***
riviste
doveva

light

ferry
got further behind schedule

to overcome him

safe
comic strips

current events /
fermandosi

for heaven's sake /
narrow-minded

gaze fondly on

plunging neckline
members / club
salvo / obscene
to force
to bear

Il *settimanale* era voluminoso, per fortuna. Arrivato all'ultima pagina, l'avvocato cominciò a risfogliarlo per cominciarne la lettura. Tanta pubblicità, e poi «La coscienza, l'anima. Risponde Padre Lucchesini». L'avvocato si tolse le scarpe, *distese* le gambe sul sedile di fronte, cominciò a leggere. E subito ebbe un piccolo *soprassalto:* «Un caso molto delicato e complesso ci *sottopone* una lettrice di Maddà». «Qualche anno fa, in un momento di debolezza, ho tradito mio marito con un uomo che frequentava la nostra casa, un mio parente di cui sempre, fin da ragazza, sono stata un po' innamorata. La nostra relazione *è durata* per circa sei mesi, ma anche mentre durava io continuavo ad amare mio marito, ed ora lo amo più di prima e la piccola infatuazione che avevo per quel mio parente è del tutto finita. Ma soffro per aver ingannato un uomo tanto buono, tanto leale e fedele, tanto innamorato di me. Ci sono momenti che sento l'impulso di confessargli tutto, ma *mi trattiene* la paura di perderlo. Sono religiosissima: e perciò più volte ho confessato questo mio rimorso a dei sacerdoti. Tutti, *tranne* uno (ma era continentale),[1] mi hanno detto che se il mio *pentimento* è sincero e l'amore per mio marito intatto, debbo tacere. Ma io continuo a soffrire. Lei, Padre, quale consiglio può darmi?»

Lo stato d'animo che *si dislagò* nell'avvocato era di una soddisfazione che *sfiorava* l'esultanza. Se ne sarebbe parlato almeno per un mese, di quella lettera: al circolo, nei corridoi del *tribunale*, nelle *riunioni* di famiglie. Centinaia di ipotesi da fare, tante esistenze—di mogli, di mariti, di parenti delle mogli—da *passare al vaglio* della più sagace curiosità: pura, quasi letteraria, come la sua; *maligna*, tutta *tesa a far scaturire* un qualche *fattaccio*, come quella degli altri.

Socchiuse gli occhi, *levò* la testa verso la lampada quasi per aver luce nella ricerca che lentamente, come una rosa da *disfogliare* petalo a petalo, cominciava ad aprirsi. «E chi può essere?—si domandò *a fior di labbro*, soavemente.—E chi mai può essere?»: ma *indugiando* ad addentrarsi nella ricerca per il timore che l'identità della signora, attraverso i dati che la lettera gli offriva, gli si *combinasse* subito nella memoria.

E l'*indugio* era talmente delizioso che il sonno, deliziosamente, vi *si insinuò*; l'avvocato però se ne scosse al

Marginal glosses:
- rivista
- stretched out
- start
- submits
- lasted
- holds me back
- eccetto
- rimorso
- dilagò (*inundated*)
- si avvicinava
- court / gatherings
- to scrutinize
- malicious / intent on provoking
- bad deed
- alzò
- sfogliare (*pluck*)
- whispering
- aspettando
- formasse
- *delay*
- penetrò

---

1. *continentale:* from the mainland.

pensiero, improvviso, che aveva ancora da leggere la
risposta di Padre Lucchesini.

Il Padre, era evidente, aveva cominciato a scrivere la
sua risposta *col sangue agli occhi:* «Un momento di de-   con rabbia
bolezza? Un momento che dura sei mesi? Come può
essere così indulgente verso se stessa, verso la sua colpa,
da considerare debolezza di un momento un tradimento
che è durato sei mesi, SEI MESI, *a danno di* un uomo,   contro
come lei stessa dice, buono, leale, fedele, innamorato?»
Poi, appeso a un «ma», veniva un *grappolo* di carità, di   bunch
dolcezza: «Ma se il suo pentimento è sincero, il suo
rimorso sempre vivo, e tenace il proposito di mai più
cadere nel *peccato* . . .» Insomma: «Lei ha pagato e paga   sin
la sua colpa colla pena del rimorso; ma non può nè deve
spingersi fino a confessare ad un uomo buono ed *ignaro*   unaware
qual è suo marito, ad un uomo che ha per lei quella   come
fiducia che si accompagna al vero amore, un tradimento
la cui conoscenza gli produrrebbe un male forse irrimediabile. In astratto, non si può che *lodare* l'impulso   to praise
della coscienza a confessare il tradimento consumato alla
persona che ne è stata vittima; ma se questa persona ne
è ignara e la rivelazione altro non le porterebbe che
dolore e *inquietudine,* il dovere di tacere si impone.   uneasiness
Tacere e soffrire. Giustamente dunque l'hanno consi-
gliata quei sacerdoti che le hanno raccomandato di non
rivelare a suo marito il tradimento. *In quanto a* quello   as for
che le ha consigliato il contrario, io credo che l'*incauto*   rash
consiglio sia da *mettere in conto di* una sua scarsa cono-   attribuire a (*attribute to*)
scenza del cuore umano e non del fatto che è, come lei
dice, un continentale. Preghi, *comunque,* preghi: e che   in any case
il tacere sia per lei il sacrificio più grande di una confes-
sione all'uomo che ha tradito.»

«Bella risposta,—pensò l'avvocato,—bella davvero.
Indignazione, carità, buon senso: c'è tutto. È un uomo
di primordine, questo Padre Lucchesini». E dopo un
grande *sbadiglio,* accendendo una sigaretta, *si tuffò* in   yawn / plunged
una specie di *gineceo* in cui tutte le giovani e piacenti   a woman's dwelling
signore di Maddà timorose aspettavano che un uomo
come lui, di rigorosi principi e di acuta intelligenza, tra
loro scoprisse la *colpevole,* l'adultera.   guilty one

Ristorato da otto ore di sonno e da una gran tazza di
caffè, mentre si vestiva l'avvocato Vaccagnino ripensò
alla lettera della signora di Maddà. L'aveva *ritagliata* e   cut out
conservata nel portafogli, pur sapendo che sua moglie
era abbonata a «Voi» e che copie del settimanale in   subscribed
paese dovevano circolarne almeno una cinquantina. E

forse il punto di partenza per una *indagine* avrebbe dovuto essere questo: fare un elenco delle signore del paese che erano abbonate al settimanale o che abitualmente lo compravano dal giornalaio. Operazione non *difficoltosa:* il giornalaio era suo cliente; e l'ufficio postale, *messo al corrente* della cosa, sarebbe corso anche di notte ad aprire i sacchi postali. *Ad ogni buon conto,* qualche indicazione poteva anche farsela dare da sua moglie. E la chiamò.

Quando la signora arrivò, con un—che vuoi?—impaziente, *irta* di *bigodini* e lucente di creme, l'avvocato si trovò però improvvisamente *disposto* ad assumere un tono *dispettoso* e inquisitorio.

—Li leggi i giornali che compri?—domandò.

—Quali giornali?

—Quelli di moda.

—Sono abbonata solo a «Voi».

—E gli altri li prendi dal giornalaio.

—Non è vero, gli altri me li *prestano* le amiche—e la signora credeva si stesse per *scivolare* in una delle solite discussioni sui *dispendi,* le prodigalità, le spese *folli* che, secondo il marito, erano *nodi* che sarebbero arrivati al pettine, un giorno o l'altro.

Ma l'avvocato non voleva *incastrarsi* in una discussione sul domestico bilancio:—«Voi»—disse—*appunto* «Voi»: lo leggi?

—Certo che lo leggo.

—Anche la *rubrica* di Padre Lucchesini?

—Qualche volta.

—E quella dell'ultimo numero, l'hai letta?

—No, non l'ho letta. Perchè?

—Leggila.

—Perchè?

—Leggila, ti dico: vedrai . . .

La signora restò per un momento incerta tra l'insistere per sapere che cosa ci fosse di interessante, l'andarsene rispondendo al dispettoso tono del marito col dispetto di non leggere la rubrica e la curiosità di correre subito a leggerla. Prevalse, naturalmente, la curiosità; ma non volle dare al marito la soddisfazione di mostrare *meraviglia* e interesse per quel che aveva letto. *Per cui* l'avvocato, che voleva osservare le sue reazioni e *strapparle* qualche informazione, qualche sospetto, dopo un quarto d'ora di *attesa* di nuovo la chiamò.

Ma la voce della signora venne dalla toletta, acuta di esasperazione.—Che c'è?

investigation

difficile
informato
comunque

piena / curlers
willing
spiteful

lend
to slide
wasted money / pazze
knots

to get stuck
proprio

column

sorpresa
so that
to wring out of her

waiting

Dietro la porta chiusa l'avvocato domandò—L'hai letta?

—No—rispose seccamente la signora.

—Quanto sei cretina—disse l'avvocato: sicuro che lei l'aveva già letta e per uno di quei *ghiribizzi* che variavano la lora felicità coniugale non volesse dargli il piacere di parlare della cosa.

Ma ebbe più fortuna nei corridoi del tribunale; e un successo addirittura clamoroso *registrò* poi al circolo. In tribunale, il fatto che l'avvocato Lanzarotta, cinquanta anni *ben portati* ma con una moglie di venticinque, lasciasse la *toga* dieci minuti dopo aver letto la lettera e, *accusando* improvviso *malore*, pregasse il presidente di *rimandare* la *causa* che si stava per discutere, fu da tutti interpretato nel giusto senso; e così quella specie di rigor mortis che si verificò nel *giudice* Rivera *man mano* che leggeva la lettera: e la *restituì* senza una parola, avviandosi come un sonnambulo verso il suo ufficio.

Al circolo furono riferite le reazioni dell'avvocato Lanzarotta e del giudice Rivera: tutti *convennero*, con maligna compassione, che i due avevano *di che* preoccuparsi. Ma don Luigi Amarù, che era *scapolo*, spietatamente dichiarò che nelle condizioni di Lanzarotta e di Rivera, e per restare nella cerchia di amici e conoscenti, ce ne dovevano essere almeno una ventina.—Quali condizioni?—più di uno domandò. E don Luigi così le stabilì: età della donna tra i venti e i trentacinque; non brutta; di buona istruzione, come si vedeva dalla lettera; con un parente sui quarant'anni, *di bello aspetto,* di un certo fascino, che ne frequentasse o ne avesse frequentato la casa; con un marito di buon carattere, pacifico, non molto intelligente. L'unanime approvazione dello *schema* fu immediatamente seguita da una diffusa costernazione: *a parte* l'intelligenza, poichè nessuno era *portato* a dubitare della propria, in quelle condizioni tra i presenti ce n'erano (qualcuno li aveva contati) nove.

Tra *costoro*, il primo a mostrare di averne preso *coscienza* fu il *geometra* Favara.—Mi faccia rileggere la lettera—disse avanzando *cupamente*, minacciosamente, verso l'avvocato Vaccagnino. L'avvocato gliela consegnò: e Favara, *calandosi* in una poltrona, si immerse nella lettura con quella concentrazione che di solito dedicava ai *rebus*, ai *crittogrammi*, alle *parole crociate;* e non si accorgeva del silenzio che si era fatto, e dell'attenzione

	whims
	ebbe
	carried well
	gown
	declaring / faintness
	to postpone / case
	judge / as
	gave back
	agreed
	reasons
	bachelor
	good-looking
	sketch
	aside from
	pronto (*inclined*)
	loro / *notice*
	draftsman
	gloomily
	dropping
	riddles / codes / crossword puzzles

divita o ansiosa di cui era diventato oggetto. Perchè gli scapoli, i vedovi, i vecchi, i fortunati la cui moglie era del tutto priva di parenti, si stavano divertendo; ma una vera e propria ansietà era negli sguardi di coloro che si trovavano nelle condizioni stabilite da Don Luigi: quasi che il comportamento di Favara fosse una specie di sacrificio che, una volta consumato, avrebbe restituito loro quella sicurezza che sentivano *franare*.

crumble

E infatti, Favara, levando da quel pezzo di carta uno sguardo da *naufrago*, reagì nel modo che i suoi compagni di pena, e anche quelli che si divertivano, *auspicavano*—E che guardate? Cose inventate, *stupidaggini*, . . Io alle lettere pubblicate sui giornali non ci ho mai creduto; se le inventano loro, i giornalisti.

shipwrecked person
desideravano
nonsense

I più dissero—È vero, ha ragione—ma con un *sogghigno* di compassione.

sneer

Invece il dottor Militello, uomo notoriamente pio e vedovo da almeno trent'anni, *insorse*.—E no, caro amico: posso anche ammettere che i giornali inventino delle lettere per così dire, provocatorie: ma qui ci troviamo di fronte a una rubrica tenuta da un sacerdote: e che un sacerdote possa inventare qualcosa, addirittura un caso di coscienza poi, è un sospetto che io debbo *respingere* come irriverente e *ingiurioso*.

protested

reject / offensive

—Lei lo respinge?—domandò Favara con un'ironia che appena *arginava* la violenza che gli ribolliva dentro.—E lei chi è?

checked

—Come, chi sono io?—fece il dottore, *annaspando* nella ricerca di una identità che gli desse *netto* diritto a respingere il sospetto di Favara.—Chi sono io, mi domanda? . . E chi sono io?—girando lo sguardo a domandarlo agli altri.

gasping
pieno

Il maestro Nicasio, presidente dell'associazione degli insegnanti cattolici, volò in soccorso del dottore—È un cattolico, e *in quanto tale* ha il diritto . .

as such

—Sepolcri *imbiancati*!—gridò Favara *scattando* dalla poltrona: e prima che gli offesi avessero il tempo di reagire *appallottolò il ritaglio*, lo lanciò contro il pianoforte con una rabbia e uno sforzo che pareva dovesse arrivare sul *bersaglio mutato* in una di quelle palle di bombarda che si vendono a Castel Sant'Angelo; e uscì precipitosamente.

whitewashed / jumping out

crumpled up the clipping

target / cambiato

Si fece un gran silenzio: ma leggero, tremulo di ilarità. Poi il dottor Militello disse—Non sapevo che la moglie di Favara avesse parenti—avviando così una conversazione talmente piacevole che soltanto fu sospesa per l'intervento del cameriere, che molto rispettosamente fece notare l'ora: le due dopo mezzogiorno.

L'avvocato Vaccagnino trovò gli spaghetti *sfatti* e la moglie *in broncio*. E mangiò senza mormorazioni, poichè la colpa era sua, tentando di *rallegrare* la moglie col racconto, debitamente colorito, delle scene di cui erano stati protagonisti Lanzarotta, Rivera e—*dulcis in fundo*—Favara.

Ma la signora non mostrò di apprezzare lo *spassoso* racconto.—Bella coscienza avete. E se succede qualche tragedia?

—Ma che tragedia!—disse l'avvocato.—E quand'anche succedesse qualche tragedia, io la coscienza me la sento a posto. Primo, perchè si tratta di una lettera pubblicata su un giornale che lo leggono cani e porci . .

—Lo hai letto anche tu—*constatò* la signora.

—Per caso—*precisò* il marito.

—E allora io che lo leggo sempre *appartengo* alla categoria cani e porci—*chè* la signora, chi sa perchè, voleva proprio *far vampare* una *lite*.

L'avvocato, che invece non ne aveva voglia, le domandò scusa e continuò—Secondo, perchè nessuno, dico nessuno, ha fatto la *benchè* minima allusione ai casi personali di uno dei tre: a) perchè sulle mogli di Lanzarotta, Rivera e Favara, non c'è mai stata, che io sappia, nessuna *maldicenza*; b) che se anche ci fosse stata, siamo tutti dei gentiluomini e io poi fino all'eccesso; c) che se uno vuole proclamarsi *cornuto*, è libero di farlo come io sono libero di divertirmici . . .

—Questo è il punto—disse la signora—che ti vuoi divertire.

Irritato per essere stato interrotto nella *foga* delle *sottodistinzioni*, in cui era maestro, l'avvocato alzò la voce—Sì, proprio, mi voglio divertire . . Se poi tu sai che questo è un argomento su cui io non ho il diritto di divertirmi, non hai che da dirmelo—e già il suo aspetto *dava nel* feroce.

—Mascalzone—disse la signora; e corse a chiudersi in camera da letto.

L'avvocato *si pentì* subito dell'ultima *battuta,* e più per avere *dismagliato* la propria quiete che per avere offeso sua moglie; poichè ora da quella battuta *rampollava* una antica storiella e dalla storiella cominciavano a *rameggiare* e *stormire* l'inquietudine, il dubbio, l'apprensione. La storiella era quella del *bando di Gu-*

overcooked

sulking

to cheer up

alla fine

divertente

stated

belong

as

cominciare / argument

even

gossip

cuckold

passion / hairsplitting

diventava

repented / line

unravelled

sprung up

to branch out / rustle

proclamation

glielmo il normanno, che ordinava tutti i cornuti del suo regno portassero un *cappuccio a pizzo* per distinguersi da quelli che non lo erano, *pena* cento onze di *multa;* e un marito particolarmente rispettoso delle leggi chiese alla moglie se, in coscienza, a lui *convenisse* o no il cappuccio a pizzo, suscitando fierissime proteste, e che non c'era donna più di lei rispettosa dell'onore del marito. Ma quando il brav'uomo, così *rincuorato*, stava per uscire a testa libera, la donna lo chiamò indietro e gli consigliò che per il sì e per il no, per levare l'occasione, si mettesse il cappuccio.

«E che sa, un marito?» pensò l'avvocato: e tutta una letteratura di *inganni* femminili, di tradimenti consumati dalle donne con diabolici *accorgimenti*, venne ad alimentare il sentimento di *autocommiserazione* cui si abbandonò con la disperazione di un cieco (il paragone gli *balenò* nella mente) che riflette sulla propria sventura. E veramente si sentì in una condizione di *cecità* fisica, *assediato* dalla compatta oscurità in cui si nascondevano gli anni che sua moglie aveva vissuti prima che lui la conoscesse, il tempo in cui la lasciava sola, la libertà di cui godeva, i sentimenti che veramente aveva, le cose che veramente pensava. «Ci vuole filosofia,» si disse: e la trovò nell'immagine di Marco Aurelio, alta ed immobile sulla fluente e *lubrica* nudità di Messalina; chè, chi sa come, si era *radicato nella convinzione* che Messalina fosse stata moglie di Marco Aurelio e che *costui* fosse diventato filosofo per dominarsi nelle coniugali disgrazie.

La filosofia *aleggiò* nel circolo per tutta la serata. C'erano anche il giudice Rivera e l'avvocato Lanzarotta, che evidentemente—e si vedeva dal colore della faccia e dall'occhio sperso e inquieto—simulavano serena indifferenza; e del resto erano in molti a nascondere *disagio*, apprensione, paura. Ed anche l'avvocato Vaccagnino, seppure si trovasse, agli occhi degli altri, nella felice condizione di *annoverare* tra i parenti della moglie soltanto un cugino che stava a Detroit, e non si era mai visto in paese, e una zia *monaca di clausura.*

Il geometra Favara aveva fatto di tutto per liberarli da ogni preoccupazione: appena lasciato il circolo era corso a fare un *serrato* interrogatorio alla moglie, *trascorrendo* anche (si mormorava) *a vie di fatto;* e poichè la signora *negò*, disperatamente negò, di avere commesso quella colpa e di avere scritto quella lettera, Favara decise che c'era una sola cosa da fare: correre a Milano, trovare

hood / pointed
penalty / fine

was suitable

heartened

deceits
expedients
self-pity

venne
blindness
besieged

lewd
convinto
lui

lingered

uneasiness

contare

cloistered nun

relentless / resorting
to blows
denied

Padre Lucchesini e convincerlo a fargli vedere quella lettera. Per l'eventualità che Padre Lucchesini non si convincesse *con le buone,* si era messo in tasca una *rivoltella.* Per cui la signora, appena uscito suo marito, telefonò all'ingegnere Barsicò, che salvasse il suo *socio* ed amico dalla catastrofe; e l'ingegnere, che era veramente un amico, corse all'aeroporto di Catania, calcolando che Favara, partito in treno, come assicurò il capostazione, sarebbe arrivato a Milano l'indomani. Ma, *per quanto* amico, prima di partire, volle informare il dottor Militello, cioè tutti i soci del circolo, della delicata e segreta missione che *si accingeva* a compiere.

    Perciò tutti applicavano ora filosofia al caso di Favara, dicendo infondati i sospetti che lo avevano *sconvolto* ma intensamente sperando che si rivelassero invece fondatissimi. Arrivarono anzi a proclamare che la lettera doveva essere stata mandata da qualche bello spirito di Maddà: appunto per far succedere quello che era successo; e che era impensabile una *sventatezza* simile da parte di una signora.

    —Se trovo chi è stato—disse il professore Cozzo—il collo glielo *torco, per quanto è vero Dio.*

    Poichè Cozzo era scapolo, tutti si meravigliarono.—E tu che c'entri?

    Lo so io se c'entro—rispose Cozzo battendo nervosamente il pugno chiuso della destra contro il palmo della sinistra. E c'entrava davvero: aveva un appuntamento, il primo, con la signora Nicasio: in un albergo del *capoluogo;* ma la signora glielo aveva *disdetto,* dicendo che non poteva proprio quel giorno dire al marito che se ne andava sola in città, a far le solite compere, chè il maestro era stato a tavola *intrattabile,* pieno di malumori e di sospetti.

    L'atteggiamento di Cozzo suscitò una nuova *ondata* di sospetti, ma sempre contenuti, sempre nascosti; e anche nel maestro Nicasio, che era presente, facendogli *riaffiorare* il ricordo di quel ballo di carnevale in cui per quasi tutta la serata sua moglie aveva ballato con Cozzo (e in casa avevano poi *litigato*).

    Fu, insomma, una lunga serata per alcuni; per altri troppo breve.

    Come ogni sera, l'avvocato Zarbo andò a letto prima della moglie. Aveva avuto una brutta giornata, con quella lettera: al tribunale, al circolo, e dentro di sè soprattutto, *combattuto* dal risentimento e dalla pietà,

---

amicably / revolver

partner

although

stava per

upset

thoughtless action

twist / certamente

main town / cancelled

unapproachable

wave

bring up again

argued

torn between

dall'amore e dal rancore. Non come gli altri. Lui sapeva,
aveva sempre saputo.

Prese il libro, lo aprì al punto segnato. Ne lesse parecchie pagine, ma tra l'occhio e la mente era caduta come una cateratta, la mente dolorosamente *disgregata*. *disintegrated*
Quando *levò lo sguardo* dal libro, quasi si spaventò vedendo la moglie nuda, le braccia alte, la testa velata dalla camicia da notte che stava infilandosi. E gli parve il momento giusto per domandarle, con voce incolore, con tono calmo—Perchè hai scritto a Padre Lucchesini?

La faccia di lei sembrò venir fuori da uno *strappo*, *tear*
raggelata in una *smorfia* di *smarrimento*, di paura. Quasi *frozen / grimace /*
gridò—Chi te l'ha detto? *bewilderment*

—Nessuno: ho capito subito che la lettera era tua.

—Perchè? Come?

—Perchè sapevo.

Lei cadde in ginocchio, *affondò* la faccia nella *sponda* *buried / side*
del letto come per soffocare l'urlo—Dunque sapevi! Sapevi! e così restò, scossa da *singulti* silenziosi. *singhiozzi (sobs)*

Lui cominciò a dire del suo amore e della sua pena; e la guardava con tenero disprezzo, con pietà venata di desiderio e di vergogna. E quando le cose che diceva arrivarono al pianto, alle lacrime, si avvicinò *a sollevarla*, *to lift her up*
a tirarla a sè.

Ma appena toccata lei si alzò di colpo. Rideva negli occhi e nella bocca di un riso maligno, freddo, immobile.
Tese verso di lui la mano a pugno chiuso, ne *fece scattare* *extended / stuck out*
come per *cavargli* gli occhi, l'indice e il *mignolo*; e dalla *togliergli / little finger*
bocca le uscì isterico e lacerato il *verso* del *caprone*.— *sound / goat*
Beeeee . . . beeee . . . .

ESERCIZI

I. Rispondete alle seguenti domande:

1. Come impiegava il tempo l'avvocato Vaccagnino durante il viaggio da Roma a Maddà?
2. Che cosa faceva l'avvocato quando il treno si caricava di ritardo?
3. Che cosa si mise a leggere l'avvocato una notte d'estate in cui il treno era in ritardo?
4. Che cosa pensava l'avvocato mentre sfogliava la rivista?
5. Che cosa sottoponeva una lettrice di Maddà nella rubrica di Padre Lucchesini?
6. In quale stato d'animo si trovò l'avvocato dopo aver letto il caso e perchè?
7. Che cosa si domandò l'avvocato?
8. Quale era la risposta di Padre Lucchesini?

9. Che pensò della risposta l'avvocato e che cominciò a fare?
10. Quale era il punto di partenza per un'indagine secondo l'avvocato?
11. Che chiese alla moglie il Vaccagnino?
12. Come restò la signora quando il marito le chiese di leggere la rubrica di Padre Lucchesini?
13. Come reagirono alla lettera l'avvocato Lanzarotta ed il giudice Rivera?
14. Che cosa disse al circolo don Luigi Amarù?
15. Quali erano le condizioni stabilite da don Luigi?
16. Che cosa fece il geometra Favara?
17. Chi si stava divertendo e chi invece mostrava ansietà?
18. Che disse il dottor Militello alle parole di Favara?
19. Che fece Favara prima che gli offesi avessero il tempo di reagire?
20. Come trovò la situazione a casa l'avvocato Vaccagnino? E come tentò di rallegrare la moglie?
21. Perchè l'avvocato si sentiva la coscienza a posto?
22. Che cosa disse l'avvocato alla moglie, irritato per essere stato interrotto?
23. Che storiella venne in mente all'avvocato?
24. A che cosa pensò poi?
25. Che cercavano di nascondere i soci del circolo per tutta la serata?
26. Dove era corso il geometra Favara appena lasciato il circolo?
27. A chi telefonò la signora Favara e perchè?
28. Per quali ragioni anche il Cozzo, che era scapolo, era inquieto?
29. Che fece quella sera l'avvocato Zarbo dopo essere andato a letto ed aver letto parecchie pagine del libro?
30. Come reagì la moglie alle parole del marito?

II. Temi per discussione o composizione:

1. Analizzate il comportamento del protagonista.
2. Discutete la risposta di Padre Lucchesini alla signora di Maddà.
3. Discutete l'importanza dell'ambiente nello svolgimento del racconto.
4. Come spiegate la fine del racconto ed il cambiamento della donna.
5. Scrivete un breve riassunto del racconto.

III. Scrivete una frase per ciascuna delle seguenti espressioni idiomatiche:

di vedute ristrette
a fior di labbro
in quanto a
mettere al corrente (di)
ad ogni buon conto

man mano
di bell'aspetto
levare lo sguardo
a danno di

IV. Date il sinonimo o l'opposto delle seguenti parole o espressioni o spiegatene il significato:

rotocalco, attualità, circolo, settimanale, tranne, pentimento, levare, col sangue agli occhi, difficoltoso, pazzo, mutato, in broncio, spassoso, autocommiserazione, disagio, accingersi a, per quanto è vero Dio, cavare, incauto

V. Completate le frasi con la forma corretta di una delle seguenti parole:

traghetto, fumetti, quotidiano, scollatura, socio, costringere, distendere, durare, tribunale, riunione, ignaro, lodare, sbadiglio, colpevole, abbonato, indagine, ritagliare, prestare, rubrica, rimandare, giudice, restituire, scapolo, parole crociate, appartenere, lite, pentirsi, multa, disdire

1. Nel _____ che leggo tutti i giorni, ci sono sempre i _____.
2. Ieri l'avvocato è andato in _____.
3. Lui è stato accusato ma non è _____.
4. Il vestito della ragazza aveva una _____ profonda.
5. I _____ del circolo si sono riuniti per discutere la questione.
6. Lui _____ le gambe sul sedile e si è addormentato.
7. Leggono sempre la _____ del Dott. Lucchesi.
8. Non devi _____ a domani quello che puoi fare oggi.
9. Si usa la parola _____ per un uomo che non è sposato.
10. Per passare il tempo ha preso il giornale e ha cominciato a fare le _____.
11. Sono _____ alla rivista «Epoca».
12. Sono andati alla _____ del condominio.
13. L'articolo era così interessante che l'_____.
14. Il marito era _____ del tradimento della moglie.
15. Per andare in Sicilia si deve prendere il _____.
16. Il mio amico ha fatto le _____ su quel delitto.
17. La conferenza _____ due ore.
18. Loro mi _____ sempre a fare quello che non voglio.
19. _____ cento dollari, per favore! Te li _____ domani.
20. Il poliziotto mi ha dato la _____ perchè avevo superato il limite di velocità.
21. Molte volte le discussioni degenerano in una _____.
22. Lui _____ di aver parlato.
23. Loro _____ l'appuntamento perchè erano occupati.
24. Quella macchina da scrivere _____ a me.
25. È bene _____ le persone che se lo meritano.
26. Il _____ lo ha condannato a dieci anni di prigione.
27. Faccio sempre uno _____ quando ho sonno.

ESERCIZI GRAMMATICALI

I. Completate le frasi con la forma corretta del congiuntivo presente o imperfetto:

1. Era probabile che lui (addormentarsi) _____ durante il viaggio.
2. Non credo che gli (piacere) _____ una moda simile.
3. Temeva che l'identità della signora gli (formarsi) _____ subito nella mente.
4. Tutti aspettavano che la polizia (scoprire) _____ il colpevole.
5. Credo che mio marito (stare) _____ scivolando in una delle solite discussioni.

6. Non siamo certi che lei (volere) _____ parlare della cosa.
7. Mi pareva che lui le (fare) _____ un serrato interrogatorio.
8. È impensabile che tu (comportarsi) _____ in quel modo.
9. Penso che loro (litigare) _____ spesso.
10. Finge di non sapere niente sebbene (sapere) _____ tutto.
11. Leggerò qualunque giornale tu mi (dare) _____ per passare il tempo.
12. Benchè (passare) _____ molte ore al circolo, l'avvocato non conosceva bene gli altri soci.

II. *Riscrivete le frasi usando il gerundio presente o il gerundio passato al posto delle parole fra parentesi. (Usate «pur» davanti al gerundio quando è necessario.)*

1. (Mentre guardava) la moglie, si domandava se fosse sincera.
2. (Quando si metteva) al posto dell'amico, capiva perchè avesse agito così.
3. (Poichè erano arrivati) scesero dal treno.
4. (Dopo aver letto il giornale), mi sono distesa e mi sono addormentata.
5. (Benchè fosse) di vedute larghe, l'avvocato non approvava il suo comportamento.
6. (Mentre mi alzavo), ho pensato alle cose che dovevo fare.
7. (Benchè avessi sollevato) la testa, non riuscivo a leggere il cartello.
8. (Poichè era stato messo) al corrente della cosa, decise di agire subito.
9. (Mentre si sedeva), l'ha vista.
10. (Dopo aver rimandato) la causa, corse a casa.
11. (Benchè mi sentissi) male, non dissi nulla.
12. (Quando ebbe finito) di parlare, si sedè.

Dario Fo
(1926–   )

Dario Fo è nato a Sangiano (Varese). Ha frequentato la facoltà di architettura e l'Accademia di Brera a Milano. L'esperienza dell'Accademia gli è molto utile perchè gli permette di essere lo scenografo ed il costumista di sè stesso oltre che l'autore e l'interprete delle sue commedie. La sua attività teatrale si può dividere in tre periodi. Nel primo decennio studia le proprie possibilità. È alla fine di questo periodo, negli anni 1958–59 che scrive una serie di farse, pezzi manieristici che si rifanno al comico scritto dell'Ottocento e del primo Novecento ed anche alla Commedia dell'Arte. La prima commedia in tre atti *Gli Arcangeli non giocano a flipper* (1959) inizia un secondo decennio in cui Fo impone una visione personale di un teatro impegnato, innovando su elementi della tradizione. Gli anni sessantotto segnano una nuova svolta. Il contenuto della sua produzione teatrale diventa decisamente politico.

Fra le opere principali ricordiamo: *Teatro comico di Dario Fo* (1962) e le raccolte *Le commedie di Dario Fo* (1974, 1975–77) fra cui segnaliamo, oltre alla commedia suddetta, *Aveva due pistole con occhi bianchi e neri; Chi ruba un piede è fortunato in amore; Settimo: ruba un po' meno; Grande pantomima con bandiere e pupazzi piccoli e medi; L'operaio conosce 300 parole, il padrone 1000: per questo lui è il padrone; Mistero buffo; La marijuana della mamma è la più bella; La signora è da buttare.*

Non tutti i ladri vengono per nuocere appartiene al ciclo delle farse raccolte in *Teatro comico*. Qui un doppio adulterio dà materia ad un serrato susseguirsi di equivoci, di finzioni e di smascheramenti insieme ad una forte critica della borghesia.

NON TUTTI I LADRI VENGONO PER NUOCERE

Farsa

PERSONAGGI

LADRO	ANNA
MOGLIE DEL LADRO	ANTONIO
UOMO	SECONDO LADRO
DONNA	

Un ladro sta entrando, dopo aver forzato la finestra, nell'appartamento al terzo piano di una casa signorile, *(stately)* con la classica lampada oscurata. Dà uno sguardo intorno. Dal buio vediamo affiorare *(appear / drapes)* mobili, tendaggi, quadri antichi e preziosi. Il ladro accosta le imposte, *(sets ajar / shutters)* quindi accende la luce.

Proprio mentre sta per aprire un cassetto, suona il telefono. In un primo impulso, il ladro, preso dal panico, starebbe per battere velocemente in ritirata, *(to withdraw)* ma poi, resosi conto che nessuno della casa si fa vivo e che perciò nulla ha da temere, torna sui suoi passi. Vorrebbe igno- *(retraces his steps)* rare gli squilli del telefono, ma non ci riesce. Quatto, *(crouching)* quatto, il ladro si avvicina al telefono e con un balzo gli *(leap)* è addosso. Strappa il ricevitore e quasi lo volesse soffocare, se lo stringe al petto coprendolo con la giacca. E quasi a rendere più probabile il delitto, ecco uscire *(crime)* dal ricevitore, sempre più flebile e 'soffocato', un: *(debole)*

VOCE. Pronto, pronto, rispondete.. con chi parlo? (*il ladro può finalmente emettere un sospiro di sollievo. La voce ha cessato di vivere. Il Ladro estrae da sotto la giacca il ricevitore, lo solleva con cautela, lo avvi- (caution) cina all'orecchio: poi lo scuote ripetutamente ed ecco un lamento*)

LADRO. Oh! Finalmente.

VOCE. Ohhhh . . . finalmente . . . con chi parlo?

LADRO. (*nuovamente sorpreso*) Maria . . . sei tu?

VOCE. Sì, sono io, ma perchè non rispondevi? (*a questo punto, illuminata da un riflettore di scena, appare in (stage light) un lato finora rimasto buio del palcoscenico, la figura (stage) della Donna che parla al telefono*)

LADRO. Ma sei impazzita! Adesso mi telefoni anche sul lavoro? Pensa se ci fosse stato qualcuno in casa, bel servizio mi avresti fatto!

MOGLIE DEL LADRO. Ma se mi hai detto tu stesso che i proprietari sono in campagna . . e poi, scusami, ma non ne potevo più . . ero preoccupata per te . . mi sentivo male . . anche poco fa, mentre stavo telefonando, mi sono sentita soffocare . . .

LADRO. Scusami, non l'ho fatto *apposta*, non immaginavo che fossi tu . .   *on purpose*

MOGLIE DEL LADRO. Ma che dici?

LADRO. Niente, niente . . . Ma adesso lasciami andare . . ho già perso abbastanza tempo . .

MOGLIE DEL LADRO. Ah, ti faccio perdere tempo . .   *I am agitated / I am*
Grazie! Io *sto in orgasmo, sto in pena . . mi*   *worried / I am*
struggo. . .   *distressed*

LADRO. Che fai?

MOGLIE DEL LADRO. Sì, mi struggo . . mi struggo per te . . e tu mi tratti in questo modo . . Gentile, gentile davvero . . Ma non aver paura . . *d'ora in poi* non mi   *from now on*
struggo più . . anzi, d'ora in poi, fai anche a meno di dirmi dove vai perchè *tanto a me* . .   *as far as I am concerned*

LADRO. Ma cara, cerca di ragionare . . Possibile che tu non riesca a metterti in testa che io non sono qui per divertirmi. Possibile che con te non si riesca a *rubare*   *to steal*
una santa volta in pace!   *for once*

MOGLIE DEL LADRO. Esagerato . . adesso ricomincia. . . fa il martire. . . C'è tanta gente che ruba, che *rapina*,   *robs*
anche a mano armata . . . e non fa tutte le storie che fai tu. Meno male che non fai il *furto* con *raggiro* e   *robbery / trickery*
truffa . . altrimenti povera me!   *swindle*

LADRO. (*che ha sentito uno strano rumore dietro le spalle*, tappando *istintivamente il microfono*) Zitta!   *covering*
(*fortunatamente era solo il meccanismo della suoneria dell'orologio a pendolo che preannunciava il battere delle ore . . . suona la mezzanotte*)

MOGLIE DEL LADRO. Che cos'è?

LADRO. (*riavendosi dallo spavento*) . . . È il pendolo.   *recovering*
Meno male.

MOGLIE DEL LADRO. Che bel suono . . deve essere un pendolo antico . . . peserà molto?

LADRO. (*distrattamente*) Capace di pesare anche . . (*rendendosi conto ad un tratto delle intenzioni della moglie*) di' . . . non pretenderai mica che te lo porti a casa . . *delle volte?*   *by chance*

MOGLIE DEL LADRO.   Oh, no, *figurati* . . . Come puoi   *not at all*
pensare che io pretenda una cosa simile . . Tu, con un
pensiero gentile . . Tu, che pensi a farmi un regalino
. . . quando mai!

LADRO.   Sei un'*incosciente*, ecco quello che sei . . Se   *irresponsible*
mi carico quel *catafalco* addosso, mi dici dove metto   *casket*
l'argenteria e quello che riesco a trovare?

MOGLIE DEL LADRO.   Nel catafalco . . .

LADRO.   E perchè già che ci sei non mi dici addirittura
di portarti a casa un frigorifero! Di là ce n'è giusto uno
di duecento litri!

MOGLIE DEL LADRO.   E non alzare la voce, ti prego
. . . Non sei a casa tua.

LADRO.   Scusami, ho perso la testa.

MOGLIE DEL LADRO.   A parte che ti potrebbero sentire,
faresti anche la figura del maleducato.

LADRO.   Ho chiesto scusa.

MOGLIE DEL LADRO.   E poi non ti ho mai detto che
voglio un frigorifero e tanto meno da duecento litri,
non saprei neppure dove metterlo! Mi basterebbe una
cosettina qualsiasi . . è il pensiero che conta . . quindi
fai tu. Sei tu che fai il regalo. . .

LADRO.   Ma che vuoi che sappia io di quello che ti piace
. . . e poi io ho altro per la testa . . .

MOGLIE DEL LADRO.   Se è per quello, potrei venire io
a scegliermelo . .

LADRO.   Sì, *non ci mancherebbe altro!*   *that's all I need*

MOGLIE DEL LADRO.   Mi piacerebbe tanto vedere come
è fatta una vera casa signorile . . . e poi farei *crepare*   *die with envy*
d'invidia le mie amiche . . .

LADRO.   Ma tu farai crepare me, non le tue amiche . .
Io sono qui per rubare, lo vuoi capire sì o no? Ciao,
ti saluto.

MOGLIE DEL LADRO.   Ma che fretta hai? Ma cosa ti
costa . . . essere gentile almeno una volta con me,
sono tua moglie dopo tutto . . . e mi hai sposato anche
in chiesa, mica in municipio come una concubina
qualsiasi!

LADRO.   (*seccato*) Ho detto ciao!

MOGLIE DEL LADRO.   Almeno un bacino . . .

LADRO.   E va bene . . . (atteggia *le labbra in modo*   *puckers*
buffo e schiocca *un sonoro bacio*)   *smacks*

MOGLIE DEL LADRO.   Mi vuoi bene?

LADRO.   Sì, ti voglio bene.

MOGLIE DEL LADRO.   Tanto? Tanto?

LADRO. (*sfinito*) Tanto tanto! Ma adesso metti giù *la cornetta*. [il ricevitore]

MOGLIE DEL LADRO. Prima tu . . .

LADRO. E va bene . . . prima io . . . (*sta per abbassare la cornetta ma si sente la voce della Moglie che per l'ultima volta lo assale fortissima*)

MOGLIE DEL LADRO. Ricordati il regalino! (*il Ladro velocissimo abbassa il ricevitore guardandolo con odio. Nello stesso istante la figura della Donna scompare nel buio. Finalmente solo, il Ladro si muove nell'appartamento alla ricerca del* bottino. *Apre un* [loot] *cassetto. Ha trovato quello buono . . Estrae da una tasca della giacca il sacco e* si accinge a *riempirlo* [he is about to] *quando lo* scattare *di una serratura a più mandate* lo [clicking / with many key turns] *fa* sussultare. *Poi ecco delle voci provenire dall'anticamera*) [startles]

VOCE DI DONNA. C'è la luce accesa in salotto . . . Mio Dio . . . ho paura, andiamo via!

VOCE DI UOMO. Stai calma . . . L'avrò lasciata accesa io . . chi vuoi che sia stato?

VOCE DI DONNA. E se fosse tornata tua moglie? (*intanto il Ladro, piuttosto spaventato, ha cercato di* darsi alla [scappare] fuga *attraverso la finestra, ma ha perso troppo tempo ormai e non gli resta miglior* campo *che nascondersi* [alternative] *nella capace cassa dell'orologio a pendolo*)

UOMO. (*entrando piuttosto* guardingo) Ma che dici . . [cauto] mia moglie! Per quale motivo dovrebbe essere tornata in città! (fa capolino *negli altri locali*) Non ci torne- [peeks] rebbe nemmeno se sapesse che le stanno svaligiando [robbing] la casa . . . Hai visto? Non c'è nessuno!

DONNA. (*entrando guardinga e* sospetta) Mi sento [suspicious] tanto colpevole . . . (*mentre l'uomo l'aiuta a levarsi la pelliccia*) Chissà cosa penserai di me . . . Forse ho fatto male a *cederti* così presto. Scommetto che tua [to give in to you] moglie ti ha resistito molto di più di quanto non abbia saputo fare io . . .

UOMO. Che c'entra mia moglie? È sempre stata una donna piena di complessi, di pregiudizi piccolo-bor- ghesi . . . Mi ha resistito solo per potersi sposare in bianco.

DONNA. (*con tono polemico e* risentito) Sì, piccola [resentful] borghese piena di pregiudizi . . . intanto l'hai sposata . . . Vorrei vedere se faresti altrettanto con me.

UOMO. (*accarezzandola e cercando di spingerla verso il divano che sta nel centro della scena*) Tesoro . . ti [Darling] assicuro che se mia moglie non fosse di idee tanto antiquate, e se tuo marito non avesse niente in contrario . . . (*la Donna si è seduta e l'Uomo le si* fa appresso)   *avvicina*

DONNA. (*staccandosi dall'abbraccio*) Ecco, hai rovinato tutto . . (*L'Uomo si trova* sbilanciato *e va a sbattere.*   *unbalanced* *contro la* spalliera *che si ribalta. Resta lungo disteso*   *back of sofa / tips over* *sul divano*). Perchè hai voluto ricordarmi che ho un marito? E adesso come potrò? Adesso che mi hai fatto rinascere il rimorso, il senso di colpa . .

UOMO. Scusami, non volevo. (*Si rialza, mette a posto la spalliera*) Ma forse se proviamo a parlare un po' d'altro . . del più e del meno . . forse ti potresti distrarre di nuovo, e potremmo passare di là.

DONNA. Di là dove?

UOMO. (*impacciato*) In camera mia . . .

DONNA. Forse è la soluzione migliore . . . proviamo.

UOMO. (*speranzoso*) Ad andare in camera mia?

DONNA. No, a parlare del più e del meno.

UOMO. E non si potrebbe andare di là a fare del più e del meno?

DONNA. Ti prego, non insistere. Parliamo . . . parliamo di te quando eri bambino . . . mi piacciono tanto i bambini . . .

UOMO. (*rassegnato*) E va bene . . . però se non ti *spiace,* incomincerò da quando avevo cinque anni, di   *dispiace* prima non ricordo proprio niente.

DONNA. Cinque anni? Peccato . . . a me piacciono più piccoli . . sono più innocenti, meno maliziosi . . . ma in mancanza di meglio . .

UOMO. Ecco, mi ricordo che a cinque anni ero ancora bambino . . . e che andavo per i sei . . . (*scattando*   *losing his temper* *infastidito*) Oh, no, senti . . . *piantiamola* . . . mi sento   *smettiamola* terribilmente stupido. . . È un'ora che mi stai prendendo in giro . . . Prima mia moglie, poi tuo marito. Pover'uomo, se anche lui ha dovuto sopportare tante *manfrine.*   *nonsense*

DONNA. No caro, con lui è stata tutt'altra cosa . . . lui ha ceduto subito.

UOMO. (*sorpreso*) Come lui ha ceduto subito?

DONNA. Sicuro, in quel caso sono stata io che l'ho invitato a casa mia, quindi toccava a me farlo cedere. Se togliamo all'amore anche il piacere della conquista che ci resta più? Purtroppo mio marito è sempre stato un uomo di una leggerezza vergognosa e ha ceduto subito. Per questo lo *disprezzo.* Ma con te sento che sarà   *despise*

diverso . . . sai insistere così bene tu! Insisti, ti prego
. . . Insisti.

UOMO. Sì, insisto, insisto moltissimo. Andiamo di là.
*(i due stanno per uscire, l'una nelle braccia dell'altro
quando ecco suonare il telefono, si arrestano imba-
razzati, non sanno cosa fare)*

UOMO. Chi può essere?

DONNA. Tua moglie?

UOMO. Ma no. . . mia moglie . . . Perchè dovrebbe
telefonare? E a chi? A me no di certo . . . Lei crede
ch'io sia da mia madre . . . E poi questo non è il suono
di una chiamata interurbana . . . Sarà certo qualche
seccatore, oppure qualcuno che ha sbagliato numero. — *nuisance*
(riprendendola fra le braccia) Andiamo di là, vedrai
che fra poco smetterà. *(ma il trillare del telefono con-* — *suonare*
tinua imperterrito) — *undisturbed*

DONNA. Ti prego, fallo smettere, mi fa impazzire.

UOMO. *(va verso il telefono, stacca la cornetta e la ri-
chiude nel cassetto del tavolino)* Ecco fatto; adesso non
ci darà più fastidio.

DONNA. *(con tono disperato)* Oh Dio! Che hai fatto!
Ora avranno capito che sei in casa . . . Chi altri potrebbe aver staccato il ricevitore?

UOMO. *(rendendosi conto con sgomento)* Che stupido — *dismay*
. . Hai ragione . . . E possono anche aver sospettato
che non sono solo, che cerco di nascondere qualche
cosa di sporco.

DONNA. Grazie, perchè non dici addirittura che *ti fac-* — *I disgust you*
cio schifo? *(scoppiando a piangere)* E io che stavo già
per lasciarmi convincere . . Mi sta bene . . .

UOMO. *(cercando di sembrare il più possibile padrone
di sè)* Ma cara *non fraintendiamo.* Non perdiamo la — *let us not misunderstand*
testa, per carità . . stiamo calmi . . . Dopo tutto,
perchè dovrebbero pensare che sia stato proprio io a
staccare il ricevitore? Potrebbe essere stato chiunque
. . . che ne so io? *(non sa come continuare)*

DONNA. *(con ironia)* Già . . . qualcuno *di passag-* — *passing through*
gio . . .

UOMO. *(impacciato, senza convinzione)* Appunto . . .

DONNA. *(con lo stesso tono)* Un *tale* che passava di qui — *guy*
per caso . . un ladro magari . . .

UOMO. E sì, magari . . . *(accorgendosi dell'assurdità)*
Ma che dici «un ladro»! Se pensassero una cosa simile
chiamerebbero subito la polizia.

DONNA. *Appunto*, e non è detto che non l'abbiano già — *Exactly*
fatto. *(terrorizzata)* Oh Dio, ci troveranno qui insieme,

ci arresteranno . . . (*quasi urlando*) Oh Dio, la polizia! (*così dicendo si precipita verso l'ingresso seguita dall'Uomo che cerca di trattenerla. Nello stesso istante il Ladro esce* spaurito *dal suo* nascondiglio) — *frightened / hiding place*

LADRO. La polizia . . . Ci voleva anche questa . . . E adesso dove scappo io?

UOMO. (*dall'anticamera*) Aspetta . . Cerca di ragionare . . .

DONNA. Ho paura . . . andiamo via, ti prego!

UOMO. E va bene, andiamo . . . ma vuoi riprenderti almeno la pelliccia?

DONNA. Oh giusto la pelliccia . . . ho proprio perso la testa . . . sarebbe stato un bel guaio. (*il Ladro che nel frattempo è rimasto indeciso se scappare dalla finestra o* attendere *che i due siano usciti, sentendoli rientrare ritorna velocissimo nel suo nascondiglio. Ma nel* varcare *l'ingresso della cassa dell'orologio, batte la testa contro la pendola, facendone uscire un sonoro «don»*) — *in the meantime* / *aspettare* / *crossing*

DONNA. (*entrando ha un moto di spavento*) Oh, che cos'è?

UOMO. (*sorridendo*) Oh niente cara . . . è la pendola . . . ha suonato l'una.

DONNA. Scusami, ma sono così nervosa. (*l'Uomo ha in mano la pelliccia e sta per aiutare la Donna ad infilarsela. La Donna si accorge del ricevitore staccato*) Ma anche tu hai perso la testa, guarda. Stavamo uscendo senza riattaccare. (*così dicendo rimette il ricevitore sull'apparecchio. Ma non ha fatto in tempo a pronunciare queste ultime parole, che ecco il telefono ricomincia di nuovo a suonare. I due si guardano ancora più spauriti. L'Uomo, quasi ipnotizzato da quel suono afferra la cornetta e lentamente se la porta all'orecchio*)

UOMO. (*con voce innaturale*) Pronto? (*appare come prima la figura della Moglie del Ladro e nello stesso tempo si ode la sua voce, piuttosto irritata*)

MOGLIE DEL LADRO. Oh finalmente . . . è un'ora che chiamo! Si può sapere perchè prima hai staccato la comunicazione?

UOMO. Ma scusi, con chi parlo? (*l'amante* accosta *l'orecchio al ricevitore per ascoltare anche lei*) — *avvicina*

MOGLIE DEL LADRO. Ah bene, adesso non riconosci più nemmeno la voce di tua moglie!

DONNA. (*sentendosi* mancare) Tua moglie! Lo dicevo io . . . Oh mio Dio! — *faint*

MOGLIE DEL LADRO.   Chi c'è vicino a te? Mascalzone
. . . ho sentito la voce di una donna . . . chi è?

UOMO.   (*rivolgendosi all'amante*) Stai tranquilla, ci
dev'essere un errore, non ho mai sentito questa
voce . . .

MOGLIE DEL LADRO.   Ma l'ho sentita io! È inutile che
cerchi di *fare il furbo* . . . Assassino, farabutto, ti ho   *to act smart*
scoperto finalmente . . . adesso capisco perchè non
volevi che venissi in quella casa. Ma dovrai tornare a
casa tua . . . e allora . . . (*Il Ladro intanto ha fatto
capolino fuori dal suo nascondiglio per meglio ascol-
tare il dialogo. Sentendo la voce di sua moglie* inveire   *to protest*
*in quel modo non può fare a meno che preoccuparsene
seriamente*)

UOMO.   Guardi che c'è un errore . . . Lei *ha sbagliato*   *you have the wrong*
numero . . . Lei sta parlando con casa Frazosi . . .   *number*

MOGLIE DEL LADRO.   Lo so, lo so, casa Frazosi via
Gemini quarantasette interno tre . . . e adesso smet-
tila di fare il furbo e non cercare di *camuffare* anche   *to disguise*
la voce che tanto non ci riesci . . . mascalzone . . . e
non voleva esser disturbato sul lavoro . . .

UOMO.   Ma chi lavora?

MOGLIE DEL LADRO.   Bel lavoro . . spassarsela con le
donne! Traditore, falso, bugiardo! È proprio vero che
chi è bugiardo è ladro . . . cioè che chi è ladro è bugiardo!

UOMO.   Come si permette? . . ladro . . falso, ma con
chi crede di parlare?

MOGLIE DEL LADRO.   Con mio marito . . . e chi dunque?

UOMO.   Se suo marito è un ladro falso, sono affari suoi,
ma io non sono suo marito, ma il marito di mia moglie
che per fortuna non è qui altrimenti . . .

DONNA.   Ci mancherebbe anche questa!

MOGLIE DEL LADRO.   Prima di tutto mio marito non è
un falso ladro, ma un ladro vero . . .

UOMO.   Complimenti signora.

MOGLIE DEL LADRO.   E poi se lei non è mio marito,
che ci fa in quella casa?

UOMO.   Mia cara signora, questa è casa mia!

MOGLIE DEL LADRO.   Bene. E lei sta a casa sua con una
donna che non è sua moglie . . soli, a quest'ora, dopo
aver fatto credere in giro che non era in città?

DONNA.   Siamo stati scoperti!

MOGLIE DEL LADRO.   Lo vede che anche lei è un traditore, falso e bugiardo e quindi anche ladro . . come mio marito?

UOMO. E *ci risiamo* con suo marito! Piuttosto, signora, mi vuol spiegare chi le ha detto che io non avrei dovuto essere in città? *here we are again*

MOGLIE DEL LADRO. Mio marito . . Lui mi dice sempre dove va. Erano dieci giorni che *vi stava facendo il filo* . . *vi seguiva*

UOMO. Come?

MOGLIE DEL LADRO. Insomma che aspettava il momento buono.

UOMO. Suo marito aspettava? Ma che interesse aveva suo marito a sapere . . .

DONNA. (*coprendo con la mano il ricevitore*) Ma non hai ancora capito? Tua moglie ti ha fatto *pedinare* da suo marito che evidentemente è un detective. *seguire*

UOMO. Ah, adesso capisco; e così suo marito fa di questi bei servizi!

MOGLIE DEL LADRO. Beh, è il suo mestiere!

UOMO. Bel mestiere davvero, se le pare una cosa pulita fare di tutto perchè una moglie abbandoni il proprio marito!

MOGLIE DEL LADRO. Mio marito fa abbandonare la moglie del proprio marito? Ma che dice!

UOMO. La smetta di fare la furba . . e non mi venga a dire che non ne sa niente . . Mia moglie . . giocarmi *un tiro simile* . . È proprio vero che a questo mondo *such a trick* la fiducia reciproca è morta! E io stupido che mi illudevo: «Mia moglie non è capace di certe azioni . . è una donna all'antica, ingenua!» Sono io l'ingenuo!

MOGLIE DEL LADRO. Ma come, lei pensa che sua moglie e mio marito?

UOMO. Come penso? Ne sono sicuro ormai . . E la prego di smetterla di fare la commedia!

MOGLIE DEL LADRO. Va bene, va bene, dov'è adesso mio marito?

UOMO. E che ne so io, se non lo sa lei?

MOGLIE DEL LADRO. Io so che neanche un'ora fa era ancora lì a casa sua.

UOMO. Qui, in questa casa?

MOGLIE DEL LADRO. Sicuro, gli ho telefonato io; anzi pensavo che ci fosse ancora.

DONNA. Avrà avuto certamente le chiavi da tua moglie.

UOMO. Certo . . per poter andare e venire a tutte le ore del giorno e della notte . . e scommetto che adesso sarà già a «Villa Ponente» . .

MOGLIE DEL LADRO. A «Villa Ponente»? E che c'è andato a fare mio marito laggiù?

UOMO. *(ironico)* Ma come? Non glielo ha detto? Credevo che non le nascondesse mai niente di quello che fa e dove va. Ad ogni modo, l'accontento subito: a «Villa Ponente», via Aristide Zamboni 34, telefono 7845, c'è mia moglie . . mia moglie ancora per poco! *(così dicendo abbassa con rabbia il ricevitore del telefono,* svanisce *l'immagine della Moglie del Ladro mentre l'altra Donna scoppia in un pianto disperato)* — *disappears*

DONNA. Che vergogna, che scandalo . . quando lo saprà mio marito, sarà un gran colpo per lui . . poveretto! Se penso agli innumerevoli sacrifici che ho sostenuto pur di tenerlo all'oscuro di tutto . . per nascondergli anche le più piccole cose . . per non *amareggiarlo* . . Persino quest' ultima relazione . . e — *to embitter him* proprio adesso, sul più bello . .

UOMO. E per me non è forse peggio? Avevo deciso di ritirarmi definitivamente dall'*assessorato del comune,* — *office of city councilman* ma adesso dopo questo scandalo, sono sicuro che mi proporranno come sindaco!

DONNA. E allora cosa possiamo fare? Non ci resta che fuggire o *costituirci.* — *to turn ourselves in*

UOMO. Beh, adesso non esageriamo; costituirci! E a chi? E per che cosa? Che abbiamo fatto, dopo tutto? Ci hanno forse *scoperti in flagrante?* No, anzi si — *caught in the act* stava parlando del più e del meno . . si parlava dei bambini . .

DONNA. È vero, ti stavo appunto dicendo di come mi piacciono i bambini . .

UOMO. Già, ma forse è meglio non dirlo, la gente è *maligna,* ci accuserebbe di premeditazione; che rab- — *malicious* bia, *mi sparerei!* — *I would shoot myself*

DONNA. Ecco, forse questa è l'unica soluzione, la migliore!

UOMO. Cosa? la soluzione migliore? Ma sei impazzita? Mi sembra già di leggere il titolo sul giornale? «Assessore comunale, che come vicesindaco aveva celebrato più di cinquanta matrimoni, si spara per adulterio.» Chissà come riderebbe la gente!

DONNA. Beato te che hai voglia di ironizzare . . Sei proprio un incosciente . . anzi un irresponsabile!

UOMO. E perchè dovrei *prendermela,* ormai siamo in — *preoccuparmi / trapped* *trappola* . . e non ci resta che aspettare che mia moglie arrivi da Villa Ponente, fra un'ora o due. *(ripensandoci)* Un'ora o due? Ma perchè non approfittarne?

Almeno ci condanneranno per qualcosa! (*e si accosta alla Donna che è caduta sul divano*)

DONNA. Non esser volgare, ti prego. (*sospinge l'Uomo che si trova, come prima, lungo disteso, con la spalliera ribaltata*)

UOMO. (imprecando e *battendo con la mano aperta sul divano «brevettato»*) E l'ho comprato io!

cursing
patented

DONNA. Ma possibile che tu non abbia nemmeno un po' di sensibilità, di comprensione, almeno nei miei riguardi? Non capisci che sono disperata?

UOMO. Che esagerazione! Disperata! Ma si può sapere cosa pretendi da me? (*teatrale*) Vuoi che mi spari? E va bene mi sparo! (*l'Uomo estrae dal cassetto una pistola e la punta alla fronte*) Così sarai contenta!

DONNA. Noooo . . Cha fai? . . Fermati. (*e gli toglie di mano la pistola mentre l'Uomo che evidentemente ha fatto il gesto col solo intento di spaventarla*, sorride sotto ai baffi)

laughs up his sleeves

UOMO. (*ironico e soddisfatto*) Come? . . Adesso non vuoi che mi spari?

DONNA. Ma tesoro, se non levi la *sicura* e non metti la *pallottola* in *canna* . . così (*fa scattare il caricatore, poi gli porge la pistola*) Adesso sì che puoi spararti . .

safety
bullet / barrel / hammer

UOMO. (*con la voce stranamente di testa*) Ah . . ah . . adesso . . posso . .

DONNA. (*sollevandogli la pistola all'altezza del viso*) . . Su, sbrigati, non vorrai mica farti trovare ancora vivo quando arriva tua moglie? (*l'Uomo porta con terrore la canna alla fronte, e proprio in quel momento, ecco la pendola suonare la mezzanotte e mezza. Ai primi rintocchi l'Uomo ha uno strano sussulto e guarda la canna spaventato*) Che strano orologio, prima ha suonato la una . . e adesso suona la mezzanotte . . indietro, mi pare . . cioè all'incontrario . .

strokes / jump

UOMO. È strano davvero . . non era mai successo . . forse è un segno del cielo! La mano del destino che viene a fermare la mano suicida . . a ricordarmi che il tempo, la vita si possono fermare, ma che poi non si può tornare indietro! Oh, grazie mano del cielo benedetta . . Mia cara pendolona, mi hai salvato la vita! (*così dicendo si avvicina alla pendola, e l'abbraccia con trasporto, quasi fosse una persona in carne ed ossa . . la pendola continua a suonare e a un certo punto ecco che sembra diventata viva*)

affection

VOCE DEL LADRO. (*che evidentemente non riesce a*

trattenere gli ahi del dolore procuratigli dalla grossa pendola sbattuta sulla testa) Ahi, ahi! . . Porco Giuda! . . basta!

UOMO. *(facendo un balzo indietro e andando ad abbracciare la Donna che è letteralmente impallidita dal terrore)* Il destino!!

LADRO. *(esce massaggiandosi la testa)* Ahi, che *botta,* **blow** che botta! Buonasera . . Scusate, non avreste per caso dell'acqua vegetominerale? . . Mi stanno venendo su certi *bozzi!* **bumps**

DONNA. *(scandalizzata)* Bozzi! Che destino volgare!

UOMO. Ma si può sapere chi è lei? Che cosa fa in casa mia? Risponda o glieli faccio passare io i bozzi . .

DONNA. Ti prego, non essere volgare anche tu . . Dopo tutto che cosa ti costa dargli un po' di acqua vegetominerale . .

LADRO. Andiamo, per un po' d'acqua vegeto . .

UOMO. *(più che mai deciso, puntandogli la pistola)* Allora, vuole proprio farmi perdere la pazienza? Chi è? Chi è?

LADRO. *(terrorizzato)* Glielo dico subito . . sono il . . marito . . insomma, quella donna che ha telefonato prima è mia moglie . . e io sono il marito.

UOMO. Ah . . lei è il marito . . bravo!

LADRO. Sì . . sì . . ci siamo sposati in chiesa.

UOMO. Mi fa piacere, così avrà la fortuna di essere *sep-* **buried** *pellito* in un suolo consacrato . .

LADRO. Come seppellito! . . E no, e no . . lei non può *farmi fuori* così . . *(rivolgendosi alla Donna)* Non ha **ammazzarmi** il diritto . . Signora, lei è testimone che io sono disarmato . . Guardi che se mi spara avrà delle *grane:* **trouble** articolo 127 del codice penale . . lei può sparare al massimo per aria se io scappo . . ma siccome io non scappo, lei non può. L'*avviso* che è omicidio preme- **I warn** ditato.

DONNA. Ah, *la sapete lunga* sulla legge voialtri . . Si- **you know what's what** curo, la legge è sempre dalla vostra . . ma se tutti si decidessero a spararvi alla *schiena* come si fa con le **back** spie di guerra . . . *(rivolta all'Uomo)* Ecco che cosa devi fare; sparagli alla schiena *(al Ladro)* e lei si volti, per favore.

LADRO. Mi spiace, ma io non ho nessuna voglia di giocare alla guerra. Chiamiamo la polizia, piuttosto . .

UOMO. Ah, Furbo lui! Chiamiamo la polizia! La polizia constata l'adulterio, noi siamo *spacciati,* e lui si **finished** prende il premio.

LADRO.   Io mi prendo il premio? E da chi?

UOMO.   Da mia moglie.

LADRO.   Ma lei è matto .. io non so neppure chi sia sua moglie ..

DONNA.   Che ipocrita .. non la conosce? Sparagli subito, ti prego. *Mi fa ribrezzo* ..   *mi fa schifo*

UOMO.   Un momento: da che ora stava qui dentro (*indicando la pendola*)

LADRO.   Dalle undici e quarantasette .. ci sono entrato giusto quando siete entrati voi. Perchè?

UOMO.   Allora, se è stato sempre dentro l'orologio, non ha potuto telefonare! Forse se ci sbrighiamo, possiamo ancora salvarci.

DONNA.   Già, salvarci, con lui che andrà a spifferare tutto!

LADRO.   (*senza capire di che si stia parlando, pur di allontanare la minaccia*) No, no, io non spiffero, parola d'onore .. non spiffero .. non sono capace .. (*soffia   *he blows* nella canna della pistola che gli sta a pochi centimetri dalla bocca come se fosse un* piffero) .. vede?!   *fife*

UOMO.   Del resto, se lo ammazziamo, sarebbe una prova troppo evidente ..

DONNA.   Potremmo *ferirlo* gravemente.   *wound him*

UOMO.   A che servirebbe?

LADRO.   È quello che dico anch'io, a che servirebbe?

DONNA.   Lo so io a che servirebbe. Se si riuscisse a prendergli un determinato nervo (*lo tocca dietro la nuca*) L'epistrofico, per esempio, che passa proprio   *nape of the neck* qui dietro, fra l'atlante e l'epistrofeo, perderebbe completamente la memoria ..

UOMO.   Ma ne sei sicura?

DONNA.   Sicurissima. In ogni caso gli prenderebbe sempre la paralisi, non potrebbe più parlare, e per noi andrebbe bene lo stesso.

LADRO.   (*che si sente già la paralisi addosso*) Ma per me non andrebbe bene per niente. Non ci sarebbe un'altra maniera, un po' meno pericolosa? Su, signora, si faccia venire un'altra idea .. Lei è così brava!

DONNA.   (lusingata) Sì, forse ci sarebbe un'altra soluzione: ubriacarlo! Nessuno crederebbe alla testimonianza di un ubriaco!   *flattered*

UOMO.   È vero! L'ho sempre detto che sei una donna formidabile!

LADRO.   (tirando il fiato) Sì, sì, la signora è molto formidabile .. L'avevo capito subito, io .. (fregandosi *le*   *sighing with relief* *mani*) Allora che cosa si beve? Se per voi fa lo stesso,   *rubbing*

io preferirei del vino rosso, il bianco mi dà acidità . .
fin da bambino mi ricordo . .

UOMO. No, no, niente vino, ci si mette troppo tempo,
è meglio con whisky o con gin; tre bei bicchieri e sei
sistemato.

LADRO. Veramente . . a me l'whisky non mi va tanto,
sa di petrolio.   *it tastes like*

DONNA. (*che intanto ha preparato un bicchiere pieno*)
Questo non sa di petrolio, è vero *scozzese*. (*glielo*   *scotch*
porge)

UOMO. Com'è? Com'è?

LADRO. (assaporando *con fare da* intenditore) Ottimo!   *tasting / connoisseur*
Davvero speciale!

UOMO. (*bevendo a sua volta*) *Sfido io* che è buono,   *certo*
vorrei vedere: cinquemila lire alla bottiglia.

LADRO. Me ne dà ancora un *goccio?*   *drop*

UOMO. (*al ladro che gli porge il bicchiere per farselo
riempire di nuovo*) Ehi, andiamoci piano! . . Se se lo
tracanna in quel modo, noi che cosa ci beviamo?   *gulps*

DONNA. Non essere *meschino*, ti prego . . e poi . . è   *cheap*
lui che deve ubriacarsi, no?

LADRO. E sì, sono io . . (*facendosi più ardito*) Ma se
volete, *sbronzatevi* pure anche voi. Ah, ah, ah, (*ride*)   *get drunk*
se lo racconto a mia moglie, non ci crede . . (*il ricordo
della Moglie gli blocca il sorriso*) A proposito di mia
moglie, che cosa le siete andati a dire che era così
arrabbiata, mi avete certamente messo in un bel pasticcio voi due . . ma adesso mi fate il piacere di te-
lefonarle subito e di spiegarle l'*inghippo*.   *pasticcio*

UOMO. L'inghippo? L'inghippo di che?

LADRO. Sì, insomma, che siete stati voi due ad ubria-
carmi, per non farmi parlare . . di che cosa poi, lo
sapete soltanto voi.

DONNA. Ah il *furbacchione*, vuole un testimone . .   *wise guy*
Avevi ragione tu, è meglio spargli addirittura . . e
non pensarci più.

UOMO. Sì, sì, . . è meglio. (*va per prendere la pistola
che ha lasciato sul mobiletto bar, ma il Ladro è più
svelto di lui e l'afferra puntandogliela contro*) Ehi . .
non facciamo scherzi.

LADRO. Siete voi che la dovete piantare di fare scherzi
. . Prima mi fate stare un'ora in quel catafalco a prendermi le pendolate in testa, poi mettete su mia moglie
contro di me, poi mi volete far diventare paralitico,
con l'epistrofeo. Ma volete piantarla, sì o no? Io sono
venuto qui per rubare, mica per fare il pagliaccio!

UOMO.   Per rubare?

LADRO.   Sicuro, sono ladro, ma serio.

DONNA.   (*divertita*) Ladro? Adesso salta fuori che è un ladro! Ma mi faccia il piacere! Dov'è la mascherina nera, il maglione a righe, e le pantofole di *feltro*?   *felt*

UOMO.   Già, dove sono?

LADRO.   Mascherina nera? Pantofole di feltro? Ma io mica vengo fuori da una *vignetta* della Domenica del Corriere.[1] E poi che ne sapete voi di ladri?   *cartoon*

DONNA.   *Per sua norma e regola*, io so tutto sui ladri   *for your information* . . Mi ero preparata per il quiz della televisione . . e proprio sui «delitti e furti celebri» . . .

UOMO.   Ah, adesso capisco da dove viene tutta la tua cultura sugli usi e costumi della pistola! (*al Ladro*) Mi dispiace per lei ma *è cascato male*, è meglio che si scelga qualche altro mestiere, perchè questo *non attacca*.   *you ended up in the wrong place*   *won't do*

LADRO.   Senta, lei che fa tanto lo spiritoso, non ha mai sentito parlare di una certa *banda* Martello?   *gang*

DONNA.   (*con tono di chi ripete a memoria*) Banda Martello, composta dal Mangia, dal Serafini e dal Tornati Angelo *detto* Stanca . . .   *alias*

LADRO.   Tornati Angelo detto lo *Stanga* e non stanca . . . Stanga che vuol dire lungo . . .   *bean pole*

DONNA.   Lungo . . . mi faccia il piacere . . . Ma se era piccolino!

UOMO.   (*tanto per dire qualcosa*) E dica almeno piccoletto, no?

LADRO.   Perchè, io le sembro piccoletto?

UOMO.   Ma che c'entra lei?

LADRO.   C'entro e come! Perchè, se non le spiace, Tornati Angelo detto lo Stanga, sono io! E se non ci crede, ecco qui la mia carta d'uscita dal Santo Stefano di Vittore[2] (*estrae una* tessera) Ci ho passato tre anni, se non le spiace.   *ID card*

DONNA.   (*illuminandosi dopo aver dato un'occhiata al documento*) Ma è meraviglioso, è proprio lui, lo Stanca . . . pardon . . . lo Stanga! che piacere! Lei permette, vero? (*e lo abbraccia e lo bacia sulle guance*) Un ladro, un ladro vero . . Non mi era mai capitato! Si lasci guardare . . .

UOMO.   Ma che fai adesso? Questo mascalzone viene

1. *Domenica del Corriere:* popular weekly magazine.
2. *Santo Stefano di Vittore:* famous prison in Milan.

qui a rubare in casa mia . . . e tu lo baci . . . È disgustoso!

DONNA. Ti prego! Modera i tuoi termini. «È disgustoso» . . . Che ne sai tu? Hai mai baciato un ladro?

UOMO. No.

DONNA. E allora? Prova, e poi mi dirai se è proprio disgustoso come dici! (*in quell'istante si sente il trillare di un campanello*)

DONNA. Chi può essere?

LADRO. Scommetto che è ancora mia moglie. (*alzando il ricevitore*) Anzi, mi farete il piacere di spiegarle . . . Pronto, Maria? Hai fatto un bel pasticcio tu, a voler telefonare. Ti avevo avvisata che quando sono sul lavoro, devi lasciarmi in pace, non mi devi disturbare, anche se la casa va a fuoco. Voglio che tu te ne stia tranquilla a casa, capito?

UOMO. Ma non è il telefono . . è il campanello del portone.

LADRO. (*guardando con odio il ricevitore*) Ah, ecco perchè mi lasciava parlare! (*riattacca*)

UOMO. (*apre la finestra e si affaccia*) Chi è?

VOCE DI DONNA. E chi vuoi che sia, sono io, Anna.

DONNA. (*impallidendo*) Oh cielo . . questa volta è proprio sua moglie.

UOMO. (*cercando di essere il più possibile naturale*) Ah, sei tu, cara . . Non ti aspettavo . . ma come mai, che ti è successo?

ANNA. Domando a te cos'è successo! M'ha telefonato una pazza, coprendomi d'insulti.

LADRO. Una pazza? È mia moglie . . l'avrei giurato!

ANNA. Ma cosa aspetti ad aprirmi?

UOMO. Ti apro subito . . (*staccandosi dalla finestra*) Ci voleva anche questa . . e adesso che le raccontiamo?

LADRO. Ah per me . . io *me la batto* dalla finestra . .   me ne vado

UOMO. (*afferrandolo per il* bavero) E no, caro mio . .   collar
troppo comodo. È per colpa sua e di sua moglie che siamo in questo bel pasticcio e *tocca a lei tirarci* fuori!   it is up to you to get us

LADRO. Io? E come faccio?

UOMO. (*rivolgendosi anche alla Donna*) Un momento . . Forse se voi due vi faceste passare per marito e moglie . . saremmo *a cavallo*.   in good shape

DONNA. Ma come? Sposata con lui, con un uomo che non conosco nemmeno.

UOMO. Non preoccuparti, l'amore verrà in seguito! E poi è sempre meglio passare per la moglie di un marito falso che per l'amante di un marito vero! (*accingendosi ad andare incontro alla moglie*) E adesso mi raccomando, non fate scherzi altrimenti . . (*e con fare minaccioso si mette in tasca la pistola che stava sul tavolo. Esce*)

DONNA.   Mio Dio, che guaio . . Si alzi, si faccia vedere. (*osservando il Ladro da capo a piedi*) Ma non aveva un abito un po' meno squallido da mettersi? Andiamo, quando si va in mezzo alla gente . . bella figura mi fa fare . . lo sa che quando il marito è in disordine la colpa è sempre della moglie?

LADRO.   Lo so, ma io una cosa del genere non l'immaginavo . . ad ogni modo a casa ho un abito *a righini*,   *striped* vado a prenderlo.

DONNA.   No. (*guardandogli le tasche* rigonfie) Ih!   *piene* questi bozzi!

LADRO.   (*atteggiandosi a* manichino *da vetrina*) È pro-   *mannequin* prio un modello così, signora!

ANNA.   (*la voce si sente venire dall'esterno*) Allora si può sapere che cos'è questa storia? Chi c'è in casa con te?

UOMO.   Adesso ti spiegherò . . c'è stato un equivoco ma adesso è tutto risolto . .

ANNA.   Che equivoco? Piuttosto tu non dovevi essere da tua madre? Che ci fai in casa?

UOMO.   (*entrando seguito dalla moglie*) È appunto quello che volevo spiegarti . . Permetti? Il mio amico . . il dottor Angelo Tornato . .

LADRO.   (*correggendo seccato*) Tornati . .

UOMO.   (*sorridendo amaro*) Sì, scusa! Tornati e signora . .

LADRO.   È stato suo marito a farci sposare l'amore verrà in seguito ha detto lui.

UOMO.   (*riparando*) Già, quando ero ancora vicesindaco!

DONNA.   Ci voglia perdonare per l'invasione . . a quest'ora poi, davvero sconveniente . . ma abbiamo dovuto ricorrere per forza a suo marito perchè . . è successo . . ecco vede . .

ANNA.   (*interrompendola seccata*) Ma, piuttosto mi dica, è lei che mi ha telefonato?

UOMO.   (*intervenendo con* foga) Sì, sì. È lei . . ma devi   *fervor* capire, la poverina era così sconvolta!

DONNA.   Mi perdoni, signora, ma è stata la gelosia a farmi perdere la testa, chissà perchè mi ero convinta che mio marito avesse una relazione proprio con lei

. . Ma adesso che la vedo, mi domando come ho potuto pensare una cosa simile . .

ANNA. Perchè, le faccio un'impressione tanto *sgradevole* forse? Dica pure che sono un mostro, già che c'è!   spiacevole

DONNA. Ma no, Signora, non volevo affatto dire questo! Anzi, lei ha un aspetto talmente distinto . . che, conoscendo i gusti piuttosto volgari di mio marito . .

LADRO. Come, io ho i gusti volgari?

ANNA. Mi spiace che lei si senta piuttosto volgare, mia cara, visto che suo marito l'ha sposata, ma ciò non significa che lei mi debba considerare *talmente* in   così basso da mettermi con un uomo come il suo qui presente consorte!

LADRO. Adesso basta, prima volgare . . poi in basso qui presente!!

UOMO. (*con l'evidente intento di sdrammatizzare il conflitto*) Be', ora non esagerare, cara, non sarà un gran che, è vero, ma può anche piacere!

ANNA. Eh bravo, bell'esemplare di marito che ho sposato! Invece di sentirsi offeso perchè si è dubitato dell'onestà della propria moglie, insiste perchè io trovi piacente il mio presunto amante! Ma è pazzesco!

DONNA. Ma no, signora, suo marito non intendeva questo, ma voleva dire che una donna, quando è innamorata, pensa sempre che il proprio marito, anche se di gusti piuttosto volgari, possa piacere ad altre donne.

ANNA. Bel modo di ragionare davvero! Come dire che, siccome mio marito piace a me . . deve piacere per forza anche a lei, per esempio! Già che c'è, signora, perchè non se lo prende addirittura come amante!

DONNA. Grazie, no . . no.

ANNA. (*rivolta al Ladro*) E lei non dice niente?

LADRO. A dir la verità, anch'io preferirei prenderla come amante, la signora, invece che per moglie . . *semprechè* suo marito non avesse niente in contrario   as long as . . Del resto è lui che deve decidere . . è lui che ci ha sposati!

ANNA. (*scoppiando a ridere, divertita*) Ah, ah . . spiritoso, spiritoso, davvero; adesso capisco perchè sua moglie ha paura delle altre donne . . Gli uomini spiritosi sono i più pericolosi . . soprattutto se hanno gusti volgari!

LADRO. (*alla Donna*) M'ha detto volgare un'altra volta!

DONNA. (con affettuoso trasporto, *accarezzandolo*) Ah,   *affectionately*
sì, è davvero pericoloso . . lei non immagina quanto!

UOMO. (*seccato*) Be', adesso non esageriamo . . (*correggendosi*) Tutti gli uomini, chi più chi meno, sono
pericolosi!

ANNA. Non è certo il caso tuo, tesoro! (*guardando commossa il Ladro e la Donna che si tengono le mani nelle
mani teneramente*) Ma guardali come sono carini . .
sembrano proprio sposini freschi freschi! State proprio
bene insieme, vero caro?

UOMO. (perdendo le staffe) Sì, ma adesso . . forse è   *losing his cool*
meglio salutarci . . è un po' tardi.

ANNA. Non essere villano, ti prego . . Non fate complimenti, restate quanto vi pare. Anzi, perchè non
beviamo qualcosa?

LADRO. Sì, benissimo . . l'whisky di prima. (*afferra la
bottiglia ma la Donna gli fa cenno di no*)

DONNA. Troppo gentile, ma abbiamo già approfittato
abbastanza della vostra cortesia . . (*il ladro si mette la
bottiglia in tasca*) e poi è davvero tardi, non vorrei
che mio marito tornasse e non . . (riprendendosi) ri-   *catching herself*
tornasse troppo tardi a casa . . Abitiamo talmente distante, dall'altra parte della città, e lei deve alzarsi
molto presto domattina . . vero, caro?

LADRO. Eh?

ANNA. Ma allora perchè non rimanete addirittura qui
da noi a dormire? Abbiamo giusto una camera libera
. . Su via, diglielo anche tu caro!

UOMO. (soprapensiero) Sì, ma perchè non rimanete qui   *absentmindedly*
a dormire? (*riprendendosi*) Ma cosa mi fai dire? Forse
loro preferiscono.

LADRO. Sì, sì, noi preferiamo moltissimo.

ANNA. Bravo. Hai visto? Preferiscono restare! Lei non
immagina che piacere mi fa . .

DONNA. (*tentando l'ultima resistenza*) Ma veramente
. . siamo qui senza niente, e mio marito senza pigiama
non riesce a dormire!

ANNA. Se è per quello, (*rivolta al marito*) gli darai uno
dei tuoi pigiama, quello nuovo, vero caro?

UOMO. (*disperato*) Sì!

ANNA. Venga, signora, le faccio vedere la camera. Vi
troverete proprio bene . . ne sono sicura! (*al Ladro*)
Gliela rubo un attimo. (*le due donne escono. I due
uomini, rimasti soli, si guardano, l'uno con imbarazzo, l'altro con un certo odio; il primo a parlare è
il padrone di casa*)

UOMO.   C'era proprio bisogno di fare tanto lo spiritoso? Don Giovanni *da strapazzo* che non è altro? Ma non crederà di dormire davvero con la mia . . e con il mio pigiama . . Se lo levi dalla testa! *small-time*

LADRO.   E chi se l'è messo in testa! Chi ha avuto la bella idea di farmi passare per il marito della sua amica? E poi fa il nervoso . . Un povero disgraziato viene qui per guadagnarsi il pane . . non solo non gli lasciano portar via neanche una *sveglia* rotta, ma lo obbligano a tener mano alle *balordate* del padrone di casa! Eh no, eh no, mi dispiace, ma adesso mi fa il piacere di telefonare subito a mia moglie . . anzi, prima chiamiamo la sua di moglie e le spiffereremo tutta la verità . . e poi chiamerò anche il *questore!* Sempre meglio l'interrogatorio del questore che quello di mia moglie! *alarm clock* / *stupidity* / *chief of police*

UOMO.   Ma sentilo il galantuomo, si sente offeso! Lo abbiamo disturbato nel suo santo lavoro! Ma ripareremo subito. È venuto qui per rubare! e allora rubi, avanti! (*apre il cassetto dell'argenteria*) . . rubi, ci sono anche dei cucchiaini d'oro . . s'accomodi!

LADRO.   (*estrae il sacchetto dalla tasca, lo spiega, ma poi ci ripensa*) No, grazie, ma rubare in questa maniera non mi va tanto . . Grazie, sarà per un'altra volta . .

UOMO.   (*che incomincia a innervosirsi. Fa il gesto di estrarre la pistola dalla tasca*)

LADRO.   Se proprio insiste . . (*afferra delicatamente un cucchiaino*) Ecco . . Tanto, tanto *per gradire* . . (*e se lo* ficca *nel taschino della giacca*) *to accept* / *mette*

UOMO.   (*estraendo la pistola, minaccioso*) Ho detto di *rubare* . . e a *manbassa*, non permetterò mai che lei vada in giro a dire che a casa mia si ruba male . . che si sfruttano i ladri! *to loot*

LADRO.   Non l'ho mai detto.

UOMO.   È il tipo di dirlo . . avanti . . prenda anche questi . . (*apre un cassetto e gli porge una* manciata *di cucchiaini d'argento*) *handful*

LADRO.   Non vorrei approfittare della sua gentilezza, della sua bontà.

UOMO.   Non si faccia scrupoli, avanti . . (*in quel preciso istante entra la moglie del ladro che, vedendo il marito sotto il tiro della pistola del padrone di casa, non può fare a meno di lanciare un grido disperato . . di gettarsi fra i due abbracciando il marito*)

MOGLIE DEL LADRO.   Ah, no! Per carità, signore, non

ammazzatelo. Vi darà tutto indietro, ma non ammazzatelo.

LADRO.   Maria!!! Da dove sei passata?

MOGLIE DEL LADRO.   C'era il portone aperto . .

LADRO.   E io, disgraziato, che *mi sono arrampicato* per   *climbed up*
tre piani per arrivare qui!

MOGLIE DEL LADRO.   Perdonami . . è tutta colpa mia,
lo so . . l'ho capito troppo tardi . . Ma adesso è meglio
che tu restituisca tutto al signore . . E poi, anche se
ti daranno qualche mese, siamo sotto le feste e in
questi giorni non si sta neanche tanto male . . Danno
persino il panettone e i *mandarini* . . Ti prego, fatti   *tangerines*
arrestare!

UOMO.   Ci voleva anche la moglie! . . E adesso cosa
dico a mia moglie quando verrà a sapere che lei ha
due mogli!

MOGLIE DEL LADRO.   Chi ha due mogli?

LADRO.   (*col terrore che gli* falsa *la voce*) . . Ma io non   *alters*
c'entro niente, eh! È stato lui che me l'ha data in
moglie, per paura che sua moglie venisse a sapere che
non era mia moglie . . ma una moglie . .

MOGLIE DEL LADRO.   (*strappando la pistola dalle mani
del padrone di casa e puntandola verso il marito*) Ah,
brutto traditore, *spergiuro*, assassino . . e io che stu-   *perjurer*
pida credevo che tu te la facessi con sua moglie e
invece hai già un'altra moglie . . che non è nemmeno
sua moglie . . ma io ti ammazzo . . (*cerca di levare la
sicura*) Come si fa? come si fa?

UOMO.   Non si fa niente! (*strappa la pistola*) Per carità
non faccia tanto *baccano* . . Se ci sentono le altre due   *rumore*
mogli . . io sono rovinato è vero . . ma anche suo
marito . . Mi stia a sentire la prego: non le sto a spiegare il perchè e il per come. Sarebbe troppo lungo
. . ma insomma, se vuol salvare suo marito stia calma
(*si sentono alcuni passi che si avvicinano*) Accidenti,
eccole . . adesso che inventiamo?

ANNA.   (*entrando*) La sua cara mogliettina, signor Tornati . . la sta aspettando . . ho portato anche il pigiama
per lei perchè se aspettavo che mio marito . . (*si ar-
resta stupita nel vedere la nuova ospite che il marito
e il ladro cercano di nascondere alla sua vista*) . . Ho
. . ma scusa, caro . . chi è la signora?

UOMO.   (*fingendo di cadere dalle nuvole*) Chi?

MOGLIE DEL LADRO.   Sono la moglie . . Permette?
Maria Tornati . .

ANNA. Ma come, un'altra moglie?

UOMO. (*intervenendo rapidissimo per salvare il salvabile*) Sì cara, volevo appunto spiegarti prima . . la signora . . sarebbe . .

MOGLIE DEL LADRO. Che sarebbe . . sono la moglie!

UOMO. Appunto, sono la moglie . . è la moglie del signore . . (*guardandola con cattiveria, quasi volesse ipnotizzarla*) La prima moglie del mio amico Tornato . .

LADRO. (*correggendolo*) . . ti.

UOMO. (*incerto*) . . to . . ti . .

LADRO. . . ti . . ti . . ti. Tornati.

UOMO. La prima moglie dalla quale Tornati ha divorziati . .

LADRO. . . to.

UOMO. . . to. (*la moglie del ladro vorrebbe interrompere, ma il marito le dà di gomito*)   *nudges her*

ANNA. Siete stranieri?

LADRO. Eh? . . no, non siamo . .

ANNA. Allora come avete potuto divorziare?

LADRO. (*chiedendo aiuto al padrone di casa*) Potuto?

ANNA. Ah! . . ho capito . . il tuo amico lavora nel cinema!

UOMO. Sì, sì, sì, lavora nel cinema . . è un produttore cinematografico.

ANNA. Produttore? E che genere di film fa? (*accorgendosi del sacco che tiene in mano*) Scusi, che cos'è quello? (*apre il sacco*) Ma è la mia argenteria! Cosa stavate facendo?

LADRO. Rubavamo . .

UOMO. Noo! Mi stava raccontando il soggetto di un suo nuovo film . . dove c'era la scena di un furto . . e mi faceva vedere . .

ANNA. Oh, che interessante! Allora lei è specializzato.

LADRO. Sì, di padre in figlio ormai . .

ANNA. E sua moglie?

MOGLIE DEL LADRO. N . . io no, mio marito non vuole, mi lascia sempre a casa . .

ANNA. No, dicevo . . com'è questa storia del divorzio . . se sono divorziati, come mai sua moglie è ancora sua moglie? . . anzi, e adesso ne ha due!

UOMO. Appunto . . si è divorziato . . si è risposato . . ma poi lo Stato, *impugnando* il *diritto* canonico, non ha ritenuto valido il divorzio, pur avendo in un primo tempo, impugnando il diritto civile, ritenuto valido il   *contesting / law* secondo matrimonio . . così . . così . . che il poverino si trova ad essere nello stesso tempo bigamo, concubino, pubblico peccatore e cattolico osservante.

MOGLIE DEL LADRO.   Ma come? (*al marito*) E tu non mi dicevi niente?

LADRO.   Ma io non lo sapevo . . (*rivolto al padrone di casa*) Com'è che sono bigamo osservante? (*l'Uomo lo spinge lontano dalle donne*)

ANNA.   Eh, cara signora . . certe cose è meglio non saperle . . tanto, anche quando si sanno, non ci si capisce niente . . Poverino . . e adesso chissà come andrà a finire . . gli faranno magari il processo e lo manderanno in galera come un ladro qualsiasi.

UOMO.   Già, come un ladro di stoviglie (*con intenzione*) e tutto perchè ha una moglie . .

ANNA.   Come?

UOMO.   Cioè due mogli . .

ANNA.   (*rivolta al Ladro*) A proposito, ma l'altra sua signora? . . forse è meglio non farle sapere che è qui . . (*indica la Moglie*) Poverina anche lei . . E poi come si farebbe! Anche mettendovi d'accordo, e il letto è di *una sola piazza e mezzo* . . e ci stareste scomodi!   a double bed

UOMO.   Non preoccuparti, cara . . metteremo tutto a posto.

MOGLIE DEL LADRO.   A posto un corno! . . Non crederete di *passarla liscia* tanto facilmente . .   to get off scot-free

LADRO.   (*vorrebbe prendere il sacco, ma è costretto ad abbandonarlo per sospingere la Moglie verso la porta di sinistra*) Sì, sì ma adesso andiamo di là . .

UOMO.   Venga, signora, le farò conoscere la moglie di suo marito . . voglio dire . . insomma, s'accomodi!

ANNA.   (*guarda uscire i tre e scuote la testa con commiserazione*) Povera donna! . . (*poi accorgendosi delle bottiglie sparse sul tavolo*) Dio che disordine . . e come hanno bevuto . . (*si versa da bere a sua volta in quel mentre ecco che un uomo si affaccia alla porta e sottovoce la chiama*)   in quel momento

ANTONIO.   Anna . . sei sola?

ANNA.   Oh! Mio Dio! . . Antonio . . cosa t'è saltato in testa? Vattene . . vattene subito . . c'è in casa mio marito!

ANTONIO.   Ma si può sapere cosa ti è successo? Per telefono non ti sei fatta capire per niente . . Cos'è questa storia di mia moglie che ti ha telefonato?

ANNA.   Niente, niente, è stato un equivoco . . grazie al

cielo! Ho ricevuto una telefonata da una donna . . che m'insultava per via di suo marito . .

ANTONIO.   E tu hai pensato che fosse mia moglie?

ANNA.   Proprio così . . io non conosco tua moglie e tanto meno la sua voce . . e ho preso un tale spavento . . Ma adesso non rimanere qui . . Vattene, ci vedremo domani . .

ANTONIO.   Ah, devo andarmene . . e no, cara, non ci casco, (*avanzando verso il centro della stanza*) ma a chi credi di *darla a bere?* La telefonata, l'equivoco, *you're fooling* tuo marito che torna a casa, mentre invece dovrebbe essere da sua madre . . E no, qui c'è sotto qualcosa . . Tutto organizzato per *mandare a monte* il nostro *to spoil* appuntamento alla villa e per ritrovarti qui con un altro . . che non è certo tuo marito . .

ANNA.   Ma sei matto, di'? Come puoi pensare queste cose?

ANTONIO.   Non mentire . . e questi bicchieri? È chiaro . . ci si preparava . . spiritualmente . . Dov'è? . . Come si chiama? . . È meglio per te, parla . . (*affer-randola per le spalle*) Chi è? (*in quel preciso istante ecco riapparire il Ladro con il pigiama ancora sotto-braccio. È tornato per riprendersi il sacco. Ma alla vista di quella scena e di quel nuovo ospite, spaven-tato, lascia cadere il sacco, al che l'uomo si volta*) *so that*

LADRO.   Disturbo? Volevo prendere questo sacco . .

ANTONIO.   Ah, eccolo . . e col pigiama sotto braccio . . già pronto il signorino!

LADRO.   (*aggredito dall'uomo che lo ha afferrato per il* *attacked* *braccio*) Ma scusi, a me me lo ha dato la signora . . Ma se lo vuole lei, se lo prenda . . mica c'è bisogno di strozzarmi, per un pigiama . .

ANTONIO.   Lo so, lo so che glielo ha dato lei . . ed è per questo che adesso me la pagherete tutt'e due. (*così dicendo chiude la porta d'ingresso e si mette in tasca la chiave*)

ANNA.   Ti prego, Antonio . . stai commettendo un ter-ribile errore . . Il signore è un amico di mio marito ed è qui nostro ospite con le sue mogli . . (*dalle altre stanze giungono le urla delle due donne che evidente-mente stanno litigando*)

VOCI DELLE DONNE.   E no, cara, non vengo mica più dalla Val Brembana, io . . non me la racconta giusta lei . . cara la mia concubina. . (*altra voce*) Moderi i *termini*, la prego . . a chi concubina? *le parole*

ANTONIO. (*mollando la presa*) Sono le sue mogli? Ma   letting go
quante ne ha? (*il Ladro fa un gesto con la mano come
per dire «abbastanza»*)

ANNA. (*rivolta al Ladro*) Oh, la prego . . Signor Tornati
. . non dica niente a mio marito . .

LADRO. No, no . . Io non dico niente . .

ANTONIO. La ringrazio . . e scusi per l'equivoco . .

LADRO. Equivoco più, equivoco meno . . tanto è la serata . .

ANNA. Ma adesso vattene presto . . dove hai messo la
chiave?

ANTONIO. Qui nel soprabito (*fruga nella tasca*). Accidenti . . è scivolata in fondo alla *fodera* . . c'era un   lining
buco nella tasca . . ci voleva anche questa . . (*si toglie
il soprabito per riuscire meglio nell'operazione . .
tutt'e tre si danno da fare per riuscire a raggiungere*   get busy
*la chiave che però sembra essersi animata e sfugge
continuamente*)

ANNA. Eccola . . e no . . me l'ha fatta scappare . .

LADRO. Fermi . . eccola . . macchè . . ma dove s'è cacciata?

ANTONIO. Ehi, piano, mi strappate tutta la fodera . .
accidenti, è andata nella manica . . (*si odono delle voci
arrivare dall'altra stanza sempre più vicine*)

ANNA. Eccoli che arrivano, e adesso come si fa?

LADRO. Senta venga qua, ci sono stato io un paio d'ore.
(*apre la cassa dell'orologio*) Non ci sta mica tanto male
. . (*facendolo accomodare*) L'avverto che fra poco suo-
nerà il tocco . . attenti al botto . . e guardi che non si
può fumare. (*entrano le due donne seguite dal padrone di casa. Sono piuttosto* scalmanate)   agitated

MOGLIE DEL LADRO. (*rivolgendosi a quest'ultimo*)
Visto che loro non vogliono spiegarmi, adesso andiamo
a casa e me lo spiegherai tu.

LADRO. Perchè vuoi andare a casa? Si sta così bene qui
. . sono così gentili . . Guarda, mi hanno dato anche
il pigiama. Poi, anche volendo, non so proprio come
si potrebbe uscire . . manca la chiave.

MOGLIE DEL LADRO. (*scuotendo la porta*) Ma per te
non sarà difficile far saltare la serratura . . è il tuo
mestiere no? (*il Ladro tira fuori dalla tasca un enorme
mazzo di chiavi*)   bunch

ANNA. (*rivolgendosi al marito*) Quante chiavi! Come
mai?

UOMO. Te l'ho detto, è produttore, e se un produttore

non ha almeno cinque o sei uffici . . due o tre ville
. . un paio di *pied-à-terre*, che razza di produttore è?   *single apartments*
(*in quel preciso istante il grande orologio a pendolo
batte il tocco. Un gran botto, un grido, e il disgraziato*
inquilino *del cassone esce imprecando*)   *tenant*

ANTONIO.   Ahi! che male . . la testa . . ohiohiahi!

LADRO.   Gliel'avevo detto . . che faceva il botto! E
adesso non c'è neanche l'acqua vegetominerale . .

DONNA.   (*terrorizzata*) Ma quello è mio marito. (*facendo la disinvolta*) Ciao caro!

ANTONIO.   Giulia . . Cosa fai in questa casa?

ANNA.   Come, conosci la moglie del signor Tornati?

ANTONIO.   La moglie di chi? Ma non facciamo scherzi
. . Giulia è mia moglie . .

UOMO.   (*rivolgendosi alla moglie*) No, no, cara, non ti
preoccupare . . c'è stato un equivoco . .

LADRO.   Un altro equivoco? Oh, ma quanti questa sera.

DONNA.   Tu mi dovrai spiegare che facevi in
quell'orologio. (*al Ladro*) C'era già quando c'era lei?

LADRO.   (*dopo un attimo di perplessità*) Ma sa, è così
buio là dentro!

UOMO.   Ma è chiaro . . chiarissimo, solamente mi dovete permettere di spiegare l'equivoco . . dunque . .

LADRO.   Dunque . . un corno . . Qui non c'è nessun
equivoco . . vi dico io cosa c'è . . c'è che . . (*ma non
fa in tempo a continuare che gli altri per paura che
venga scoperta ogni loro* tresca, *lo interrompono su-*   *affair*
bito)

ANNA.   Ma certo che c'è l'equivoco . . è chiaro che c'è!

ANTONIO.   Sì, sì, l'ho capito subito anch' io . . anzi mi
meraviglio che non se ne sia accorto anche il signore
. . È tutto un equivoco . .

DONNA.   È così chiaro che lo capirebbe anche un bambino . .

UOMO.   Dunque non c'è neanche bisogno di spiegarlo
. . Gli equivoci non si spiegano . . altrimenti che equivoci sarebbero?

LADRO.   (*alla Moglie*) Vieni, presto!

MOGLIE DEL LADRO.   Aspetta, non tirarmi così. (*vanno
verso la porta che il Ladro ha riaperto in precedenza.
Passando vicino all'interruttore, il Ladro spegne la
luce*)

ANNA.   Chi ha spento la luce?

DONNA.   Che succede?

ANTONIO.   Fermateli . . Dove vanno quei due?

DONNA. È talmente pazzo che sarebbe capace di andare a costituirsi . . presto . .

UOMO. Presto, fermateli, non lasciateli scappare!

DONNA. Sono usciti per il giardino . . correte!

UOMO. È impossibile . . Ad ogni modo voi due andate da quella parte . . e tu vieni con me. (*escono tutti. Silenzio. Dalla finestra appare la luce di una lampada tascabile. La luce avanza nella stanza fin ad* inquadrare *il sacco della* refurtiva. *Ma riecco i padroni di casa*)

to frame
loot

UOMO. È rientrato dalla finestra il furbacchione! È ritornato a prendersi l'argenteria . .

ANNA. Prendetelo!

DONNA. Presto . . tienlo . . Non lasciarlo scappare . .

UOMO. Accendi la luce (*eseguono. Circondato dai quattro inseguitori appare un secondo ladro*)

SECONDO LADRO. (*disgustato*) Eh no! Eh no! Adesso incominciamo ad esagerare . . Se vi mettete anche voi a fare le trappole . . la finestra aperta, *il malloppo* pronto . . e poi ad un certo momento: tracchete . . tutto in fumo . . Eh no . . così non vale . . Io vado ai *sindacati* e buona notte.

la refurtiva

unions

TUTTI. Noo!!!

UOMO. No, per carità, ci ascolti, c'è stato un equivoco.

SECONDO LADRO. Un che?

TUTTI. Un equivoco!

UOMO. Ora, se lei permette, glielo spieghiamo . .

TUTTI. Dunque . .

(*le prossime battute vengono recitate contemporaneamente una sull'altra: il risultato sarà un gran vociare senza una sola parola comprensibile*)

DONNA. Questa sera stavo con mio marito . . e ho ricevuto una telefonata e sono corsa subito qui . .

ANNA. Ero a Villa Ponente . . suona il telefono e dall'altro capo del filo sento una voce di donna che m'insulta . .

UOMO. Ero da mia madre . . stavamo mangiando . . quando . . mi ricordo di colpo d'essermi dimenticato a casa le chiavi dell'ufficio.

ANTONIO. Questa sera sono andato al cinema . . sa uno di quei *polpettoni* tutto d'amore e passione . . quando . . (*il Secondo Ladro, aggredito da quel* turbinio *di parole indietreggia fino a trovarsi da prima seduto, poi lungo steso sul divano ormai in* balìa *dei quattro* fedifraghi *che parlano, parlano senza pietà*)

heavies
whirlwind

at the mercy
unfaithful ones

ESERCIZI

I. Rispondete alle seguenti domande:

1. Come entra in casa il Ladro e cosa fa?
2. Perchè la Moglie del Ladro telefona e che dice al marito?
3. Secondo la moglie, com'è il marito quando ruba?
4. Che cosa vorrebbe la Moglie del Ladro?
5. Che succede quando il Ladro sta finalmente per riempire il sacco?
6. Di che cosa ha paura la Donna quando vede la luce accesa?
7. Che cosa ha fatto intanto il Ladro?
8. Che cosa dice l'Uomo di sua moglie?
9. Dove vuole andare l'Uomo e di che vuole parlare la Donna?
10. Che fa l'Uomo quando sente suonare il telefono?
11. Perchè la parola «polizia» spaventa tutti e tre i personaggi?
12. Che cosa fa il Ladro quando sente rientrare l'Uomo e la Donna che erano usciti?
13. Che fa la Donna quando si accorge che il ricevitore è staccato?
14. Con chi crede di parlare la Moglie del Ladro e che dice?
15. Di che si preoccupano l'Uomo e la Donna pensando che sono stati pedinati e scoperti?
16. Come reagisce l'Uomo quando la Donna gli dice che quella di spararsi sarebbe la soluzione migliore?
17. Che nota l'Uomo quando l'orologio suona la mezzanotte e come interpreta il fatto?
18. Che dice il Ladro per convincere l'Uomo a non sparare?
19. Che suggerisce di fare la Donna per rendere innocuo il Ladro?
20. Secondo il Ladro, quali «brutti scherzi» gli hanno fatto l'Uomo e la Donna?
21. Perchè la Donna non crede che si tratti di un ladro vero?
22. Perchè Anna è ritornata a casa?
23. Che propone l'Uomo per togliersi dall'impiccio?
24. Quali «gaffes» fa la Donna mentre parla con Anna?
25. Che cosa propone Anna alla Donna ed al Ladro che vogliono andar via?
26. Che cosa fa notare il Ladro all'Uomo quando questo gli dice che non vuole che resti a dormire in casa sua?
27. Perchè l'Uomo vuole che il Ladro rubi a manbassa?
28. Che cosa dice la Moglie del Ladro quando entra e vede il marito sotto il tiro della pistola del padrone di casa?
29. Come tratta il marito la Moglie del Ladro quando sente dire che il marito ha un'altra moglie?
30. Che dice l'Uomo ad Anna che si meraviglia nel vedere la Moglie del Ladro?
31. Come spiega l'Uomo ad Anna il fatto che il Ladro ha l'argenteria nel sacco?
32. Che succede mentre Anna si versa da bere?
33. Perchè Antonio crede che tutto sia organizzato per mandare a monte il suo appuntamento con Anna?
34. Che cosa pensa Antonio quando vede il Ladro con il pigiama sotto il braccio?
35. Perchè Antonio non può andarsene? Che suggerisce allora il Ladro?
36. Chi è la Donna e come rimane quando vede uscire Antonio dall'orologio a pendolo?
37. Perchè tutti interrompono il Ladro quando parla?

38. Chi appare quando tutti sono usciti?
39. Che dice il Secondo Ladro, disgustato?
40. Quando il Ladro minaccia di andare ai sindacati, che fanno tutti i personaggi?

II. Temi per discussione o composizione:

1. Quale personaggio gode delle simpatie dell'autore? Spiegate.
2. Discutete il trattamento del tema dell'infedeltà nella commedia.
3. Quali espedienti comici ha usato l'autore nel corso della commedia?
4. Quale classe sociale è presa di mira dall'autore e quali sono le ragioni del suo attacco?

III. Scrivete una frase per ciascuna delle seguenti espressioni idiomatiche:

battere in ritirata	far fuori (una persona)
stare in pena	prendersela
d'ora in poi	per sua regola e norma
crepare d'invidia	cascar male
fare schifo (a)	passarla liscia
di passaggio	darla a bere
sbagliare numero	mandare a monte
fare il furbo	darsi da fare
scoprire in flagrante	perdere le staffe
sorridere sotto i baffi	rubare a manbassa
saperla lunga	cadere dalle nuvole

IV. Date il sinonimo o l'opposto delle seguenti parole o espressioni o spiegatene il significato:

tendaggi, incosciente, sgradevole, cornetta, guardingo, svaligiare, sbilanciato, farsi appresso, trillare, fare ribrezzo, attendere, accostare, pedinare, smettere, estrarre, essere a cavallo, ficcare, baccano, letto di una piazza e mezzo, spegnere la luce, dimenticare, darsi alla fuga

V. Completate le frasi con la forma corretta di una delle seguenti parole o espressioni:

imposta, riflettore, palcoscenico, apposta, rapina, cedere, disprezzare, seccatore, fraintendere, nel frattempo, maligno, sparare, ferire, intenditore, sbronzarsi, pigiama, sveglia, sfruttare, mandarino, non farsi scrupoli, divorziare, equivoco, fodera, mazzo, inquilino, sindacato, avvisare

1. Quando ha visto il ladro, ha estratto la pistola dalla tasca ed _____.
2. Accosta le _____; c'è troppa luce.
3. Gli attori sono apparsi sul _____ a ringraziare.
4. Non si è svegliato perchè aveva dimenticato di caricare la _____.
5. Loro non vanno d'accordo ed hanno deciso di _____.
6. Le ha comprato un _____ di fiori per il compleanno.
7. Quando ordina il vino, lo fa da _____.
8. C'è stata una _____ alla banca.
9. Gli _____ di quell'appartamento sono molto rumorosi.
10. C'era un buco nella _____ della tasca, ed ha perso la chiave.

11. Si tratta di un _____. Tu non hai capito quello che ho detto.
12. Preferisco i _____ alle arance; sono più dolci.
13. La donna _____ il marito perchè è un uomo debole.
14. I _____ proteggono i lavoratori in Italia.
15. Lui _____ tutte le sere quando torna a casa. Lui dice che beve per dimenticare i suoi problemi.
16. La gente è spesso _____ nei confronti degli altri.
17. Lui è mascalzone e tu non devi _____.
18. Marco _____ l'amico mentre puliva la pistola.
19. La donna ha detto che il marito _____ subito.
20. Quando girano un film, usano la luce dei _____.
21. Quell'uomo è un vero _____; telefona sempre all'ora di cena.
22. Tu mi _____; non ho detto quello.
23. La donna ha dato il _____ di suo marito all'uomo quando lo ha invitato a restare per la notte.
24. Mi dispiace di averti fatto male; non l'ho fatto _____.
25. Noi ci siamo seduti a tavola e _____ lui ha telefonato.
26. L'uomo non vuole che si dica che loro _____ i ladri.
27. Io ti _____: o lasci quella donna o io lo dirò a tua moglie.

ESERCIZI GRAMMATICALI

I. Completate le frasi con la forma corretta del congiuntivo passato o trapassato:

1. Non sapevo che tu gli (rispondere) _____.
2. Penso che loro (staccare) _____ il ricevitore.
3. È rimasta calma sebbene (vedere) _____ la rapina.
4. Le sarebbe bastato che il marito le (regalare) _____ una cosa qualsiasi.
5. Non credo che (essere) _____ lui a svaligiare la casa.
6. Se l'uomo (rendersi conto) _____ che lo pedinavano, avrebbe cercato di nascondersi.
7. Teme che lei (spaventarsi) _____.
8. Avevamo paura che lui (spararsi) _____.
9. Gli abbiamo chiesto se (bere) _____ troppo.
10. Io non so perchè voi (smettere) _____ di giocare a carte quando io sono entrata.

II. Completate le frasi con la forma corretta del tempo:

1. Se (esserci) _____ qualcuno in casa avrebbe risposto.
2. È possibile che tu non (riuscire) _____ a capire che non sono qui per divertirmi?
3. La prego: «Non (fare) _____ rumore, potrebbero sentirLa».
4. Mentre l'uomo (accingersi) _____ a riempire il sacco, ha sentito entrare il padrone di casa.
5. Ha detto che la moglie (essere) _____ una donna piena di pregiudizi e che gli (resistere) _____ solo per potersi sposare in bianco.

6. Dopo (andare) _____ verso il telefono, ha staccato il ricevitore e lo (richiudere) _____ nel cassetto del tavolo.
7. Ora capisco perchè non volevi che io (restare) _____ in casa.
8. Quando mio marito lo (sapere) _____, sarà un gran colpo per lui.
9. (Rivolgersi) _____ alla donna, le ha detto che era testimone dell'accaduto.
10. Dopo un poco la donna (smettere) _____ di telefonare e l'uomo ha potuto rubare in santa pace.
11. Vorrei che lei mi (chiamare) _____ «Stanga» e non «Stanca»!
12. (dirmi) _____ la verità se hai coraggio!
13. (Estrarre) _____ la pistola, gli ha ordinato di rubare.
14. Non permetterò che lei (andare) _____ in giro a dire che in questa casa non ci sono oggetti d'oro.
15. Ha detto così per paura che sua moglie (venire) _____ a sapere la verità.
16. (Accorgersi) _____ delle bottiglie lasciate sul tavolo, si è versata da bere.

III. *As an additional exercise, the instructor may assign a page to change to indirect speech.*

VOCABULARY

The following categories of words have been omitted from the vocabulary: most elementary words (except for major verbs that have idiomatic usages), exact or easily recognizable cognates, and many of the words glossed in the text. Glossed words have been included if they recur in the selections or if they are used frequently in Italian.

A

abbagliato dazzled
abbandonare to abandon
abbastanza enough
abbassare to lower, to put down; **abbassare gli occhi** to look down
abboccare to bite (fish)
abbonare to subscribe
abbonato subscriber
abbottonare to button
abbracciare to embrace
abbronzato tanned
abbrustolire to toast
abete (m.) fir tree
abituato accustomed
abitudinario habitual
abitudine (f.) habit
abolire to abolish
accadere to happen
accaduto happening
accamparsi to camp out
accanto beside
accarezzare to caress
accatastarsi to pile up
accavallarsi to overlap
accelerare to accelerate
accendere (p.p. **acceso**) to light, to turn on
accennare to mention
accertarsi to assure oneself
accettare to accept
accidente (m.) accident, mishap; **non m'importa un accidente** I don't care at all
accidenti the hell with, darn it
accingersi to be about to
accogliere (p.p. **accolto**) to receive, to welcome
accomodarsi to make oneself at home, to come in
acconciatura outfit
accontentare to please
accordo agreement; **d'accordo** in agreement; all right
accorgersi (p.p. **accorto**) to realize, to notice, to be aware
accorgimento precaution, expedient
accostare to move near, to set ajar; **accostarsi** to approach
accosto near
accumularsi to accumulate
accusare to accuse, to declare
acquetare to calm down

acquistare to acquire
acuto high-pitched, harsh
addensarsi to gather
addentare to bite into
addentrarsi to go into, to penetrate
addirittura even, right away, quite, absolutely, outright
addobbare to adorn
addormentarsi to fall asleep
addosso on
adesso now
adorno decorated
adottare to adopt
adultera adulteress
adulterio adultery
aereo airplane
affacciarsi to lean out of
affannare to be out of breath, to pant
affare (m.) business
affatto at all
affermare to affirm
affermazione (f.) statement
afferrare to grab
affetto affection
affettuoso affectionate
affidare to entrust
affinchè in order that
affiorare to appear, to surface
affittare to rent, to lease
affitto rent
affluente (m.) tributary
affogare to drown
affollare to crowd, to fill
affondare to sink
affrettare to hurry; **affrettare il passo** to hurry up
affrontare to face
aggirarsi to wander about
aggiungere (p.p. **aggiunto**) to add
aggrapparsi to grip, to clutch
aggredire to attack
agguantare to grab; **agguantare al volo** to grab quickly
agire to act
agitarsi to become upset
aglio garlic
agrifoglio holly
aiutare to help
aiuto help
ala wing

alba dawn
albergo hotel
al di là beyond
alimentare to nourish
allegro cheerful
allevare to raise
allontanarsi to go away
allorchè when
allungare to extend; allungarsi to get longer
allusione (f.) hint
almeno at least
altezza height
altrettanto the same as, the same thing
altrimenti otherwise
altrove elsewhere
alzare to raise, to lift; alzarsi to get up
amante (m. or f.) lover
amare to love
amareggiare to embitter
amaro bitter
ambedue both
ambiente environment
ammazzare to kill
ammettere to admit
ammucchiare to pile up
amore (m.) love
amorfo amorphous
analogamente likewise
andare to go, to like; andare a spasso to go
   out, to go for a walk; andare a trovare to
   visit; andare d'accordo to get along
andata way; all'andata on the way to
andito corridor
anello ring
angolo corner
angoscia anguish
angusto narrow, tight
anima soul
annoiarsi to get bored
annunziare to announce
annusare to sniff
ansa curve
ansietà anxiety
ansimare to pant
ansioso anxious
anticamera entrance hall
anzi on the contrary, instead
anziano elderly
anzitutto first of all
apatia apathy
appallottolare to roll in a ball
appannato fogged up
apparecchiare to set the table
apparecchio set, telephone
apparire to appear
appartenere to belong
appassionare to interest
appassionato enthusiastic about, fond of
appello roll call
appena just, as soon as
appendere (p.p. appeso) to hang
applicare to apply

appoggiarsi to lean against
apposta on purpose
apprensione (f.) apprehension, concern
approfittare to profit, to take advantage of
approssimativo approximate
approvazione (f.) approval
appunto exactly
appurare to learn, to find out
arazzo tapestry
architettare to plan
ardito bold
argenteria silverware
argento silver
arginare to check, to control
aria air; per aria up in the air
armadio closet
arrabbiato angry
arrampicarsi to climb up
arredare to furnish
arrendevole docile
arrestare to stop, to arrest
arretrare to back up
arricchirsi to get rich; arricchirsi alle spalle di
   qualcuno to get rich at somebody's expense
arrogantemente arrogantly
arrossato red, blushing
arrossire to blush
arrostire to roast
ascensore (m.) elevator
asciugare to dry
asciutto dry
asfaltato paved
aspettarsi to expect
aspetto appearance; di bell'aspetto
   good-looking
assaggiare to taste
assalire to assail, to scold
assaporare to taste
asse da stiro (f.) ironing board
assediato besieged
asserire to affirm, to assert
assessorato city tax office
assicurare to assure
assieme together
assomigliare to resemble
assonnato sleepy
assorbire to absorb
atlante (m.) atlas
atrocemente atrociously
attaccare to attack, to attach; non attacca it
   won't do
atteggiamento attitude
atteggiare to pucker; atteggiarsi to act like
attendere (p.p. atteso) to wait
attesa waiting
attimo instant
attirare to attract
attorno around
attraversare to cross
attraverso through, across
attribuire to attribute, to give
attualità current events

176 / Vocabulary

augurio wish
autista (m. or f.) driver
autocommiserazione (f.) self-pity
autopubblica taxi
autore (m.) author
autostop hitchhiking
avanti ahead; avanti e indietro back and forth
avanzare to advance, to proceed, to have
  something left
avaro avaricious, stingy
avere to have; avere fame to be hungry; avere
  fra i piedi to have around, in the way; avere
  voglia di to feel like
avidità greediness
avvelenare to poison
avvenire to happen
avventuriera adventuress
avverarsi to come true
avvertire to advise, to warn, to inform, to feel
avviarsi to start out
avvicinarsi to approach, to come, to go near
avvilirsi to feel bad
avvisare to warn, to advise, to inform
avvivare to rekindle, to enliven
avvocato lawyer
azienda firm
azione (f.) action, share

B

baccano noise
baciare to kiss
bacino bay
bacio kiss
badare to pay attention
bagnarsi to get wet
balbettare to stammer
baldanzoso bold
balenare to flash
balia wet nurse; tenere a balia to take care
balìa mercy; in balìa at the mercy of
ballare to dance
ballo dance
balordata stupidity
balzo leap
bambagia cotton
banco desk, counter
banda band, gang
bando proclamation
barba beard; una barba! a big bore
barbarie (f.) barbarousness, barbarity
barista (m.) bartender
barzelletta joke
basso low
bastare to be enough
battere to hit; battere in ritirata to retreat, to
  withdraw; battersela to take off
battito beat
battuta line, joke
bavero collar
beato content, good for
bellezza beauty
benchè even though

bene (m.) goodness
benedetto blessed
benedizione (f.) blessing
beni (m.pl.) goods
benzina gasoline
berretto cap; berretto da guardia
  policeman's cap
bersaglio target
bestemmiare to swear
biancheria linen
bigamo bigamist
biglietto ticket
bigodino curler
bilancio balance, budget
bisognare to be necessary
bisogno need
bisognoso needy
bloccare to block
blocchetto booklet, pad
blocco block, bulk; in blocco as a group
bocce (pl.) lawn bowling
bocciare to flunk
bocciatura flunking
bombarda bombardment
bontà goodness
borbottare to mumble
bordato trimmed
borghese bourgeois
borsa purse, bag
bosco woods
bottega shop
bottiglia bottle
bottino loot
botto blow; di botto all of a sudden
bozzo bump
braciolina chop
brevettato patented
brillante (m.) diamond
brivido shiver
broncio sulkiness
bruciare to burn
brusco sharp, brusque, sudden
buco hole
buffo funny
bugia lie
bugiardo liar
buio dark
buono coupon
buonumore (m.) good humor, good mood
bussare to knock
busta envelope
buttare to throw; buttar via to throw away;
  buttar lì to pop out with; buttarsi via to
  waste oneself

C

cabina booth
cacciare to chase; cacciare in mano to give;
  cacciar via to send away
cacciarsi to end up
calarsi to drop
calcio kick

calcolare to calculate
calcolo calculation
calmare to calm; calmarsi to calm down
calvo bald
calza stocking, sock
calzoni (m. pl.) pants
cambiamento change
cambiare to change; cambiar discorso to
change the subject
camicia shirt; camicia da notte nightgown
camiciotto shirt
caminetto fireplace
camioncino pick-up truck
cammino path
campagna countryside; campaign, drive
campanello bell
camuffare to camouflage, to disguise
candela candle
candito candied fruit
cane dog
canna fishing rod, barrel
cantare to sing
canzone (f.) song
capace able, capable
capitare to happen
capo head, boss; a capo di in charge of;
a capofitto headlong
capoluogo main town
cappotto overcoat
capriccioso capricious
caprone (m.) goat, billy goat
cappuccio hood
capufficio boss
carabiniere (m.) state police officer
caraffa pitcher
caramella hard candy
carattere (m.) personality
carbonaio coalman
carezza caress
caricare to load
caricatore (m.) hammer
carico load, loaded
carino pretty
carne (f.) flesh; in carne e ossa flesh and bones
carro carriage
carrozzella carriage
carta paper; carta argentata tin foil; carta
oleata wax paper; carta stampata printed
paper
cartella briefcase
cartellino tag, label
cartello sign
Casa company
cascare to fall; cascarci to get fooled; cascare
male to end up badly
caserma barracks
caso case; per caso by chance; per il caso che
in case
cassa cash register, case
cassaforte (f.) safe
cassettone (m.) chest of drawers
castagna chestnut

castorino beaver coat
catafalco casket
cateratta cataract, waterfall
cattiveria meanness
causa cause, case; a causa di because of
cautela care, caution
cavallo horse; a cavallo on horseback, in good
shape; cavallo a dondolo rocking horse
cavare to gouge out
cavarsela to manage
cavolfiore (m.) cauliflower
cazzotto punch
ceci (m.pl.) garbanzos, chickpeas
cecità blindness
cedere to give in
celare to hide
celebre famous
cenno gesture
centoventiquattro Fiat car
cera wax
cercare to look for
cerchia circle, group
cerchio circle
cessare to cease
cespuglio bush
cespuglioso bushy
chiacchierare to chatter, to gossip
chiacchiera gossip
chiaro clear, light
chiave (f.) key
chiesa church
chino bent down
chiodo nail
chissà who knows
chitarra guitar
cianfrusaglia stuff
ciascuno each one
cibo food
cicca butt
ciclone (m.) cyclone
cieco blind
cielo sky; Santo Cielo Good Heavens
cinico cynical
cinismo cynicism
cipria powder
circolare to circulate
circolo club
circostanza circumstance
cittadina little town
civile civil; civic employee
clamoroso clamorous, loud
clausura cloister, convent
clientela customers
clorofilla chlorophyll
coda tail
codice (m.) code
cognata sister-in-law
cognato brother-in-law
cognome (m.) surname
coinvolgere (pp. coinvolto) to involve
colare to drip
collega (m. or f.) colleague, fellow worker

collegio boarding school
collina hill
collo neck; **in collo** in one's arms or lap
collocamento placement; **agenzia di collocamento** employment agency
colorito colored
colpa guilt, fault, blame
colpevole guilty
colpire to hit, to impress; **colpire in pieno** to hit right on target
colpo blow; **di colpo** suddenly
combattuto torn between
combinare to combine, to form, to do
combinazione (f.) chance
commercio commerce, sale
commessa salesgirl
commiserazione (f.) pity, compassion
comodino night table
comodo comfortable
compagnia company
compagno friend, schoolmate; **compagno di pena** fellow sufferer
comparsa (m. or f.) stand-in
compenso compensation; **in compenso** to make up for it
compera purchase; **fare le compere** to go shopping
compiere to do, to fulfill, to act
compito task, homework, exam
compleanno birthday
complesso complex
complottare to plot
comporre (p.p. **composto**) to compose
comportamento behavior
comportare, comportarsi to behave
composto calm
comprensione (f.) understanding
compromettersi to compromise oneself
comune common, mutual
comunque in any case
concedere to grant
concetto concept
concorrenza competition
concubina concubine
condizione (f.) condition, situation
condurre (p.p. **condotto**) to lead
conferenza conference, lecture
confidenza confidence
confronto comparison; **nei confronti di** concerning, toward
confuso confused
congedarsi to take leave
coniglio rabbit
coniugale conjugal, domestic
conoscente (m. or f.) acquaintance
conquista conquest
consapevole aware
consegna delivery
consegnare to deliver, to hand in, to leave something with somebody
conservare to preserve, to maintain
consigliare advise; **consigliarsi** to get advice

consiglio advice
consolare to console
constatare to notice, to state
consueto usual
consulenza consultation
consumare to consume, to wear out
consumo consumption
contadino peasant, farmer
contegno control
contemplare to contemplate
contenuto contents; contained
continuamente continuously
continuare to continue
conto account; **per conto suo** by himself, etc.
contorno side dish
contrario contrary; against
contro against
controllare to control, to check
convenire to agree; to be suitable
convincere (p.p. **convinto**) to convince
convinzione (f.) conviction
convivenza cohabitation
coperta blanket
copertina book cover
copiare to copy
copione (m.) script, manuscript
coprire (p.p. **coperto**) to cover
coraggio courage
corda string, rope
cordone (m.) rope, cord
cornetta receiver
corno horn; **un corno** not at all; no way
cornuto cuckold
corpo body
corredo trousseau
correggere (p.p. **corretto**) to correct
corrente current
corridoio corridor, hall
corsa race, ride; **di corsa** in a hurry
corso course, stream; **in corso** continuing, going on
corteccia bark
cortesia courtesy, hospitality
coscienza conscience; **coscienza a posto** conscience at ease
cosciotto leg
cosettina little thing
costantemente constantly
costituirsi to turn oneself in
costringere (p.p. **costretto**) to force
costruire to build
costume (m.) custom
creare to create
crema cream; custard
crepare to die; **crepare d'invidia** to die of envy
crepuscolo twilight
crescere to grow, to bring up
crisi (f.) crisis
cristallo crystal
critica criticism
crocicchio intersection
crociera cruise

cruscotto dashboard
cucchiaio spoon; cucchiaino tea or coffee spoon
cucciolo puppy
cullare to rock
cuoio leather
cuore (m.) heart; avere il cuore in gola to have
  one's heart in one's mouth
cupo sullen
curare, curarsi to care; to take care of

D

damasco Damascus cloth
danneggiare to damage
danno damage, harm; a danno di at the
  expense of
dappertutto everywhere
dapprincipio at the beginning
dare to give; darci dentro to work hard at
  something; dare fastidio to bother; dare gli
  esami to take exams; dare i numeri to be out
  of one's mind; dare la cera to wax; dare
  noia to bother; dare un grido to shout; dare
  un'occhiata to take a look; dare uno schiaffo
  to slap one's face; dare su to look out on;
  darla a bere or darla ad intendere to fool;
  darsi alla fuga to run away; darsi pensiero
  to worry
dato datum, fact
davvero really
dazio duty, tax
dea goddess
debitamente duly
debole weak
debolezza weakness
decidere (p.p. deciso) to decide
dedica dedication
definitiva, in definitely, after all
degnare to consider somebody worthy
deliberato determined
delinquente (m. or f.) criminal, delinquent
delitto crime
deludente disappointing
delusione (f.) disappointment
dente (m.) tooth
dentifricio toothpaste
dentro inside, in
denuncia report
denunciare to denounce, to report
deporre (p.p. deposto) to place, to put (or lay)
  down
deputato member of parliament
descrivere (p.p. descritto) to describe
desiderio desire
destino destiny
determinato determined, particular
dettare to dictate
diamante (m.) diamond
diamine by all means
diavolo devil
dichiarato explicit
dichiarazione (f.) declaration

difatti in fact
difesa defense
difetto defect
difficoltoso difficult
diffondere (p.p. diffuso) to spread
difilato straight
dignitoso dignified
dilagare to inundate
dilatato dilated
dimagrare to lose weight
dimostrare to demonstrate, to show
dipendere (p.p. dipeso) to depend
dipingere (p.p. dipinto) to paint
diradare, diradarsi to diminish; diradare le
  telefonate to call less frequently
direttore (m.) director
dirigente (m.) executive
dirigere (p.p. diretto) to direct, to manage
diritto right, law
disagio uneasiness
disarmato disarmed
disastro disaster
disattento distracted
discendere (p.p. disceso) to descend, to get off,
  to get out
discesa descent
discosto far
discutere (p.p. discusso) to discuss
disdire (p.p. disdetto) to cancel
disgrazia accident, problem
disgraziato disgraced, bum, heel; un
  disgraziato numero uno a first-class heel; un
  povero disgraziato a poor devil
disgregato disintegrated
disgustoso disgusting
disinvolto at ease
disinvoltura relaxed attitude
disoccupato unemployed
disordine (m.) disorder
dispense (f. pl.) notes
disperarsi to be in despair
disperato desperate, in despair
disperazione (f.) anguish
dispetto spite, disrespect
dispettoso spiteful
dispiacere (m.) worry, displeasure
disporre (p.p. disposto) to have at one's
  disposal, to arrange, to display
disposto willing
disprezzare to despise
disprezzo scorn, contempt
dissociare to disassociate
distacco detachment
distanza distance
disteso stretched out
distillato distilled
distrattamente distractedly
distrazione (f.) distraction
distruggere (p.p. distrutto) to destroy
disumano inhuman
dito finger
ditta firm

diva star
divano sofa
diventare to become
diverso different, diverse
divertire to amuse
dolcezza sweetness
dolore (m.) pain, ache
doloroso painful
domattina tomorrow morning
domestica maid, domestic
domicilio domicile, home
dondolare to rock; dondolarsi to sway
donna di servizio maid
dono present
doppio double
dorato golden
dovere (m.) duty
dozzina dozen
dramma (m.) drama
droghiere (m.) dry-goods grocer
dubbio doubt
dunque therefore, however
durare to last
duro hard

E

ebbene well
ebreo Jewish, Jew
eccesso excess
edificio building
effettivamente in effect
egoista (m. or f.) egotist, selfish
eleganza elegance
elenco list
elettrodomestici (m.pl.) appliances
emettere (pp. emesso) to let out
enfasi (f.) emphasis
entrambi (pl.) both
entro in, within
enumerare to enumerate
epistrofeo second cervical vertebra
epoca period
equipaggiamento equipment
equivoco misunderstanding, mistake
ereditare to inherit
errato wrong
esagerare to exaggerate
esaltato exalted
esame (m.) exam; esame di maturità high
    school state exam
esaminatore (m.) examiner
esatto exact
esaurimento exhaustion, nervous breakdown
esca bait
esclamare to exclaim
esistere to exist
esitante hesitating
esofago esophagus
espandersi to expand, to circulate
esplodere to explode

esporre (p.p. esposto) to expose, to put out,
    to post
esprimersi (p.p. espresso) to express
esterno external, outside
estero abroad, foreign
esterrefatto flabbergasted
estetico aesthetic
estraneo stranger
estrarre (p.p. estratto) to extract, to take out
estremismo extremism
esultanza exultation, great joy
età age
evitare to avoid

F

fa ago
fabbrica factory
faccenda matter
facilità easiness
falla gap, fault, leak
falsare to falsify
familiare member of the family; familiar
fantasia phantasy
farabutto bum, rascal
fare to do, to make, to act; fare a meno to do
    without; farcela to make it; fare bella figura
    to look good; fare brutta figura to look bad;
    fare capolino to peek; fare cenno to gesture;
    fare colazione to have breakfast (or lunch);
    fare compagnia to keep company with; fare
    denuncia to report; fare dispetto to spite;
    fare economie to save (money); fare finta to
    pretend; fare fuori to kill; fare gli esami to
    take the exams; fare il conto to calculate;
    fare il filo to follow the tracks; fare il furbo
    to act smart; fare impressione to make an
    impression, to disturb; fare la battona to be a
    streetwalker; fare l'abitudine to get used to;
    fare l'autostop to hitchhike; fare la multa to
    give a ticket; fare la spesa to go grocery
    shopping; fare le scale a quattro a quattro
    to race up the stairs; fare lo scemo to act
    silly; fare lo spiritoso to try to be funny; fare
    male to hurt; fare paura to scare; fare pena
    to feel sorry for; fare piacere to please; fare
    prima to finish sooner; fare ribrezzo to give
    one the creeps; fare scattare to stick out; fare
    schifo to disgust; fare sogni to have dreams;
    fare sussultare to startle; fare tardi to be
    late; fare una cattiva figura to look bad; fare
    una crociera to go on a cruise; fare un balzo
    to jump up; fare un dispetto to spite; fare un
    giro to take a tour, to go around; fare uno
    sconto to give a discount; fare un ribasso to
    give a discount; fare un ricatto to blackmail;
    fare un sibilo to wheeze; fare vampare to
    start; fare visita to visit; farla grossa to make
    a big blunder; farla in barba to fool; farsela
    to spend one's time, to enjoy oneself; farsi
    appresso to go near, to come near; farsi fare
    i capelli to have one's hair done; farsi

fare (*continued*)
    un'idea to get an idea; farsi vivi to show up,
    to get in touch; non fare che to do nothing
    but; non fare nè caldo nè freddo to be
    indifferent; non fare una piega not to make a
    ripple, to be smooth, calm
farmacista (m. or f.) druggist, pharmacist
fascia band
fascino charm
fascio bundle
fastidio bother, trouble
fatato magic
fatica effort
faticare to work hard
fatidico prophetic
fattaccio bad deed
fatto fact
fattorino errand boy
favola fairy tale, fable
favoloso fabulous
favorevole favorable
fazzoletto handkerchief; fazzoletto di carta
    kleenex
febbre (f.) fever, temperature
fedele faithful
fedifrago unfaithful
felicità happiness
feltro felt
fenomeno phenomenon
ferire to wound
fermarsi to stop, to stay
fermata stop
fermezza firmness
fermo still, firm, set
feroce ferocious, ferociously, fierce
festa holiday; sotto le feste in the holiday
    season; fare festa to greet warmly
festoso festive
fetta slice
fiammeggiare to flame, to shine
fiammifero match
fianco hip, side
fiato breath
ficcare to put
fidanzarsi to become engaged
fidanzato fiancé
fiducia trust
fiero proud
figurarsi to imagine; figurati not at all!
fila row
filare to go, to run; filar via to go away
filato spun; di filato in a row
filo thread
filobus (m.) trackless trolley
filosofo philosopher
finale (m.) end, ending
finchè until
fine (f.) end
fingere (pp. finto) to pretend
fino (a) as far as, until, up to (also fin);
    fin da since

finora up until now
finto fake
fiocco flake, bow
fioritura blooming; (fig.) a lot of
firmare to sign
fisico physical appearance, physique
fissare to establish, to stare, to hire, to schedule;
    fissare brutto to give a dirty look; fissare un
    appuntamento to make an appointment;
    fissarsi to have a fixation
fisso fixed
fitto thick, dense
fiume (m.) river
fiumicello small river
flebile weak
fluente fluent, flowing
flusso flow
fodera lining
foga passion, fervor
foggia type, manner
foglio sheet of paper
fogna sewer
folgorante striking
folla crowd
folle crazy, mad
fondo bottom, background, end; in fondo at the
    end, after all
fontanella small fountain
formaggera grated cheese dish
formare to form; formare il numero to dial the
    number
formidabile formidable, outstanding
foro hole
forte strong
fortuna chance; per fortuna, fortuna che
    luckily
forza force, strength; per forza by necessity,
    of course
forzare to force
fotografo photographer
foulard (m.) scarf, kerchief
fradicio damp, rotten
fragola strawberry
fraintendere to misunderstand
franare to crumble
frastuono noise
frattempo meanwhile; nel frattempo in the
    meantime
fratturare to fracture
freccia arrow
freddezza coldness
fregare to rub
fregarsi not to give a damn, not to care
frenare to brake
fretta haste; in fretta in a hurry
frettolosamente hurriedly
frigorifero (or frigo) refrigerator
frizione (f.) clutch
frode (f.) fraud
fronte (f.) forehead; di fronte in front of, before
fuggire to flee

fulminare to electrocute, to strike down
fulmine (m.) lightning
fumare to smoke
fumetti (m. pl.) comic strips
fumo smoke
fungere to serve as
funzionalmente functionally
funzionario official
funzione (f.) function
fuoco fire; **dare fuoco** to set fire
fuori out, outside; **in fuori** sticking out
furbacchione (m.) wise guy
furbo shrewd, smart
furente furious
furgone (m.) van, delivery truck
furibondo furious
furore (m.) furor, rage; **con furore** excitedly
furto theft, robbery

G

galantuomo gentleman
galera jail, prison
gamba leg; **in gamba** on the ball
gatto cat
gelato ice cream; frozen, cold, icy
gelosia jealousy
gemello twin
genere (m.) kind, type
generico general
gentile kind
gentiluomo gentleman
geometra (m.) draftsman
gergo jargon, slang
gettare to throw
gettone (m.) token
ghiaccio ice; cold
già already; **non già** not so much, **già che c'è**
  now that you are here
giallo mystery
giardinetta station wagon
giardiniere (m.) gardener
ginocchio knee; **in ginocchio** on one's knees
giocare to play
giocattolo toy
gioco game
gioia joy
gioiello jewel
giornalaio newspaper vendor
giornalista (m. or f.) journalist, newspaper
  reporter
giovanile young-looking
giovanottello young man
giovare to be good for
girare to turn, to go around; **girarsi** to turn
  around
giro turn; round; **in giro** around
gita short trip
giubbotto jacket; **giubbotto di pelle** leather
  jacket
giudicare to judge
giudice (m.) judge

giungere (p.p. **giunto**) to arrive
giurare to swear
giustificazione (f.) justification
goccia (or **goccio**) drop; **la goccia che fa
  traboccare il vaso** the last straw
godere to enjoy
goffo awkward
gola throat; **avere male alla gola** to have
  a sore throat
gomito elbow
gomma rubber, tire
gonna skirt
gota cheek
governante (f.) governess
gradire to like, to please, to accept
grana trouble
grande large; **gran che** a big deal, very much
grappolo bunch
grasso fat
grato grateful
grembiule (m.) smock
grembo lap
gridare to shout
grido shout; **dare un grido** to shout
grondare to drip
grosso big
guadagnare to earn; **guadagnarsi il pane** to
  earn a living
guaio trouble; **nei guai** in trouble; **passare un
  guaio** to get into trouble
guancia cheek
guanciale pillow
guardare to look at; **guardare fisso** to stare;
  guardare di sottecchi to look stealthily;
  guardarsi attorno to look around
guardia guard, police officer
guardingo cautious, cautiously
guastarsi to turn sour, to deteriorate
guerra war
guidare to drive, to lead
guizzare to wriggle
gusto taste

I

ignaro unaware
ignorare to ignore, to not know
ilarità hilarity
illudersi to deceive oneself, to fool oneself
illuminare, **illuminarsi** to light up
imballare to pack
imbiancato whitewashed
imborghesimento becoming bourgeois
imbottire to stuff
imbrogliare to cheat, to fool
imbrunire to get dark, to darken
imburrare to butter
immagine (f.) image, picture
immergersi to immerse oneself
impacciato ill at ease, embarrassed
impallidire to pale
impazzire to go crazy

impedire to prevent
impensabile unthinkable
impercettibilmente imperceptibly
impermeabile (m.) raincoat; (adj.) waterproof
imperterrito uninterrupted
impiantare to settle, to establish
impiegare to use, to employ
impiego position, employment, job
impietrito stonelike
implorare to implore, to beg
imporre (p.p. imposto) to impose, to require
importare to care; to import
imposta shutter
imprecare to curse, to cry out
imprevedibile unpredictable
imprevisto unforeseen
impronta track, footprint
improvviso sudden; all'improvviso,
   d'improvviso suddenly
impugnare to contest
inarrestabile unstoppable
incastonato encased in
incarico task
incastrarsi to get stuck
incauto rash
incenerito reduced to ashes
incertezza uncertainty
incidere (p.p. inciso) to carve
incolore colorless, monotonous
incombente impending
incomprensibile incomprehensible
inconfondibile unmistakable
inconfutabile indisputable
incontro meeting
incosciente irresponsible
incremento increase
incubo nightmare
incurvato curved, bowed
indaffarato busy
indagine (f.) investigation
indeciso undecided
indecorosamente indecorously
indi therefore, then
indicazione (f.) indication, clue
indice (m.) index
indietreggiare to back up
indietro behind, slow
indirizzo address
individuare to notice, to single out
indomani (m.) the day after
indossare to wear
indovinare to guess
indugiare to hesitate
indugio delay
industriarsi to get busy, to try
infermiera nurse
inferno hell
inferriata grill
infido untrustworthy
infilare to put on, to find time for
infiltrarsi to infiltrate

infiorare to embellish
infischiarsi to not care, to not give a damn
infondato unfounded, unconfirmed
inforcare to straddle
ingannare to fool, to trick, to deceive
inganno deceit
ingegnere (m.) engineer
ingenuo naive
inghiottire to swallow
ingiurioso offensive
ingranare to shift; ingranare la prima to shift
   into first gear
ingrassare to fatten, to put on weight
ingresso entrance
ingrato ungrateful
iniezione (f.) injection
inimicarsi to alienate
iniziare to initiate, to begin
inizio beginning
innamorarsi to fall in love
innaturale unnatural
innumerevole countless
inoltre besides, in addition
inondare to flood
inorridito horrified
inquadrare to frame
inquietante disquieting
inquieto uneasy
inquietudine (f.) uneasiness
inquilino tenant
inquisitorio investigative
inseguire to follow
insicuro insecure
insidia trap
insidiare to overcome
insinuarsi to penetrate
insomma in short
insopportabile unbearable
insorgere (p.p. insorto) to protest
insospettirsi to become suspicious
insufficienza insufficiency
intanto in the meantime
intendere (p.p. inteso) to intend, to mean
intenditore (m.) connoisseur
interno interior, inside
interpellare to consult
interrogante questioning
interrogativo interrogative, questioningly
interrompere (p.p. interrotto) to interrupt
intervallo interval, intermission
intervenire to intervene, to interrupt
intervento interruption, intervention
intonarsi to match
intorno around
intrattabile unapproachable
intravedere to catch a glimpse
intrepido courageous
inveire to inveigh, to rail
invidia envy
involtare to wrap
involto wrapped

inzuppare to dunk, to dip
ipnotizzare to hypnotize
ipocrita (m. or f.) hypocrite
ipoteca mortgage
ipotesi (f.) hypothesis, supposition
ironizzare to use irony
irrefutabile indisputable
irrimediabile irreparable
Islanda Iceland
ispirare to inspire, to cause

L

là there; al di là beyond
labbro lip
laboratorio laboratory, workshop
lacerare to lacerate
lacrima (or lagrima) tear
ladro thief
laggiù down there
laghetto little lake
lago lake
lamentarsi to lament, to complain
lampada lamp
lampadario chandelier
lanciarsi to jump, to launch oneself
lancio launching
languente languid, languishing
languire to languish
lasciare to leave, to let; lasciar perdere to let
  go; lasciar fare (a una persona) to let a
  person take care of something; lasciare in
  pace una persona to leave somebody alone
lavastoviglie (m.) dishwasher
lavatrice (f.) washing machine
leale loyal
legare to tie
legge (f.) law
leggerezza superficiality
leggero light
lenza fishing line
lepre (f.) hare
leprotto leveret, young hare
letto bed
levare to raise, to remove; levare lo sguardo to
  look up; levarsi dalla testa to get out of
  one's mind
liberare to free; liberarsi to get rid of
libero free
libreria bookshelves, bookstore
licenza leave
licenziare to fire
lievitare to levitate
linea line
lite (f.) argument
litigare to argue
livello level
lodare to praise
losco sinister
lottare to struggle
luccicante shiny
luce (f.) light

lucente shining
lucidare to polish
luminoso bright
lungofiume riverbank
luogo place
lupo wolf
lurido dirty, lurid
lusingato flattered
lusinghiero flattering
lusso luxury
lutto mourning

M

macchè on the contrary; no way!
macchia spot, bush
macchinario machinery
maestranze (f. pl.) workers
maestro elementary school teacher
maga fortune teller, witch, magician
magari perhaps; magari! I wish I could
  (would)!
magazzino stockroom, department store
maggiorenne of age
maglione (m.) sweater
magnifico magnificent
magro thin, slim
maiolica Majolica, a glazed pottery
maldicenza gossip
male (m.) evil; badly
maledetto cursed
maleducato ill-mannered
malgrado in spite of; mio malgrado in spite
  of myself
maligno malicious
malinconia melancholy
malloppo loot, bundle
malore (m.) faintness
malumore (m.) ill humor
mancare to lack, to miss, to faint; non ci
  mancherebbe altro that's all one needs; ci
  manca anche questa that's all we need
mancia tip
manciata handful
mandare to send; mandare a monte to cancel,
  to upset, to spoil
mandarino tangerine
mandata key turn; a più mandate with many
  key turns
manichino mannequin
maniera manner
mano hand; a mano armata armed; man
  mano as
mantenere to maintain, to keep, support
manutenzione (f.) maintenance
marcia march; marcia nuziale wedding march
marciapiede (m.) sidewalk
marciare to march, to go, to go around
marcio rotten
marmocchio baby, child
marmotta marmot
mascalzonata dirty trick

mascalzone (m.) scoundrel
maschera mask
mascheratura disguise
maschio male, boy
massaia housewife; **massaia rurale** farmer's wife
materasso mattress
materia substance, matter, subject
mattana craziness
matto crazy
mazzo bunch
melanzana eggplant
meno less; **a meno che** unless; **meno male** fortunately
mensa mess, canteen, restaurant
mente (f.) mind; **venire in mente** to come to mind
mentire to lie
mentre while; **in quel mentre** at that moment
meraviglia surprise
meraviglioso wonderful
mercanzia goods
mercato market; **a buon mercato** cheap
merce (f.) merchandise
meritare to deserve
meschino petty, cheap
messa mass
messa in piega hair styling
mestiere (m.) trade, craft, profession
metallo metal
mettere (p.p. **messo**) to put; **mettere al corrente** to inform; **mettere a tacere** to silence; **mettere in conto di** to attribute, to account for; **mettere su una famiglia** to have a family; **mettersi (a)** to begin, to start
mica not, very
migliorare to improve
mignolo little finger
militare soldier; military
minaccia threat
minacciare to threaten
minaccioso menacing, threatening
minigonna miniskirt
miracolo miracle
mirare to look at
miseramente miserably, poorly
misero miserable, petty
mobile (m.) piece of furniture
moda fashion; **fuori moda** out of style; **alla moda** in style
modella model
modello model
moderare to moderate
modificare to modify
modo way, manner; **in modo che** so that
molla spring
mollare to give in; **mollare la presa** to ease one's grip, to let go
monaca nun
mondo world
monetato monied, in coins

montare to mount; **montare la testa (a qualcuno)** to turn somebody's head, to put ideas in somebody's head
monte (m.) mountain; **mandare a monte** to cancel, to spoil
mordere (p.p. **morso**) to bite
morire (p.p. **morto**) to die
mormorare to murmur
mormorazione (f.) murmur, complaint
morso bite
morte (f.) death
morto dead; **morto di fame** starving wretch
mosca fly
mostrare to show
mostro monster
moto motorcycle, movement, motion; **in moto** in action
motofurgoncino three-wheeled van
mucchio heap; **un mucchio di** a lot of
multa fine
municipio town hall
muoversi (p.p. **mosso**) to move
muro wall
mutato changed
mutua workmen's compensation, health insurance
muto mute, silent

N

nascere (p.p. **nato**) to be born
nascondere (p.p. **nascosto**) to hide
nascondiglio hiding place
nascostamente secretly
nastro ribbon
Natale (m.) Christmas
naufrago shipwrecked
nebbia fog
nebbiolina mist
neanche not even, less than
negare to deny
negazione (f.) negation, denial
negozio store, shop
nemico enemy
nemmeno not even
neppure not even
netto clear
neve (f.) snow
nevicare to snow
nobile noble
noce (f.) walnut
nodo knot
noialtri we, us
noioso boring, annoying
nomignolo nickname
nominare to name, to nominate
noncuranza nonchalance; **con noncuranza** nonchalantly
nonostante notwithstanding
norma rule, norm; **per sua norma e regola** for your information
normanno Norman

notevole remarkable, noticeable
notizia piece of news
noto well known
notoriamente notoriously
nozze (f. pl.) wedding
nube (f.) cloud
nuca nape of the neck
nullatenente poor
nuocere to harm
nutrire to nourish, to eat
nuvola cloud

O

obbligato obliged
occasione (f.) occasion; **d'occasione** secondhand
occhiali (m. pl.) eyeglasses
occhialuto bespectacled
occhiata glance, look
occorrere to need
odiare to hate
odio hate
odore (m.) smell, scent
offendere (p.p. **offeso**) to offend
offerta offer
offrire (p.p. **offerto**) to offer
oggetto object
ognuno everybody, each one
olio oil
olmo elm
oltre (a) in addition to
oltretutto besides
ombra shadow
omicidio homicide
onda wave
ondata wave
onore (m.) honor
opera work
opporsi (p.p. **opposto**) to oppose
opprimere (p.p. **oppresso**) to oppress, to overwhelm
oppure or
ora hour; now; **d'ora in poi** from now on; **a quest'ora** by now
orale oral; **gli orali** orals
Orazio Horace
ordine (m.) order; **di primordine** first-class, first-rate
orecchino earring
orecchio ear; **orecchie a sventola** floppy ears
orgoglio pride
orgoglioso proud
orizzonte (m.) horizon
ormai by now
oro gold
orto vegetable garden
osare to dare
oscurato obscured
oscuro dark; **all'oscuro** in the dark
ospite (m. or f.) guest, host
osservare to observe, to comment, to remark
ossia that is

osso bone
ostetrico obstetrician
ostinazione (f.) stubbornness, obstinacy
ottenere to obtain
ottimo excellent
ovatta cotton
ovvio obvious

P

pacco package
pacchetto package
pace (f.) peace
pacifico peaceful
padrone (m.) master, boss
paese (m.) village, town, country
pagliaccio clown
paio pair
palazzo palace
palcoscenico stage
pallido pale; **la più pallida idea** the faintest idea
palloncino balloon
pallone (m.) balloon, ball
pallottola bullet
palmo palm (of hand)
panchina bench
panettone (m.) Italian sweet bread
panino roll
panna cream
panno cloth
pantofola slipper
parabrezza (m.) windshield
paragone (m.) comparison
paralizzato paralyzed
parecchio much, a great deal
parere (m.) opinion
parere to seem
parroco parish priest
parrucchiere (m.) hairdresser
parte (f.) part, side; **dalla parte di** in the vicinity; **a parte** aside from; **da che parte** where; **d'altra parte** on the other hand
partecipare to participate, to take part in
partecipazione (f.) announcement
partenza departure
partito party
passaggio passing, passage; **al mio passaggio** as I pass by; **di passaggio** passing through
passare to pass, to spend (time); **passare al vaglio** to scrutinize; **passare un guaio** to get in trouble; **passarla liscia** to get off scot-free
passeggiare to walk
passione (f.) passion, weakness
passo step
pasticcio mess
pasto meal
patrimonio patrimony, fortune
paura fear
pazzesco crazy
pazzo crazy

peccaminoso sinful
peccato sin, pity, too bad
pedinamento tailing
pedinare to tail (someone)
peggiorare to worsen
pelle (f.) skin, leather
pellegrinaggio pilgrimage
pelliccia fur coat
pelo hair
peloso hairy
pena pain, penalty
pendaglio pendant
penna feather, pen
pennello brush
pensiero thought; in pensiero worried
pensieroso pensive, thoughtful
pensionato institute; pensioner
pensione (f.) boarding house, pension
pentimento remorse, repentance
pentirsi to repent
penzolante hanging
per for, in order to, through; per carità for
  heaven's sake; per caso by chance; per lo più
  mostly; per nulla at all; per quanto although;
  per quanto è vero Dio certainly; per via di
  because of
percentuale (f.) percentage
perciò therefore, so that; il perchè e il per
  come the why and the how of something
percorrere (p.p. percorso) to go, to go along
perdere to lose; perdere le staffe to lose one's
  temper
perdonare to forgive
perentorio peremptory, peremptorily
perfidia perfidy, wickedness
perfido perfidious, wicked
perfino even
pergola arbor
pericolo danger; correre pericolo to run the risk
pericoloso dangerous
perito expert, surveyor; perito edile builder
permaloso touchy
permesso permission
permettere (p.p. permesso) to permit, to allow
persino even
personaggio character
personale (m.) personnel; (adj.) personal
persuadersi (p.p. persuaso) to persuade oneself
pesante heavy
pesare to weigh
pescare to fish
pescatore (m.) fisherman
peso weight, load
pettinare to comb
pettine (m.) comb
petto chest, breast
pezzo piece; è un bel pezzo it has been a long
  time
piacente pleasing
piacere (m.) pleasure
piacevole pleasant

pianerottolo landing
piangere (p.p. pianto) to cry
piano floor; (adv.) slowly, softly; pian pianino
  slowly, softly, little by little
pianoforte (m.) piano
pianta plant; pianta dei piedi sole (of foot);
  pianta grassa cactus
piantare to plant, to stop
pianto sob, crying
piatto dish, plate
picchiare to hit, to strike
piede (m.) foot; a piedi on foot; in piedi
  standing up; tra i piedi in the way; su due
  piedi on the spot
pieno full
pietà pity
pietra stone
pigliare to take
pila flashlight
pillola pill
pilotare to drive
pinna fin
pio pious, devout
piombo lead
pioppo poplar
pitone (m.) python
pittore (m.) painter
pittoresco picturesque
pittura painting, make-up
piuttosto rather
pizzicorino itch; fare il pizzicorino to tickle
pizzo pointed beard; a pizzo pointed
plaga area
poichè as, since
poliziesco police
pollice (m.) thumb
pollo chicken
polpettone (m.) meat loaf; (fig.) heavy
poltrona armchair, seat
polvere (f.) dust, powder
pompe funebri (f. pl.) funeral parlor
popolo people
porcheria filth
porgere (p.p. porto) to hand
portacenere (m.) ashtray
portafoglio wallet
portare to carry, to bring, to wear; portarsi
  dietro to take along
portata range, reach, course; a portata di
  mano handy, within reach
portato inclined
portiera door
portinaio janitor
portone (m.) door, gate
posare to place, to put down
possidente (m.) landowner
posticino small place
posto place; posto a sedere place to sit; a posto
  in place, at ease
potente powerful
potenza power, potency

potere to be able, can, may; **può** (or **potrebbe**) **darsi** it may (might) be; **non poterne più** to not be able to take anymore
povero poor
prato lawn, field
precipitarsi to rush
precipitosamente precipitously
precipitosità haste
precipizio precipice; **a precipizio** racing, headlong
pregare to pray, to beg
preghiera prayer
pregiudizio prejudice
pregustare to look forward to, to taste in advance
premere to press, to squeeze
premiare to reward
premio reward, prize
prendere (p.p. **preso**) to take, to have; **prendere a** to begin; **prendere la mania** to have a fixation; **prendere sonno** to become sleepy, to fall asleep; **prendere in giro** to make fun of; **prendere in parola** to believe; **prendersela** to worry
presa grip; **presa di posizione** stand
presentarsi to introduce onself, to present oneself, to show up
presentimento foreboding
presso near; **nei pressi di** near
prestare to lend
prestazione (f.) service, performance
presumibilmente presumably
pretendere (p.p. **preteso**) to expect
pretesto pretext, excuse
prevedibile foreseeable
prevenire to anticipate, to prevent
previsione (f.) forecast
preziosi (m. pl.) precious objects
principessa princess
principio principle, beginning; **in principio, dapprincipio** at the beginning
privatista (m. or f.) private student
privo deprived, without
procedere to proceed
proclamarsi to declare oneself
prodigalità prodigality, lavishness
prodotto product
produrre (p.p. **prodotto**) to produce
produttore (m.) producer
professionista (m. or f.) professional man, woman
profondo deep, profound
profumeria perfume department or shop
progettare to plan
progetto project, plan
proiettare to project, to show (a film)
proletario proletarian
promettere (p.p. **promesso**) to promise
promuovere (p.p. **promosso**) to promote, to pass
proporre (p.p. **proposto**) to propose

proposito purpose, plan, resolution; **a proposito di** speaking of
proprietà propriety; property
proprietario proprietor, owner
proprio own; just
prosciutto ham
proseguire to proceed
prossimo fellowmen
protagonista (m. or f.) protagonist, leading character
proteggere (p.p. **protetto**) to protect
protestatario anti-establishment
prova test, examination, proof
provare to try, to feel
provenire to come from
provincia province, country, countryside
provocante provoking
provocare to provoke
provocatorio provocative
provvedere to provide
provvigione (f.) commission
prugna prune
pugno fist; **in pugno** in hand
pulire to clean, to clean up
pulsante (m.) switch
punta point; **in punta di piedi** on tiptoe
puntata episode
punto point, period
pupilla pupil
pure also
purtroppo unfortunately
puttana whore
puzzare to stink

Q

qua here
quadro painting, picture
quaggiù here
qualunque any
quanto (a) as for; **quanto mai** completely; **a quanto pare** apparently; **in quanto a** as for; **in quanto tale** as such
quartiere (m.) area, quarter
quasi almost
quattrini (m. pl.) money
questore (m.) chief of police
quindi therefore, then
quotidiano daily newspaper

R

rabbia anger, rage
racchiudere (p.p. **racchiuso**) to enclose
raccogliere (p.p. **raccolto**) to pick up, to gather, to shroud
raccolto harvest
raccomandare to recommend
raccontare to tell
racconto story
rado rare; **di rado** rarely

radunare to gather
raggelato frozen
raggiro trickery
raggiungere (p.p. raggiunto) to reach
raggomitolarsi to curl up
ragguardevole considerable
ragionare to reason
ragionevole reasonable
rallegrare to cheer up
rallentare to slow down
rammentare to remember
ramo branch
rancore (m.) concealed hate
rango rank
rannicchiato curled up
rapina robbery
rapinare to rob
rapinatore (m.) robber
rappresentare to represent
rassegnarsi to resign oneself, to give up
ravvicinare to compare, to bring closer
razza race, kind
reagire to react
realtà reality
recapitare to deliver
recarsi to go
reciproco mutual
refettorio refectory
refurtiva loot
regalare to donate, to give as a present
regalo present
reggere (p.p. retto) to hold up
reggimento regiment
regina queen
regista (m. or f.) director
registrare to register, to have
regno kingdom
regola rule, regulation
regolare to regulate
relazione (f.) relation, relationship, affair
rendere to render, to give back; render conto
    to account for; rendersi conto to realize, to
    be aware, to notice
reparto department
replicare to answer, to reply
represso repressed
residuo residual, left over
respingere (p.p. respinto) to reject
respirare to breathe
respiro breath, breathing space
restituire to give back, to return
resto rest, change; del resto in any case, after
    all
rete (f.) net
retrobottega backshop
riaffiorare to bring up again
riappendere to hang up again
riattaccare to hang up
riaversi to get over
ribaltare to tip over
ribasso discount

ribellarsi to rebel
ribelle (m. or f.) rebel
ribollire to boil up
ricchezza wealth
ricerca research, search; alla ricerca di in
    search of
ricevitore (m.) receiver
ricevuta receipt
richiedere (p.p. richiesto) to request, to ask, to
    require
richiesta request
ricomparire (p.p. ricomparso) to reappear
riconoscere to recognize, to admit
ricopiare to copy
ricordare, ricordarsi to remember
ricordo remembrance, memory
ricorrere (p.p. ricorso) to apply, to turn to
ricostruire to reconstruct
ridacchiare to giggle
ridere (p.p. riso) to laugh
riempire to fill up
riesserci to be here (there) again
riferire to refer, to tell, to report
rifiutare to refuse
riflessione (f.) thought
riflessivo reflective, thoughtful
riflettore (m.) floodlight; riflettore di scena
    stage light
riga line, stripe; a righini striped
rigonfio bulging
riguardare to concern, to involve; to look again
riguardo concern, special treatment; di
    riguardo important; riguardo a as for
rilevare to pick up, to emphasize
rimandare to postpone
rimanere (p.p. rimasto) to remain; rimaner
    male to be disappointed
rimettere (p.p. rimesso) to put back
rimorso remorse
rimproverare to scold
rimprovero reproach
rinascere to revive
rincasare to return home, to go home
rincorrersi (p.p. rincorso) to run after each
    other
rincrescere to regret, to be sorry
rincuorato heartened
rinoceronte (m.) rhinoceros
rintocco stroke
rinunziare to renounce, to give up
rinvio postponement
riordinare to reorder, to put in order
ripa riverbank
riparare to repair, to fix, to take care of
riparatore repairing
ripassare to review
ripiego makeshift, remedy; di ripiego makeshift
riposare to rest
riposo rest
ripostiglio storage room

riprendere (p.p. **ripreso**) to start again, to resume, to take back; **riprendersi** to catch oneself

ripromettersi (p.p. **ripromesso**) to promise oneself, to plan

ripugnanza repugnance, disgust

risalire to go back up

risaltare to stand out

risentito resentful

riserva reservation, reserve

riso rice; laugh

risoluto resolute

risolvere (p.p. **risolto**) to solve

risorsa resource

risparmiare to spare, to save

risparmio saving

rispecchiare to mirror

rispettosamente respectfully

risputare to spit out again

risultare to result; to appear

risultato result

ritagliare to cut out

ritaglio clipping

ritardo delay; **in ritardo, di ritardo** late

ritirare to withdraw

ritmo rhythm, pace

ritrarre (p.p. **ritratto**) to portray, to draw; to withdraw

ritratto portrait

ritrovare to find; **ritrovarsi** to find oneself, to end up

ritto standing up

riunione (f.) gathering, meeting, reunion

riuscire to succeed, to be successful, to be able to

rivelare to reveal

riverenza reverence

rivincita revenge, return game, victory

rivista magazine

rivolgere (p.p. **rivolto**) to turn; **rivolgere la parola** to speak, to address oneself to; **rivolgersi (a)** to turn to, to ask

rivoltella revolver

roba stuff, things, clothes

romanzo novel; **romanzo poliziesco** detective story

rompere (p.p. **rotto**) to break, to break up

rondine (f.) swallow

rosario rosary

rosmarino rosemary

rossetto lipstick

roteare to whirl

rotocalco magazine

rotondo round

rovesciare to upset, to pour out, to throw out, to empty

rovinare to ruin, to spoil

rubare to steal; **rubare a manbassa** to loot

rubrica column

ruggire to roar

rullino film

rumore (m.) noise

russare to snore

ruvido rough

S

sacchetto bag

sacco bag, sack; **un sacco di** a lot of

sacerdote (m.) priest

sacrificare to sacrifice

sacrificio sacrifice

sacrilego sacrilegious

sagace sagacious, shrewd

sala hall, living room

salice (m.) willow

saliera saltcellar

salire to go up, to climb, to get on, to get in

salotto living room

saltare to jump; **saltare fuori** to jump out, to come out; **saltare in mente** to come into one's mind; **saltare in testa** to get into one's mind

saltellare to jump around

salto jump

salumaio grocer

salutare to greet

salute (f.) health

saluto greeting

salvabile salvageable

salvare to save

salve (f.) salvo; (inter.) Hello!

salvo except; safe

sangue (m.) blood

sano healthy

santo saint, holy; **una santa volta** for once; **santo cielo** good heavens

sapere to know; **sapere di** to taste like; **saperla lunga** to know what's what

sapone (m.) soap; **sapone da barba** shaving cream

saponetta bar of soap

sapore (m.) taste; (fig.) atmosphere

sartoria tailor's shop

sbadiglio yawn

sbagliare to make a mistake; **sbagliare numero** to get a wrong number

sballato crazy

sbarra bar

sbattere to hit, to beat

sbirciare to look out of the corner of one's eye

sbracciare to move (one's arms)

sbranare to tear to pieces

sbrigarsi to hurry up

sbrindellato tattered

sbronzarsi to get drunk

scaffale (m.) shelf

scagliarsi to hurl oneself

scala steps, stairs

scalmanato agitated

scambiare to exchange

scampolo remnant (of cloth)

scapolo bachelor

scappare to escape, to run away; **tra scappa e fuggi** on the run

scaraventare to hurl

scaricare to unload

scartare to discard

scarso scarce, small

scatenare to unleash

scatola box

scattare to click, to jump out; **scattare infastidito** to lose one's temper

scatto click

scegliere (p.p. **scelto**) to choose

scelta choice

scemo foolish; fool

scenata scene

scendere (p.p. **sceso**) to descend, to get down, to get off

sceneggiatura script

schema sketch

scherzare to joke

scherzo joke, trick

schiacciare to push, to squash

schiaffeggiare to slap

schiaffo slap

schiena back

schifo disgust

schifoso disgusting

schioccare to smack

schizzare to dash out, to splash, to squirt

sciagurato lost soul

scimmia monkey

scintillante shiny, sparkling

sciocchezza nonsense, silliness, trifle

sciocco silly

sciogliere (p.p. **sciolto**) to loosen, **sciogliersi** to dissolve; **capelli sciolti** hair flowing loosely; **sciogliersi in lacrime** to burst into tears

sciorinare to show, to display

sciupato wasted

scivolare to slide, to slip

scollatura neckline; **scollatura profonda** plunging neckline

scommettere (p.p. **scommesso**) to bet

scomparire (p.p. **scomparso**) to disappear, to die

sconcertato baffled, disconcerted

sconcio obscene

sconfinato boundless

sconfitta defeat

sconforto despair

sconosciuto unknown

sconto discount

scontroso gruff

sconveniente inconvenient

sconvolto upset

scoperta discovery

scoppiare to burst

scoprire (p.p. **scoperto**) to discover, to uncover; **scoprire in flagrante** to catch in the act

scorgere (p.p. **scorto**) to perceive, to see

scorrere (p.p. **scorso**) to flow

scosceso sloping

scottare to burn

scozzese (m. or f.) Scot; Scottish

scroscio downpour

scrupolo scruple

scrutare to scan, to look at

scuotere (p.p. **scosso**) to shake

scuro dark; **allo scuro** in the dark, unaware

sdegnato angry

sdrammatizzare to take the drama out of, to minimize

seccare to bother, to annoy; **seccarsi** to get annoyed

seccatore (m.) nuisance

secco dry, withered

secolo century

secondo second; according to; **in secondo luogo** secondly

sedano celery

sedile (m.) seat

segnato marked

seguire to follow

seguito retinue, suite; **di seguito** uninterruptedly, one after the other; **in seguito** later

sembrare to seem

semibuio half-dark

semivuoto half-empty

semprechè as long as

sennò otherwise

senonchè but

sentenziare to say

sentiero path

sentire to hear, to feel, to listen to; **sentirsi a disagio** to feel uneasy; **sentirsi in dovere** to feel the duty; **sentirsi portati** to feel inclined; **sentirsi stringere il cuore** to feel a pang in one's heart

separarsi separate

sepolcro sepulchre, tomb

sepolto buried

seppellire to bury

seppure even though

sequestrare to impound, to confiscate

serie (f.) series

serrato relentless

serratura lock

serva servant

servire to serve; **servirsi (di)** to use

servizio service, set

sessuale sexual

settimanale (m.) magazine

sfacciato shameless

sfamare to feed

sfida challenge

sfidare to challenge, to defy; **sfido io!** of course

sfilarsi to take off

sfinito worn out

sfiorare to nearly touch, to go close

sfogare, sfogarsi to give vent to

sfoggiare to show off
sfogliare to turn the pages
sfolgorante dazzling
sfondare to smash, to break down
sfondo background
sfortuna misfortune
sforzarsi to try, to make an effort
sforzo effort
sfrontatezza impudence
sfruttare to exploit
sfuggire to escape
sgambettare to kick, to trot, to walk
sganciare to give, to release
sghignazzare to laugh scornfully
sgomento dismay
sgradevole unpleasant
sguaiato loud, vulgar
sgualcito wrinkled
sgualdrina slut
sguardo look
siccome as
sicura safety
sicurezza safety, certainty, self-assuredness
signorile stately, high-class
silenzioso silent
simile similar
sindacato union
sindaco mayor
singhiozzare to sob
singulto sob
sintetico synthetic
sistemare to take care of, to place; sistemarsi to
   settle down
sistemazione (f.) position, work
slanciarsi to hurl oneself, to rush
slancio rush, impulse; di slancio on impulse
slentato stretched
smarrimento bewilderment
smarrirsi to get lost
smarrito disoriented, lost
smascherare to unmask
smettere (p.p. smesso) to stop
smilzo thin, slim
smistare to sort out
smisurato immeasurable, immense
smorfia grimace, sneer
smorzare to diminish
smuovere (p.p. smosso) to move
soave soft, gentle, suave
socchiudere (p.p. socchiuso) to half-close, to
   half-open
soccorso help; pronto soccorso emergency
società society, company; società anonima
   corporation
socio partner, member
soddisfatto satisfied
soddisfazione (f.) satisfaction
sofferenza sufferance, suffering
soffermarsi to stop, to linger
soffiare to blow
soffitto ceiling

soffocare to suffocate
soffrire (p.p. sofferto) to suffer, to bear
soggetto subject, plot
sogghignare to sneer
sogghigno sneer
soggiorno living room
soglia threshold, doorstep
sognare to dream; sognare ad occhi aperti to
   daydream
sogno dream
solenne solemn
solito usual, same; al solito as usual
sollecitare to solicit, to elicit
sollevare to raise, to lift up
sollievo relief
somigliante resembling
somiglianza resemblance
sommesso soft
sonoro loud
sonnambulo somnambulist, sleepwalker
sopportare to bear
soprabito overcoat
sopracciglia (f. pl.) eyebrows
sopraffatto overcome
soprappensiero lost in thought, absentmindedly
soprassalto start
sorcio mouse
sorgere (p.p. sorto) to rise
sorpresa surprise
sorridere (p.p. sorriso) to smile; sorridere
   sotto ai baffi to laugh up one's sleeve
sorriso smile
sorta sort, kind
sospettare to suspect
sospetto suspicion, suspicious
sospingere (p.p. sospinto) to push
sospirare to sigh
sospiro sigh
sostanza substance; in sostanza in effect
sostare to stop, to pause
sostenere to sustain, to maintain
sostituire to substitute
sostituto substitute
sottile thin
sottinteso implied
sottoporre (p.p. sottoposto) to submit
spaccare to smash
spacciato finished
spada sword
spalancare to open wide
spalare to shovel
spalla shoulder
spalliera back (of a sofa or a chair)
sparare to shoot; spararsi to shoot oneself
spargere (p.p. sparso) to spread
sparire to disappear
sparpagliato spread out
spassarsela to step out, to enjoy oneself
spassoso amusing
spaurito frightened

spaventare to frighten, to scare; **spaventarsi** to get frightened, to get scared
spavento fright
spaventoso dreadful
spazzatura garbage
spazzolino brush; **spazzolino da denti** toothbrush
specchio mirror
spedire to send
spegnere (p.p. **spento**) to turn off, to put out
spendere (p.p. **speso**) to spend
sperare to hope
sperdersi (p.p. **sperso**) to get lost
spergiuro perjurer, liar
spesa expense, shopping
spettare to be owed
spezzare to break
spia spy
spiacere to dislike, to be sorry
spiacevole unpleasant
spiattellare to tell
spicciarsi to hurry up
spiegazione (f.) explanation
spiegazzato crumpled
spietatamente pitilessly
spietato pitiless
spifferare to tell
spingere (p.p. **spinto**) to push; **spingersi** to push on
spirito spirit, ghost
spiritoso witty, funny
spogliare, spogliarsi to undress
sponda side, edge
sporco dirty
sporgente bulging out
sporta shopping bag
sportello door (of a car), window
sposare to marry; **sposarsi** to get married
spostare to move
spostato misfit
sprazzo spark
sprofondare to plunge, to sink
spudoratezza shamelessness
spudorato shameless
sputare to spit
squalificato disqualified
squilibrato unbalanced, crazy
squillante shrill, ringing
squillare to ring
squillo ring; call girl
squisito exquisite, delicious
stabile (m.) building; (adj.) stable
stabilire to establish
staccare, staccarsi to detach, to move away from, to unhook
stanga bar, bean pole
stare to stay, to be, to live, to remain; **stare a cuore** to care; **stare al gioco** to play the game; **stare attento** to pay attention; **stare bene** to fit, to suit; **stare di fronte** to live

across the street; **stare in orgasmo** to be agitated; **stare in pena** to be worried; **stare in pensiero** to worry; **stare ritto** to stand
statura height
stavolta this time
stendersi to stretch out, to lie down
sterminato endless
stinto faded
stipendio salary
stirare to iron
stivale (m.) boot
storiella little story, joke
stormire to rustle
storto crooked; **gambe storte** bowlegs
stoviglie (f. pl.) kitchenware
stracciato torn, in pieces, in rags
straccione (m.) person in rags, bum
stranamente strangely
stranezza strangeness
strangolare to strangle
straniero foreigner, stranger, out-of-towner
strano strange
strapazzo overexertion; **da strapazzo** small-time
strappare to tear off, to wring out of
strappo tear
straziato tormented
stregato haunted
strenna gift
stretto narrow, close, strict; (of coffee) strong
strimpellare to strum
stringere (p.p. **stretto**) to squeeze; **stringere in mano** to hold; **stringere i pugni** to clench one's fists; **stringere la mano** to shake hands; **stringere tra le braccia** to hold (somebody) in one's arms
strizzare to squeeze; **strizzare l'occhio** to wink
stroncare to break
strozzare to choke
struggersi (p.p. **strutto**) to torture oneself, to pine; to be distressed
strumentalizzazione (f.) instrumentalization
strumento instrument
stufarsi to have had enough, to be fed up with
stufo fed up
stupidaggine (f.) nonsense
stupire to surprise; **stupirsi** to be surprised
stupore (m.) surprise
su on; let's go, come on; **su due piedi** on the spot; **su per giù** more or less
subcosciente (m.) subconscious
subire to bear
subitaneo sudden
succedere (p.p. **successo**) to happen, to succeed
successivo successive
succhiare to suck
succo juice
sudore (m.) sweat
suggerimento suggestion
suggerire to suggest
suicida suicidal

suocera mother-in-law
suonare to play, to ring, to sound
suoneria bell, striking mechanism (of a clock)
suono sound
suora nun
superare to go beyond, to pass
superiora mother superior
suscitare to provoke, to cause, to stir up, to meet with
sussulto shaking, jump, sensation
sussurrare to whisper
svagato distracted, distracting
svaligiare to rob
svanire to vanish
sveglia alarm clock
svegliare, svegliarsi to wake up, to awaken
svelto fast, quick
svenire to faint
sventatezza thoughtlessness, thoughtless action
sventura misfortune
sviluppare to develop
svuotare to empty

T
tacchino turkey
tacere to be silent
tagliare to cut; **tagliare la corda** to leave (unnoticed)
tale such a; guy
talmente so
tanto so much, just, in any case; **tant'è** it does not matter, one might as well; **tanto più (che)** the more so; **tanto vale** one might as well
tappare to cover, to plug
tappeto carpet
tarchiato stout, stocky
tardare to be late
tasca pocket
tascabile pocket-size
teatrale theatrical
temporale (m.) storm
tenace tenacious
tendaggio drapes
tendere (p.p. **teso**) to stretch, to extend
tenere to keep, to hold; **tenere** (or **tenerci**) **a** to want, to hold dear; **tenere d'occhio** to keep an eye on
tentare to attempt
termine (m.) end, term
termosifone (m.) radiator
terra ground, earth; **per terra** on the ground
tesoro darling; treasure
tessitrice (f.) weaver
testa head; **per la testa** on one's mind, in mind; **a testa libera** hatless
testimone (m. or f.) witness
testimonianza testimony, witness
timbrare to stamp
timidezza shyness
timore (m.) fear

tinello den
tirare to draw, to pull, to stretch; **tirare avanti** to manage; **tirare fuori** to take out, to get out; **tirare fuori la lingua** to stick out one's tongue; **tirare il fiato** to sigh with relief; **tirare su col naso** to sniffle; **tirarsi dietro** to drag along
tiro trick, aim; **un tiro simile** such a trick
tizio guy, type
tizzone (m.) burning piece of coal or wood, coals
toccare to touch; **toccare a** to be up to, to have to
togliere (p.p. **tolto**) to remove; **togliersi** to take off; **togliersi dai piedi** to get rid of; **togliersi di dosso** to get rid of (said of clothes)
toletta toilet
tollerare to tolerate
tondo round
tonfo thud, fall, flop
topo mouse, rat
torace (m.) chest
torcere (p.p. **torto**) to twist
tornito shapely
tosare to shear
tosse (f.) cough
tosto ready
tovagliolo napkin
tra among, between
traballare to stagger
traboccante overflowing
tracannare to gulp down
tradimento betrayal
tradire to betray, to cheat on
traditore (m.) traitor
traghetto ferry
trama plot
tranne except
trappola trap; **in trappola** trapped
trascorrere (p.p. **trascorso**) to pass, to spend; **trascorrere a vie di fatto** to resort to blows
trasferirsi to move
trasformare to transform
trasporto transportation; affection
trattare to deal with, to treat; **trattarsi** to be a matter of
trattenere to keep, to detain, to hold back; **trattenere il fiato** to hold one's breath; **trattenersi** to refrain
tratto part, stretch; **d'un tratto** or **ad un tratto** all of a sudden
traversare to cross
traverso transverse, crosswise; **di traverso** crookedly
travolgente overcoming
treccia braid
tremare to tremble, to shake
tremito tremble
tremulo tremulous, trembling
treppiede (m.) tripod

tresca intrigue, affair
tribù (f.) tribe
tribunale (m.) court
trillare to ring
triste sad
troncare to truncate, to cut off
tronco trunk
trovare to find; andare a trovare to visit;
  trovarsi bene to be at ease, to like; non
  trovarsi to be ill at ease, to dislike
truccare, truccarsi to make up, to masquerade
truffa swindle
tuffarsi to plunge, to immerse oneself
turbamento emotion
turbare to upset, to disturb
turbinio whirling, whirlwind
turchese turquoise
turgido turgid, inflated
tuttavia however
tutto all, everything; tutt'al più at most;
  tutt'altro che anything but

U

ubriacare to get someone drunk
udire to hear
ufficialmente officially
uguale equal
ulteriore further
ululare to howl
umido damp
umile humble, humbly
umiliare to humiliate
uragano hurricane
urlare to shout
urlo shout
usare to use
usciere (m.) doorkeeper
uscita exit
uso use, usage; usi e costumi usages and
  handling
utile useful

V

vagheggiare to gaze fondly on
vagone (m.) car, coach, carriage
valere (p.p. valso) to be worth; valere la pena
  to be worthwhile
valigia suitcase
vano vain, useless
varcare to cross
varichina bleach
variopinto multicolored
vasca tub, pool; vasca da bagno bathtub
vassoio tray
vedetta look-out
vedova widow
vedovo widower
veduta sight; di vedute ristrette narrow-minded
vegetare to vegetate
velato veiled

veleno poison
velo veil
velocemente quickly
vena vein
venato veined
vendetta revenge
venditrice salesgirl
venire to come; venire freddo to get cold;
  venire in testa to come into one's mind;
  venire sonno to become sleepy; venire un
  colpo secco to have a stroke; venire voglia to
  feel like
verdura vegetables
vergogna shame
vergognoso shameful
verità truth
verme (m.) worm
vernice (f.) paint
verificare to verify, to take place, to set in
versione (f.) translation, version
verso sound, call; toward
vescovo bishop
vestaglia robe
vetrina window (of a store)
vetro glass
viaggiare to travel
viaggiatore (m.) traveler
viale (m.) avenue
vicino neighbor
vigilia eve
vigliacco coward
vigna vineyard
vignetta comic strip, cartoon
vile (m.) coward
vincere (p.p. vinto) to win
violetto violent, purple
vischio mistletoe
vischioso sticky
viso face
vista sight, view; a vista d'occhio on sight
vita life, living; waist
viva hurrah!
vivacità vivaciousness
vivere (p.p. vissuto) to live, to be alive
vivificare to vivify
vivo alive
voce (f.) voice
vociare to shout
voglia desire
voialtri you (pl.)
volante (m.) steering wheel
volere to want, to desire; volere bene to be
  fond of, to love; volersi bene to be in love;
  volerci to take; ci vuole tanto it takes a lot;
  voler dire to mean; non volerne sapere to
  not want to have anything to do with
volontà will
volta time; una buona volta once and for all;
  una volta tanto for once; a volte at times;
  delle volte at times, by chance; a loro volta
  in turn